ÚLTIMAS NOTICIAS DEL

NUEVO
IDIOTA

IBEROAMERICANO

ÚLTIMAS NOTICIAS DEL

NUEVO
IDIOTA

IBEROAMERICANO

PLINIO APULEYO
MENDOZA | CARLOS ALBERTO
MONTANER | ÁLVARO VARGAS
LLOSA

Obra editada en colaboración con Editorial Planeta Colombiana – Colombia

Diseño de portada: Departamento de diseño Grupo Planeta

© 2014, Plinio Apuleyo Mendoza
© 2014, Carlos Alberto Montaner
© 2014, Álvaro Vargas Llosa

© 2014, Editorial Planeta Colombiana, S.A. – Bogotá, Colombia

Derechos reservados

© 2014, Ediciones Culturales Paidós, S.A. de C.V.
Bajo el sello editorial PAIDÓS M.R.
Avenida Presidente Masarik núm. 111, 2o. piso
Colonia Chapultepec Morales
C.P. 11570, México, D.F.
www.paidos.com.mx

Primera edición impresa en Colombia: marzo de 2014
ISBN: 978-958-42-3854-2

Primera edición impresa en México: agosto de 2014
ISBN: 978-607-9377-76-2

Impreso en los talleres de EDAMSA Impresiones, S.A. de C.V.
Av. Hidalgo núm. 111, Col. Fracc. San Nicolás Tolentino, México, D.F.
Impreso en México – *Printed in México*

CONTENIDO

A VUELO DE CÓNDOR

Muchas cosas han pasado en nuestros países desde que los autores de este libro, apodados por algunos críticos de izquierda "los tres chiflados del liberalismo", publicamos *El regreso del idiota*. Y muchas más están por suceder, ahora que algunos gobiernos con vocación de eternidad se tambalean, que determinados bloques regionales pierden aliento mientras otros nuevos les roban protagonismo, y que ciertas políticas que parecían exitosas se ven desnudadas por un contexto internacional más adverso.

En los últimos años, las democracias de este subcontinente sobrecargado de ideología experimentaron algo rarísimo: una década desideologizada. Distinto fue el caso, por cierto, del puñado de regímenes populistas. Pero en las democracias dignas de ese nombre —la mayor parte de América Latina— ha imperado un consenso entre el centro izquierda y el centro derecha en torno a dos o tres ideas fundamentales (tal vez convenga más hablar de "prácticas" que de "ideas", ya que ese consenso se caracterizó también por un cierto vacío intelectual).

Una fue la administración de la herencia: ya no hacían falta grandes reformas estructurales porque lo importante ahora era administrar sin muchos aspavientos países que estaban bien encaminados. Otra práctica extendida, vinculada a la anterior, fue la redistribución. Veníamos de una etapa, la del decenio de 1990, en la que habíamos hecho reformas traumáticas que por fin estaban rindiendo frutos y había llegado la hora de repartirlos, porque se estaba abriendo una brecha peligrosa que podía poner en peligro la convivencia pacífica y la democracia liberal. Por último, las izquierdas y derechas moderadas, exhaustas por las guerras ideológicas del decenio de 1990, pensaban que era hora de fijar algunos consensos básicos para aprovechar mejor la globalización. ¿Y qué significaba para este rincón del planeta la globalización? Significaba, ni más ni menos, una relación privilegiada entre América Latina y el resto del mundo, gracias a los precios siderales de nuestras materias primas.

Esto último encierra una exquisita ironía, tratándose de una región que en las décadas precedentes había fabricado toda una teoría del desarrollo basada en la denuncia de la explotación de América Latina a manos del imperialismo chupasangre (la lista de metáforas membranosas es larga). Desde mediados del siglo XX se había dicho que los países ricos frenaban nuestro progreso, pagaban poco por nuestras materias primas y ofrecían a cambio manufacturas a precios prohibitivos y, para colmo, que monopolizaban el capital, impidiendo que aumentáramos nuestra tasa de inversión. Hasta que, a partir de 2003, empezó a ocurrir lo contrario: los dichosos "términos de intercambio" (santo y seña del idiota) se volcaron en favor de América Latina. Ahora los chupasangre pagaban cifras astronómicas por lo nuestro y los capitales acudían masivamente a nuestras costas. Fue ese contexto, precisamente, el que facilitó la relativa desideologización de las democracias y el consenso entre la izquierda y la derecha moderadas al que nos hemos referido.

La repercusión del auge de las materias primas o *commodities* fue enorme, pues los precios subieron entre el 15 y el 20% cada año, durante buena parte de ese periodo. Pasamos, como región, de tener una participación del 6% en el producto bruto mundial a representar casi el 8%. Al mismo tiempo, el crecimiento, la extensión del crédito bancario y, en menor medida, los programas asistenciales financiados por los ingresos fiscales del *boom* parieron una nueva clase media. Entre 50 y 70 millones de personas pasaron a engrosar las filas de la clase media (según cómo contemos y si incluimos o no a mucha gente que depende de la ayuda del Estado o que está en la frontera de la pobreza estadística).

En buena parte de los países, este auge dio soporte a una década en la que izquierdas y derechas parecían haber dejado atrás los antagonismos feroces del pasado. Todos hacían lo mismo, aunque no lo admitiesen, en nombre de las "políticas de Estado", manteniendo ciertas líneas de conducta que, al margen de las raíces ideológicas de cada cual, los gobiernos sucesivos debían seguir. Estaba mal visto incluso tener ideas: el pragmatismo, pájaro exótico, se había posado en nuestro árbol.

Todo lo anterior acontecía en las democracias plenas, desde luego. En cambio, en una minoría nada despreciable de países sucedía el fenómeno inverso: el retorno de la rancia y polvorienta ideología tercermundista, solo que adaptada a los nuevos tiempos. Nos referimos, naturalmente, al populismo autoritario, en sus distintas variantes, llámese socialismo del siglo XXI, kirchnerismo o, expropiando un término de la cultura vernácula asociada con algunos nombres respetables, indigenismo.

Era como si América Latina viviera dos tiempos históricos a la vez: en las democracias liberales cundía el desprestigio de las soluciones y los "ismos" verticales, mientras que, a modo de compensación, se intensificaba la ideología populista en un conjunto de repúblicas turbulentas.

La división no era, o no parecía ser, entre la izquierda y la derecha. Había gobiernos de izquierda lo mismo en el grupo de las democracias estables que en el de las dictaduras o democracias autoritarias. Además, la división tampoco era siempre nítida. Se daba entre la izquierda vegetariana y la izquierda carnívora (como las bautizamos en su día) una pugna sorda derivada de sus maneras distintas de entender la democracia y el papel del Estado, pero los gobiernos de ambas izquierdas mantenían estrechas relaciones, compartían líneas de política exterior y empleaban a veces un lenguaje parecido que confundía a la gente. Era como si los vegetarianos —entre ellos Brasil, Uruguay, Chile en tiempos de la Concertación o el propio Perú en ciertos momentos— tuvieran nostalgia de carne o un complejo de traición frente a los carnívoros (para enredar más las cosas, también en el centro derecha había algo de esto: se vio, por ejemplo, en las relaciones estrechísimas del colombiano Juan Manuel Santos con Caracas o en el hecho de que el chileno Sebastián Piñera aceptara entregar a Raúl Castro la Presidencia de la CELAC, un invento del castrismo y el chavismo que agrupa a todo el subcontinente).

En algunos países la izquierda vegetariana fue en su momento un muro de contención contra el exceso de ideología de la izquierda carnívora, que debió contentarse con desempeñar un papel marginal, a veces incluso en el interior de los partidos de la izquierda moderada, como en el caso del PT brasileño. Pero en el plano regional e internacional la izquierda bovina le cedió el protagonismo y la iniciativa a la izquierda truculenta. Por eso vimos en organismos como la OEA, el Mercosur o la Unasur el predominio, cada vez que se suscitaba una controversia, de los gobiernos populistas y autoritarios. Era una situación paradójica y confusa: mientras que el grueso de los países de la región estaba gobernado a partir de un consenso basado en las instituciones republicanas y la economía de mercado, en estos organismos aparentemente representativos de América Latina prevalecía la voz de la izquierda carnívora. La izquierda vegetariana, que le disputaba en casa el espacio, se lo cedía fuera de ella.

¿Qué pasaba, mientras tanto, en el liberalismo? Podría decirse que el liberalismo se dedicó a los temas morales o, como dicen en Chile, *valóricos*, entre ellos las drogas, el matrimonio homosexual o la genética. Había desempeñado una función controvertida durante las reformas del decenio de 1990 y en estos tiempos desapasionados, basados en gestionar la herencia y redistribuir la riqueza, a los liberales les tocaba replegarse y buscar una salida por otros lados. En la medida en que este letargo satisfecho por el que atravesaba nuestra política no permitía proponer grandes reformas, el liberalismo entró, prudentemente, en estado de hibernación en lo que respecta a las magnas cuestiones del desarrollo. Se planteó entonces en la familia liberal el debate sobre los límites del Estado en ámbitos que ya no tenían que ver con la economía o las instituciones, sino con la conciencia y el cuerpo.

Ahora, en los inicios de 2014, un año después de cumplida una década del *boom* de las materias primas que comenzó en 2003, se abre una nueva etapa y la situación se pone interesante: un nuevo escenario está desafiando el consenso que había prevalecido hasta hace poco en los países más responsables y los intentos de perennizarse en el poder de los gobiernos que padecen las repúblicas populistas. La nueva coyuntura tiene tres componentes: se acabó el fiestón de los precios de las materias primas; la clase media ya no se contenta con adquirir a crédito casas, automóviles, computadoras o aparatos electrodomésticos y exige al Estado servicios de primer mundo; y, por último, el artificio populista en países como Venezuela o Argentina se está haciendo añicos. Todo eso con el telón de fondo de la crisis mundial, que casi seis años después del estallido de la burbuja todavía no cesa. Una crisis cuyos efectos empiezan a ser importantes para América Latina después de un periodo engañoso en el que parecía que nos habíamos "desacoplado" (palabreja de moda) de los problemas del resto del planeta.

¿FRACASÓ EL CAPITALISMO?

Antes de examinar los efectos del nuevo contexto internacional en nuestros países, empecemos por aclarar el origen de esa crisis que ha inducido a no pocos políticos e intelectuales a conclusiones bobas. ¿A qué se debió? ¿Al mercado y el capitalismo, como cacarea el idiota? No: se debió, más bien, a que en algún punto del camino se rompió la transmisión generacional de los valores y las prácticas que hicieron de Estados Unidos la potencia que es. Ideas a un tiempo simples y prodigiosas, como que la dínamo de la riqueza es el trabajo, el ahorro, la inversión y la responsabilidad individual, se fueron diluyendo en la conciencia de los ciudadanos. Las reemplazaron otras, que desembocaron en la apoteosis de los llamados "derechos" colectivos, el endeudamiento y el consumo fácil. Así, Estados Unidos pasó de ser el primer acreedor del mundo a convertirse en el país más endeudado de la historia de la humanidad. La deuda total de sus hogares, sus empresas y su gobierno equivale —más o menos— al producto interno bruto de todo el planeta.

Especuladores y malos capitalistas los ha habido y habrá siempre. Pero no nos engañemos: la causa profunda de la crisis no fueron ellos, sino el Estado inmoderado, la ausencia de ahorro y el exceso de gasto y consumo, bajo el poderoso incentivo de una mentalidad que se había acostumbrado a poner la carreta delante de los bueyes, es decir, a exigir sus "derechos" sin hacer sus deberes. O sea: el populismo.

Lo sucedido, mientras tanto, en Europa no es tan distinto, solo que es bastante peor en lo fundamental y también puede ofrecernos lecciones útiles, si apuntamos bien los prismáticos desde este lado del charco. Durante algunas décadas, buena parte de Europa vivió de su gloria pasada, fagocitando el capital acumulado anteriormente: en algún momento se perdió la conexión entre el trabajo, el ahorro y la inversión, y por tanto la idea de que el motor de una sociedad exitosa es el esfuerzo propio en constante renovación. Gran parte del problema de fondo es el Estado de Bienestar. La tragedia europea hoy no es tanto la de la burbuja que un buen día estalló estruendosamente y que fue más un síntoma que una causa, sino la del Estado de Bienestar, un modelo en el que el poder político asumió la responsabilidad principal de satisfacer las expectativas materiales de la gente, otorgando a los ciudadanos una calidad de vida cada vez mayor mientras trabajaban y producían cada vez menos, confiados en que la diferencia la ponía el gobierno. Por eso el Estado de Bienestar europeo consume casi la mitad de la riqueza que produce la sociedad.

En el último decenio, un elemento extraño exacerbó el problema: el euro. Ciertos países del sur y del Mediterráneo (y alguno situado más arriba) se endeudaron a costa de los países del norte, que estaban encantados de prestarles dinero porque les vendían a ellos mismos sus productos. El norte subvencionó al sur con crédito barato gracias a las tasas de interés del euro. Así, unos trabajaban y producían como griegos, portugueses, españoles, italianos o irlandeses, pero vivían como alemanes, holandeses o finlandeses. En la era del euro los populistas no podían devaluar la moneda porque no la controlaban; por tanto, mantuvieron la ficción durante más tiempo, hasta que la realidad dijo ¡basta! hace casi seis años.

Para América Latina, todo esto importa mucho. Buena parte del *boom* de las materias primas o los recursos naturales ha tenido que ver con esos desequilibrios del mundo desarrollado (deuda, emisión de dinero y déficits), igual que sucedió en el decenio de 1970, cuando nos beneficiamos de los altos precios derivados de la inflación en Estados Unidos y otros lugares. Esto debemos tenerlo muy en cuenta porque, así como los precios colapsaron en los años ochenta, a raíz de que Estados Unidos y otros países desarrollados corrigieran sus desequilibrios, podemos estar seguros de que tarde o temprano eso volverá a ocurrir. Estados Unidos y Europa necesitan a gritos disciplinarse, lo que pasará por un aumento de las tasas de interés y una caída de la demanda de nuestros productos naturales. Cuando suceda, y ya estamos empezando a verlo, América Latina sufrirá un batacazo. La gran pregunta es: ¿qué haremos frente a eso? Por lo pronto, pase lo que pase, debemos evitar responder a la adversidad internacional como en los años ochenta, es decir aplicando el manual del idiota.

UNOS NADABAN MÁS DESNUDOS QUE OTROS

Algunos de nuestros países están bastante mejor preparados que otros para este nuevo contexto de vacas un poco más flacas, aunque todos necesitan más reformas porque la productividad es todavía modesta: hay demasiados recursos atrapados en em-

presas pequeñas que son ineficientes y que por lo general pertenecen a la economía informal, mantenida en la sombra por un
Estado que cobra demasiados impuestos y produce demasiadas
reglas burocráticas en un contexto de incertidumbre jurídica
e institucional. También somos menos competitivos de lo que
deberíamos ser como región: entre 2003 y 2010, el período del
boom, América Latina cayó catorce posiciones en el Índice Global
de Competitividad del FEM. Y, por supuesto, estamos en pañales
en términos educativos, una gran asignatura pendiente. Dicho
lo cual, los países que mejor marchan son aquellos que llevaron
a cabo en las últimas décadas reformas que podríamos llamar a
grandes rasgos liberales y enderezaron en parte el torcido legado
histórico. En cambio, aquellos que peor van son los revolucionarios y populistas que, creyendo marchar a contracorriente de la
herencia recibida, la han agravado y llevado a nuevos extremos
bajo una torrencial demagogia tercermundista.

Una razón por la cual el populismo pudo sobrevivir en varios
países latinoamericanos en la última década es, justamente,
la distorsión provocada por los precios alocados de nuestras
materias primas. Si medimos la productividad de los países
latinoamericanos en comparación con la de Estados Unidos
usando un concepto intimidatorio llamado Total Factor Pro-
ductivity, vemos que los más productivos, como Chile y Costa
Rica, han crecido en promedio bastante menos, a lo largo de
varios años, que países como el Perú, que figuran en los últimos
lugares en esta materia. O que Venezuela, que creció durante
un buen número de años, tiene cifras de rendimiento económico promedio superiores a las de El Salvador, cuya economía
es bastante más productiva, y mejores que las de México, que
también le gana en productividad. Ocurre que, a diferencia de
Venezuela, ni en México ni en El Salvador las exportaciones

representan un porcentaje muy elevado del tamaño total de la economía.

Este mismo espejismo explica, en parte, que Ecuador, Bolivia y Nicaragua, que están entre los países menos productivos del continente, hayan tenido en estos años gobiernos con una popularidad más o menos resistente: los precios de las materias primas han permitido financiar el populismo sin que las consecuencias se sintieran en el corto plazo, como ocurrió, por ejemplo, en el Perú de los años ochenta, que lo practicó con esmero y vio a sus gobiernos volverse impopulares rápidamente en aquella etapa.

Pero el espejismo no podía durar demasiado tiempo, por lo que ahora las cosas empiezan a verse con más claridad, a medida que la situación internacional se vuelve menos auspiciosa para América Latina, tanto por la persistente crisis en los países ricos como por la desaceleración relativa de China y, sobre todo, la decisión de este país de depender menos del comercio exterior y concentrarse más en su mercado interno. Al retirarse la marea, como suele decir Warren Buffett, se ve quién estaba nadando desnudo y quién no.

En el grupo de países que están mejor preparados para afrontar el nuevo contexto porque hicieron una parte de sus deberes, hay cuatro a los que se debe prestar hoy bastante atención: Chile, Perú, Colombia y México, precisamente los que forman la Alianza del Pacífico, la iniciativa de integración y coordinación más promisoria de cuantas hay en la región (lo que ya le está valiendo un ataque de celos de ciertas cancillerías con aires de *prima donna*).

El Perú acabó con la inflación al disciplinar su política monetaria, corrigió sus déficits fiscales crónicos adecuando el gasto a los ingresos, privatizó empresas, liberalizó el comercio y mejoró su clima de negocios. Aunque falta mucho por hacer —el país todavía está a poco menos de la mitad de camino del desarrollo—, el resultado ha sido notable: el producto interno bruto —tomando en cuenta lo que se puede comprar internamente con esos dólares o su equivalente— casi se triplicó en dos décadas. El motor de este incremento fue la empresa privada: en los años sesenta, la inversión privada representaba el 14% del PIB del Perú, mientras que hoy equivale a casi el 20%. La pobreza se ha reducido del 51%, que era la cifra oficial en 2001, al 28%.

Aunque los programas sociales han ayudado, dos terceras partes de este fenómeno se deben al crecimiento económico, que ha sido impulsado por las empresas privadas. El protagonista social de esta transformación es la clase media, que hoy abarca a un poco más de la mitad del país. En especial, la llamada clase media emergente, esa que la estadística necesariamente simplista suele colocar en el sector "C", que en ocho años ha crecido en más de dos millones y medio de personas y ha dotado de un nuevo orgullo a los migrantes de la sierra que antes se sentían despreciados por el país oficial.

Lo ocurrido en Colombia, mientras tanto, también es admirable, considerando que allí se libraba, al momento de producirse las reformas, una guerra entre poderosas organizaciones narcoterroristas que llegaron a controlar la mitad del país y recibían ayuda de gobiernos vecinos, y un Estado y una sociedad civil que estaban con la moral por los suelos. Gracias a la política de seguridad democrática, la apertura comercial, la desburocratización reglamentaria y la reducción de impuestos, se duplicó la inversión extranjera, se triplicaron las exportaciones y la economía alcanzó tasas anuales de crecimiento del 7%. También en ese caso lo que fecundó a la economía fue la inversión privada, gracias a la cual la tasa de inversión pasó a duplicarse. Por eso, y a pesar de que queda muchísimo trecho por recorrer, la renta per cápita colombiana casi duplica a la ecuatoriana. Lástima que todavía se cobren allí tantos impuestos, en particular a las empresas, lo que a su vez mantiene un sector informal desproporcionadamente grande.

El caso de México, la mayor economía de Hispanoamérica (su tamaño es más o menos la mitad de la de Brasil), también es interesante. Fue, después de Chile, el primer país latinoamericano que aplicó reformas para transferir muchas responsabilidades del Estado a los particulares e insertarse en el mundo, imbricando su suerte con la de Estados Unidos, para lo cual hubo de superar viejos rencores históricos. Luego se estancó y, una vez que el país transitó a la democracia, la política obstruccionista del PRI hizo, desde la oposición, imposible que el avance prosiguiera. El nuevo gobierno, sin embargo, que es precisamente del PRI, ha dado un giro promisorio e intenta llevar a cabo, no siempre con la claridad que exigen muchos liberales, reformas que podrían darle a ese país el impulso definitivo. Urgen reformas en ámbitos como la energía y la electricidad, la legislación laboral y el sistema tributario, y subsisten varios mercados con barreras de entrada y privilegios, pero lo logrado ha sido suficiente para que México esté hoy en condiciones de desafiar las dificultades internacionales con una tasa de crecimiento que, si exceptuamos 2013, un año muy flojo pero atípico, se ha sostenido en unos flujos de inversión extranjera anuales de unos 20.000 millones de dólares y una inversión entusiasta que ha venido aumentando a un ritmo mayor al del crecimiento del PIB.

Tal vez lo más importante es que México está ya en condiciones de aprovechar con éxito los movimientos tectónicos que ocurren actualmente en la economía mundial. A medida que China va pasando gradualmente de ser la usina y proveedora del mundo a concentrarse en su mercado interno, y en tanto que aumentan los salarios y los costos de hacer negocios allí, ese país va perdiendo atractivo como gran centro fabril. Lo mismo pasó con Japón y Corea del Sur en su día, una vez que superaron su etapa de desarrollo capitalista inicial. Por eso, cientos de empresas van emigrando ahora de regreso a México, donde encuentran un contexto propicio para surtir desde allí al mercado estadounidense y a muchos otros mercados del mundo. Hoy en México se fabrica o ensambla un poco de todo: chips, computadoras, equipos para radiotransmisores, refrigeradores y mucho más. Es, con mucha diferencia, el centro manufacturero más grande de América Latina y va pasando a desempeñar una función central en la cadena productiva de las industrias globales. En diez años ha duplicado su producción automovilística.

Lo que todo esto nos confirma es que la América Latina que mejor va es la que acompaña a Chile, el líder regional con su renta per cápita de casi 20.000 dólares (tomando en cuenta la paridad del poder de compra), en la trayectoria que mantiene desde hace buen tiempo. Un rumbo que no debe abandonar con el nuevo gobierno, que estará, previsiblemente, muy presionado por la calle y por los aliados trasnochados y ojerosos que llevó en su campaña Michelle Bachelet.

No solo Chile debe evitar los retrocesos, por cierto. Ninguno de los otros miembros de la Alianza debe bajar la guardia o entregarse a la complacencia porque nuestro perínclito idiota sigue, pertinaz, tratando de poner palos en sus ruedas. En los países en cuestión ya hay sectores nutridos que cuestionan el modelo vigente y fuerzas que debilitan su legitimidad. En el Perú, un Humala distinto al que luego gobernaría obtuvo la primera mayoría en la primera vuelta en 2011 con una propuesta abiertamente cavernícola, lo que implica que hay un electorado dispuesto a exigir populismo. En Colombia, vimos hace poco una protesta rural liderada por la Coordinación Nacional Agraria que cobró dimensiones nacionales y se encarnizó, entre otras cosas, con los quince tratados de libre comercio que atan a los colombianos con el resto del mundo. En México, la capital estuvo semiparalizada durante los últimos meses de 2013, porque una reforma educativa que pretende evaluar a los maestros tropezó con la resistencia del Sindicato Nacional de Trabajadores de la Educación, que aplicó medidas de fuerza impresionantes sin que el gobierno se atreviera a poner orden.

Estos países no son los únicos que han hecho las cosas razonablemente bien en la última década o década y media. También Panamá ha exhibido logros muy importantes a pesar de la corrupción y Uruguay, donde la izquierda vegetariana no ha metido excesivamente la pata, ha mantenido un rumbo tranquilizador. Pero veamos ahora qué pasa con los que han emprendido la vía contraria, esas ovejas negras del rebaño latinoamericano.

LAS OVEJAS NEGRAS

Durante unos años, al populismo de Venezuela, Ecuador, Bolivia, estrechos aliados políticos, y Argentina, un amigo muy cercano aunque lo bastante orgulloso como para no formar parte integral del club, pareció sonreírle la suerte. La razón fue que esos gobiernos se sacaron la lotería con el auge de las materias primas y pudieron usar los ingresos fiscales extraordinarios para poner en el corto plazo bastante dinero en los bolsillos de una amplia clientela social y política.

Venezuela vio el precio del petróleo multiplicarse casi por nueve desde que Hugo Chávez fue elegido por primera vez. Eso permitió al verborreico comandante utilizar uno de cada cuatro dólares de las ventas del gigante petrolero PDVSA, junto con otros ingresos, para hacer populismo (y otra cuarta parte se usó para financiar al Estado desmesurado por la vía de impuestos transferidos al fisco). Bolivia, a su turno, gracias sobre todo al gas, que solo requería abrir válvulas sin gran esfuerzo muscular, vio su recaudación fiscal triplicarse en siete años. Al igual que Venezuela, Bolivia puso parte de ese maná al servicio del populismo. No sorprende, pues, que en los años de mayor auge de las materias primas, en esos países —los de la izquierda carnívora— se registrara una caída de la pobreza del 12% mientras que los de la izquierda vegetariana solo vieron la suya caer un 7%. Otra vez, la distorsión temporal de los precios internacionales hizo de las suyas.

Por si fuera poco, algunos países populistas, como Argentina, registraron en años recientes tasas de crecimiento económico del 8% al año en promedio (en el caso de Bolivia o Ecuador, el crecimiento promedio fue la mitad de eso). Gracias en buena parte al efecto chino en el mercado de los productos básicos, fueran estos hidrocarburos, minerales, granos u oleaginosas, el populismo latinoamericano vivió en años recientes una época de oro.

Sin embargo, la farra, como queda dicho, se terminó. La subida meteórica del gasto, el aumento artificial de la demanda, las expropiaciones y el ambiente agresivo contra el capital, la zozobra jurídica permanente y la retórica antiempresarial incendiaria, todo ello en el contexto de una fuerte ofensiva contra la democracia, solo podían conducir a estos países a los resultados que hoy vemos en distinto grado según el caso: inflación, desquiciamiento de las finanzas del Estado, descapitalización de la economía y su correlato, tasas de crecimiento muy pobres comparadas con las economías que van bien, y mucha corrupción.

Por ahora solo la Nicaragua de Daniel El Rojo se salva gracias al cinismo del comandante, que a cambio de favores y de tener luz verde para atornillarse en el poder estimula la inversión privada en ciertos ámbitos. Pero le llegará su hora también.

El déficit fiscal de Venezuela, por mencionar solo un caso, asciende al 15% del producto interno bruto, lo que quizá explica por qué Nicolás Maduro empieza a padecer un delirio no exento de lapsus cómicos cada vez que se acerca el micrófono a la boca (y por qué más de un empresario circense siente la tentación de ofrecerle un cambio de profesión). En estas circunstancias, algunos de los países gobernados por el populismo intentan, otra vez, que China los salve. Pekín ha otorgado créditos o líneas de crédito hasta por 175.000 millones de dólares en tiempos recientes y, en el caso de las compras de petróleo, ha pagado por adelantado a Venezuela y Ecuador. Pero la realidad está mostrando sus feas orejas por todas partes aun con ese alivio.

El modelo populista, por enésima vez en nuestra historia, se está haciendo trizas. Venezuela ha pasado de producir 3,5 millones de barriles de crudo diarios a 2,6 millones y ha desperdiciado el casi billón de dólares de ingresos fiscales que generó el petróleo desde que Chávez subió al poder. Ecuador, por su parte, produce 40.000 barriles menos por día que cuando Rafael Correa ganó por primera vez, mientras que Bolivia ha visto evaporarse a la mitad de sus reservas de gas natural desde la nacionalización a medias decretada por Evo Morales. A pesar de que los precios siguen siendo altos en comparación con otros periodos, los ingresos fiscales de estos países hace rato que no alcanzan para financiar su populismo. En Ecuador, donde es total la dependencia con respecto al petróleo y, en menor medida, el banano, lo que en 2006 era un cómodo superávit se ha vuelto un déficit del 7% del PIB, a pesar de que en ese mismo periodo los ingresos procedentes del crudo aumentaron un 66%.

La inversión privada se ha ido a pique en estos países y, con ella, la tasa de inversión general. En Bolivia, la principal fuente de inversión es hoy el Estado, con mucha diferencia: supera ampliamente a la inversión privada nacional, que apenas equivale al 5% del PIB, así como a la extranjera. En Ecuador, el valor de la inversión extranjera acumulada se ha reducido un 40% bajo el gobierno de Correa. Los platos rotos de todo esto los pagan —quién más— los pobres proletarios a quienes se suponía que el Socialismo del Siglo XXI iba a redimir de su condición, mientras se siguen engrandeciendo los grupos de poder cercanos a los gobiernos (lo que se conoce, en el caso de Venezuela, como "boliburguesía"). La mayor ironía del populismo venezolano es que, como ha escrito el académico de Amherst College, Javier Corrales, bajo el chavismo la Bolsa ha subido un 800% mientras que el salario real de los trabajadores ha caído un 40%. Según datos del FMI, la renta per cápita venezolana (en términos de paridad de poder de compra) es la que menos creció en toda la región en los últimos cinco años. No hay que ser un lince para ver las consecuencias que esto acarreará muy pronto a los países subvencionados —sobornados, quisimos decir— por Caracas, empezando por la dictadura cubana, que reemplazó la servidumbre soviética con la dependencia del crudo venezolano.

El declive tal vez más conmovedor se ha dado en la Argentina de la enlutada Cristina Fernández de Kirchner. Su modelo se basa, igual que en tiempos de Perón, en obligar al campo a subvencionar a la ciudad, exprimiendo con impuestos a la vaca lechera de la agricultura y derramando sobre los votantes, especialmente los de la provincia de Buenos Aires, que representa casi cuatro de cada diez sufragios en el país, una deliciosa ducha de subvenciones. Al mismo tiempo, y siempre en beneficio de ese voto cautivo, se controlan los precios de los servicios y de algunos bienes. Todo esto viene acompañado de eventuales nacionalizaciones y la creación de un contexto irrespirable para obligar a ciertas compañías a vender sus activos al gobierno, y una retórica durísima contra los empresarios extranjeros y aquellos empresarios nacionales que no forman parte del círculo, siempre cambiante, de los elegidos. No extraña que el descomunal gasto público represente una proporción del PIB similar a la de Francia y que, en su momento, para financiar lo que ya no tenía cómo financiar, el gobierno capturase las pensiones, donde estaba concentrado el ahorro nacional, y las reservas, que son como las joyas de la familia. O que subiera aún más los impuestos a los empresarios del campo, esos héroes civiles de Argentina que a pesar de tanta adversidad siguen siendo tan visionarios, tecnificados y globalizados como siempre.

Las consecuencias de estas políticas las vemos ahora con claridad: la economía argentina ha visto caer drásticamente sus índices de crecimiento, aunque las estadísticas ficticias, que le han valido al gobierno una censura del FMI, traten de enmascarar las cifras. Para intentar contrarrestar la fuga de capitales y la disminución acelerada de las reservas, la mandataria ha decretado controles que no se veían en América Latina desde Velasco Alvarado en el Perú y Salvador Allende en Chile. En el aeropuerto de Ezeiza los perros ya no apuntan el olfato contra la droga sino contra los dólares. Si un industrial necesita importar insumos está obligado a exportar algo para compensar la salida de divisas, de tal modo que el fabricante de autos Porsche se ha visto obligado a vender vinos y la BMW a vender arroz... Por supuesto, en este ambiente era inevitable la captura estatal de una fruta jugosa como YPF, la filial de Repsol. Ese zarpazo expropiador fue la consecuencia del descalabro que el control de precios había producido en la industria energética.

Argentina, en resumen, se farreó el billón de dólares que la bonanza de los *commodities* generó para el fisco a partir de 2003.

LA ALIANZA DEL PACÍFICO Y BRASIL, EL AUSENTE

No debería ser difícil, teniendo en cuenta el océano de diferencia que hay entre quienes van bien y quienes van mal, entender que un modelo funciona mucho mejor que otro. Es obvio el tremendo contraste entre los fracasos populistas y un país como Chile, al que la combinación de democracia política, apertura económica y competitividad le ha permitido colocarse a la cabeza de América en términos de ingreso per cápita, seguir siendo en el último lustro uno de los cuatro países en los que el PIB por habitante ha crecido más y haber llegado a la situación envidiable de debatir intensamente si el índice de pobreza se sitúa en el 14 o el 15% de la población. Es una base potente para dar el salto al desarrollo, del que solo separan a Chile unos 5.000 dólares per cápita, y empezar a satisfacer ese justificable deseo de tener unos servicios cuya calidad esté a la altura de la economía y de que cada ciudadano y ciudadana sienta sus beneficios personalmente. Karl Popper decía que solo hay una cosa que las sociedades abiertas debían aprender de los rusos en la era soviética: que le decían a su pueblo que vivía en la mejor sociedad conocida.

Lo cual no excluye, por cierto, dejar de reconocer que los países que marchan mejor también se han dormido en los laureles y han vivido de la inercia de las reformas de los años noventa, así como del *boom* de los recursos naturales, algo que se notará más en el clima adverso que se insinúa para nuestras exportaciones tradicionales. Incluso Chile, que bajo la presión de una clase media impetuosa se plantea cómo acelerar la mejora de su calidad de vida y sus servicios, debería recordar que eso solo será posible si no echa a perder lo mucho que ha logrado gracias a que su modelo, hechas las sumas y restas, es el mejor que conoce nuestra América.

En 2012, los países de la Alianza del Pacífico (México, Chile, Perú y Colombia), que representan el modelo de democracia con economía de mercado y globalización y que tienen acuerdos comerciales con decenas de naciones, crecieron en promedio el doble que los países del Mercosur, ese monumento al proteccionismo, el dirigismo y el intervencionismo estatal. En 2013, si exceptuamos a Paraguay, que ese año galopó muy por delante de sus vecinos, la Alianza del Pacífico volvió a doblar el ritmo de crecimiento de los países del Mercosur. Es, pues, obvio qué países señalan al conjunto de América Latina el derrotero a seguir.

Por desgracia, algo que ha faltado en los últimos años es una mayor coordinación entre los países que comparten en América Latina una visión y una trayectoria comunes, a diferencia de lo que han hecho Venezuela y Cuba, poniendo a su servicio la política exterior de varios gobiernos afines. Nuestros organismos e iniciativas regionales han reflejado de una manera desproporcionada la influencia de los países orientados hacia el populismo autoritario, relegando la de los países más exitosos a una condición de seguidismo en vez de liderazgo. En muchos temas —desde la crisis de Honduras provocada por el expresidente Manuel Zelaya hasta la campaña de agitación emprendida por Cristina Kirchner con respecto a Las Malvinas o la situación que vivió el Paraguay tras la destitución de Fernando Lugo—, la voz interesada de los países menos exitosos ha sido la dominante, como lo fue en su momento la de quienes frustraron los intentos de crear un Área de Libre Comercio de las Américas.

En temas relacionados con los nexos políticos y comerciales con el mundo, las iniciativas de los países exitosos han sido, con pocas excepciones, individuales y aisladas en lugar de regionales y conjuntas. Por eso no han alcanzado la fuerza contagiosa que deberían haber tenido.

Mucho de lo anterior se debe a Brasil, lamentablemente. La potencia de Suramérica no ha querido hasta ahora asumir un liderazgo regional que refleje su propia modernización y ayude a afianzar un consenso regional sobre las bondades de la democracia, la economía de mercado y la globalización. Brasilia ha preferido mantener cierta pasividad en esto, dejando que los países gobernados por la izquierda carnívora llevaran la voz cantante o al menos cobraran mucho protagonismo en temas regionales. Con frecuencia Brasilia ha respaldado la violación de derechos humanos en Cuba y los fraudes electorales en Venezuela. Ahora, el problema es más delicado porque Brasil se ha desacelerado económicamente y ha perdido algo del fulgor internacional que tenía, lo que entraña el riesgo de que se acentúe la ausencia de liderazgo brasileño.

En gran parte la causa de esta desaceleración es que Brasil se había dormido en los laureles, creyendo que su *status* internacional equivalía automáticamente a una condición social y económica de primer mundo. Lo cierto es que ese país está lejos del desarrollo y tanto su complicado sistema federal como su Estado burocratizado y sofocante le van a impedir seguir avanzando al ritmo en que lo había hecho en años anteriores, mientras no emprenda nuevas reformas.

Sería bueno que países como Chile, Colombia, Perú y México (a pesar de que México tiene una comprensible orientación hacia el norte) intenten perfilar, sin desatar conflictos ideológicos ni ahondar la división que ya existe en América Latina entre dos formas de entender el desarrollo y la relación con el mundo, una mayor integración y acción común, atrayendo hacia su modelo a otros países que cumplan con las reglas básicas. El marco podría ser la Alianza del Pacífico u otro espacio con características similares. Ya Costa Rica está en proceso de ingreso al grupo, Panamá figura como observador y varios más coquetean con la idea de entrar (incluidos algunos que miran al Atlántico y no al Pacífico, pero los caprichos de la geografía nunca fueron un obstáculo en la América del realismo mágico). Solo si se afianza esa relación entre los países-locomotoras habrá posibilidad de orientar a todo el continente en la buena dirección y asegurarnos de que las fuerzas que actúan en contra de la modernización no frustren la posibilidad de que los ciudadanos disfruten de la calidad de vida que reclaman con impaciencia. Hace falta que este esfuerzo conjunto adquiera una voz política y no solo comercial.

Un mayor acercamiento entre Chile, Perú, Colombia y México, y una mayor capacidad de su parte para atraer a otros países con vocación parecida, sería una buena manera de inspirar respeto ante el mundo. De lo contrario, el bochinche, para usar la melancólica expresión de Miranda, de los países donde gobiernan las ideas del idiota, seguirá proyectando una imagen tercermundista de América Latina. Si los países que hacen bien las cosas actúan por la libre y casi como pidiendo perdón en política exterior, será imposible evitar que quienes las hacen mal tengan esa desproporcionada proyección de la que todavía gozan a pesar de su descalabro. Actuar en ese sentido no implica menospreciar olímpicamente a organismos e iniciativas como la CELAC, la UNASUR, la CAN o el Mercosur, sino impedir que las debilidades intrínsecas de estos esfuerzos y su falta de coherencia democrática se conviertan en un obstáculo para que los países más exitosos le marquen la pauta al continente con su ejemplo.

La promesa latinoamericana no está en grupos como el Mercosur, al menos no por un buen tiempo, como lo han reconocido algunos de sus propios miembros, entre ellos el manso gobierno uruguayo y buena parte de la clase dirigente paraguaya. El propio Brasil, harto de que el Mercosur lleve diez años aplazando la negociación comercial con la Unión Europea, ha decidido entablar tratos por su cuenta con ese bloque. Cuando un país que no está entre los más abiertos del continente pierde las esperanzas de que el bloque regional del que forma parte amplíe sus conexiones comerciales con el mundo, uno sabe que las cosas están muy torcidas.

¿LOS LIBERALES RESURGEN DE SUS CENIZAS?

Todo lo anterior abre perspectivas y retos interesantes para el liberalismo, que empieza a sacudirse el complejo que le infligió el decenio de 1990 y la posterior arremetida del idiota contra el "neoliberalismo" (neologismo huero del que ya nos ocupamos en un libro anterior). En los años noventa tuvieron lugar unas reformas de corte más o menos liberal de un cabo a otro de América Latina —desde México hasta Argentina— gracias a las cuales en parte los distintos gobiernos de centro izquierda y centro derecha han podido financiar sus programas sociales en la década de 2000 y en los años siguientes. Esa redistribución no se habría llevado a cabo sin la riqueza que generaron esas reformas. Por desgracia, ese periodo tuvo también una cara muy fea: la corrupción y el autoritarismo. Eso sirvió para que el idiota desempolvara sus tópicos contra las ideas liberales, sin percatarse de que la corrupción y el autoritarismo eran la negación de las ideas que profesan quienes defienden la libertad, la democracia y las instituciones republicanas. Su exorcismo contra el "neoliberalismo" logró aterrorizar a muchos liberales.

Que los procesos de reforma en América Latina estuvieran afectados por la corrupción y el autoritarismo se debió en buena cuenta a nuestra tradición de dictaduras, Estados débiles y desapego a la ley. En casos extremos, como el del fujimorismo en el Perú o el viejo PRI mexicano, esto fue muy visible. En otros, la perversión de las instituciones fue más sutil. Esto se vio, por ejemplo, en el caso de Carlos Menem en Argentina, donde hubo un cierto copamiento del poder a la usanza peronista y muchas ventas de empresas públicas a cambio de sobornos.

Ante esta situación, era previsible que la izquierda carnívora reaccionara y tratara de emparentar al "neoliberalismo" con prácticas que tenían que ver, más bien, con la tradición populista y autoritaria. El resultado fue que muchos liberales, avergonzados o asustados, se sintieron inermes ante la arremetida de la izquierda y tuvieron dificultad para hacer el deslinde entre sus ideas y los monopolios protegidos por el Estado, los fraudes electorales o las manipulaciones judiciales que se daban bajo gobiernos falsamente liberales. Todo esto facilitó mucho el pragmatismo que ha reinado en la última década y media y la ausencia de un nuevo ímpetu reformista. Había que mantener lo mejor de aquellas reformas pero alejándose de la posibilidad de continuar con ellas, salvo en países como Colombia, donde en los años noventa no se habían realizado muchas, para evitar ser triturados por las mandíbulas carnívoras. Por eso muchos liberales se hicieron también vegetarianos.

Esto empieza a cambiar, a medida que el tiempo ha ido separando la paja del trigo y probando que los países que respetan el Estado de Derecho y las leyes de la economía son mucho más exitosos que los otros. También ha ayudado a poner las cosas en su sitio el hecho de que los nuevos experimentos populistas, esos Frankenstein de la política latinoamericana, hayan producido criaturas grotescas como la que fabricó el personaje de la novela de Mary Shelley. En buena hora: el renacimiento del espíritu liberal puede ayudar mucho a dar un nuevo impulso a varios países y a sacar del desastre en que los ha sumido el populismo, a esos países que luchan por recuperar el sentido común en medio de pájaros que les silban la vulgata marxista a los dictadores y gobiernos que crean viceministerios de la felicidad.

¿Dónde hay síntomas de un renacimiento de ideas razonables? En muchos lugares. Por ejemplo, en México, donde todo indica que Peña Nieto quiere gobernar de un modo distinto al del viejo PRI a pesar de las legañas que todavía afean a su partido. Después de un periodo en el que el PRI se mantuvo aferrado a los estereotipos nacionalistas, una parte de este partido se atreve ya a tocar temas tabúes como la apertura del petróleo al capital privado, gracias a lo cual se ha aprobado la reforma energética que permitirá el ingreso de capitales privados a lo que hasta ahora era un coto vedado del Estado. Peña Nieto da señales de entender que, a pesar de los avances logrados, el modelo mexicano todavía conserva rasgos corporativistas que le hacen perder competitividad. Quizás porque el PRI goza de una legitimidad social derivada de su implantación en el conjunto del país y de más experiencia en el manejo del poder, Peña Nieto sea capaz de emprender las reformas pendientes que no pudo hacer el PAN de Vicente Fox y Felipe Calderón.

Eso está por verse, pero, por lo pronto, Peña Nieto ha impulsado una reforma educativa para descentralizar la toma de decisiones y exigir resultados a los profesores, por ejemplo, lo cual lo ha enfrentado al sindicato de maestros, el más poderoso de América Latina y quizá del hemisferio occidental. También ha prometido abordar el problema de los bolsones de monopolio que todavía hay en la vida económica mexicana y que obligan a los consumidores a pagar quizá un cuarenta por ciento más por cualquier bien o servicio de lo que pagarían en una economía más competitiva.

Todavía es de pronóstico incierto el gobierno mexicano y mucho dependerá de si se mantienen algunos de los apoyos que atrajo el Pacto por México, suscrito por las principales fuerzas políticas al inicio, especialmente el del PAN. Pero lo importante es que por primera vez en mucho tiempo se empieza a debatir en serio todo aquello que nadie se atrevía a cuestionar desde los principales partidos y organizaciones sociales. Si Peña Nieto logra hacer las reformas básicas en México sin dejarse atarantar por la izquierda troglodita, habrá consecuencias interesantes. Una será que México se pondrá, en lo que se refiere al crecimiento económico, a la altura de Perú, Chile y Colombia, sus socios de la Alianza del Pacífico. Otra consecuencia será de tipo intelectual: por ser México el país más grande de Hispanoamérica, dará a las ideas liberales nuevo ímpetu y prestigio en todo el continente.

Si esto ocurre, empezaremos a ver en otros países con peso regional un cuestionamiento cada vez más intenso de las falsas verdades. Uno podría ser Brasil, donde ya empieza a haber síntomas de que algunos líderes políticos y empresariales quieren que se reanuden las reformas de Fernando Henrique Cardoso, que se truncaron con la llegada al poder del PT, y se superen los tópicos que aún pueblan las cabezas del partido del gobierno y sus aliados.

En Brasil hay una economía altamente participada por el Estado, que engulle casi el 40% de la riqueza producida por la sociedad. En muchos casos el gobierno tiene una participación accionarial directa en las grandes empresas, donde mete la mano con demasiada frecuencia. Uno de los principales instrumentos para la distribución de créditos, el BNDES, es una herramienta política del propio gobierno para determinar quién gana y quién pierde en ese país. Petrobras es quizá el ejemplo emblemático del obstáculo que constituye el Estado brasileño para la prosperidad. Aunque cotiza en la Bolsa y por tanto tiene una dimensión no estatal, sigue siendo una empresa pública y empieza a padecer las consecuencias del agotamiento del modelo brasileño.

En 2012 las ganancias de Petrobras cayeron un tercio con respecto al año anterior y la empresa está muy endeudada; en ciertos ámbitos ya pierde dinero por efecto de la injerencia política. Como parte de un esquema populista, el gobierno obliga a Petrobras a importar gasolina y venderla a precios inferiores a los del mercado. Petrobras no puede cubrir sus costos en esa área y por tanto soporta pérdidas importantes que repercuten en el resultado consolidado de la empresa. Para colmo, el gobierno quiere que Petrobras lleve a cabo gran parte del enorme esfuerzo de explotar el petróleo atrapado debajo de vastas capas de sal, un desafío financiero y tecnológico que esa empresa no está en condiciones de afrontar.

Para que países como Brasil opten por un cambio de rumbo será indispensable que los países más influyentes y gravitantes de América Latina recuperen el impulso. El efecto puede ser relativamente inmediato porque, como apuntábamos, ya hay en Brasil muchos intelectuales, políticos y empresarios que empiezan a perderle el miedo a la idea de una nueva ola de cambios.

Otro país influyente donde hay síntomas promisorios del renacimiento de las ideas liberales es Argentina. Si alguien ha trabajado diligente y meticulosamente en los últimos años para prestigiar al liberalismo, que estaba aplastado bajo los escombros del "corralito" y la hecatombe de 2000-2001, es doña Cristina Kirchner. A tal punto, que incluso una nueva generación de empresarios ha decidido involucrarse en la política de un modo más directo para difundir sin complejos ideas contrarias al populismo.

También soplan vientos de cambio en el propio partido oficialista. Empiezan a surgir corrientes disidentes en el peronismo en favor de abandonar el modelo actual y adoptar una vía más parecida a la chilena (dicho sea de paso, el intendente Sergio Massa, que infligió al gobierno una paliza en la provincia de Buenos Aires en las elecciones legislativas de 2013, tiene raíces en el antiguo liberalismo de Álvaro Alsogaray). En la prensa pasa algo parecido, como ha quedado demostrado con las severas críticas que han dirigido al populismo kirchnerista figuras como el conocido periodista Jorge Lanata o el diario Clarín, otrora simpatizante del kirchnerismo. Aunque Lanata no es un ideólogo, en su programa dominical ha compilado un implacable catastro de todas las barbaridades del modelo argentino (el suministro que le facilita la Presidenta es inagotable). Todo esto está preparando el terreno para un golpe de timón tras las elecciones de 2015, que en principio deberían poner fin a la era Kirchner.

Nada es más arriesgado que hacer pronósticos en estas tierras de profetas desmentidos por la realidad, pero gracias a todo lo expuesto en las páginas anteriores, en el nuevo contexto internacional América Latina tiene la oportunidad de deshacerse de sus gobiernos populistas e iniciar una etapa más homogénea, en la que todos apunten en la buena dirección.

DEL IDIOTA DE AYER
AL NEOIDIOTA DE HOY

¿Quién es el idiota? ¿Cómo reconocerlo? Hace algo más de quince años trazamos un perfil muy amplio de este personaje en el *Manual del perfecto idiota latinoamericano*. Recordamos los múltiples y confusos ingredientes que intervinieron en su formación política; su árbol genealógico, su biblia, sus dogmas y propuestas, sus aversiones y sus sagradas fidelidades a la revolución cubana y a sus íconos, Fidel y el Che Guevara.

Lo que no imaginábamos entonces es que aquel idiota, cuyas propuestas y modelos parecían derrumbarse mientras América Latina tomaba el rumbo de la apertura económica y de un modelo liberal de desarrollo, iba a conseguir, en el umbral del siglo XXI, el poder en varios países del continente y desde allí propagar sus intocables dogmas, aprovechando, de una parte, el descontento generado por el mundo político tradicional, y de otra, la atracción conseguida con sus nuevas propuestas populistas.

Lo que quedó intacto, y no solo intacto sino reafirmado hoy con toda clase de pronunciamientos y discursos de proyección continental, fue el conjunto de principios y credos de nuestro perfecto idiota.

Pese a la confusión que a raíz de la caída del Muro de Berlín y la desaparición de la Unión Soviética reina en las diversas corrientes del marxismo, hay rasgos de su vulgata ideológica que permanecen inamovibles para nuestro personaje. Entre ellos, la tesis de que la pobreza corre por cuenta del imperialismo y de la oligarquía, las expropiaciones encaminadas a cerrar el paso a la libre empresa, el monopolio del Estado en todas los ámbitos de producción, un socialismo inspirado en el modelo castrista y, por eso mismo, su incorregible adhesión a la revolución cubana y a su octogenario patriarca.

Sin necesidad de ir a los anaqueles de la biblioteca y desempolvar *El capital* de Marx, nuestro idiota latinoamericano dispone de una biblia que orienta su pensamiento y su forma de ver nuestra realidad. Se trata de *Las venas abiertas de América Latina*, el libro de Eduardo Galeano que ha alcanzado desde su aparición más de 60 ediciones. Sus más rotundas afirmaciones siguen siendo irrefutables verdades para el idiota de ayer y para el idiota hoy.

Según Galeano, América Latina se presenta como un cuerpo inerte expuesto desde siempre a que, primero Europa y luego los Estados Unidos, le hayan chupado la sangre apropiándose de sus riquezas como lo hacían los bucaneros asaltando los galeones cargados de oro que cruzaban el Atlántico rumbo a España en épocas de la Colonia. Con ello, Galeano corta de tajo el concepto de que la riqueza moderna se crea gracias a una política de desarrollo basada en la libertad de empresa, en un gasto público manejado con rigor, la conquista de nuevos mercados y en pilares como la educación y el acceso a las nuevas tecnologías.

Para nuestro idiota, esta afirmación de Galeano sigue siendo cierta: "América Latina sigue trabajando de sirvienta. Continúa existiendo al servicio de las necesidades ajenas como fuente y reserva del petróleo y el hierro, el cobre y las carnes, las frutas y el café, las materias primas y los alimentos con destino a los países ricos, que ganan consumiéndolos mucho más de lo que América Latina gana produciéndolos".

Como lo escribimos en el *Manual del perfecto idiota*, si los gobiernos asumieran como axioma los evangelios de Galeano, cerrarían las exportaciones de petróleo, las minas de cobre, de estaño, de carbón y dejarían de vender la carne, el trigo, el café, las flores o el banano. ¿Qué sucedería entonces? Lo dijimos: millones de personas quedarían sin empleo, desaparecería por completo el comercio internacional, habría parálisis de la salud por falta de medicamentos, sin dejar de mencionar que se produciría una terrible hambruna en la región.

Por si fuera poco, el autor de *Las venas abiertas de América Latina* sostiene que nuestras transacciones económicas no deberían estar sujetas al libre juego de la oferta y la demanda, sino que tendrían que someterse a lo que él ha llamado la asignación de valores justos para bienes y servicios. Olvida, como lo señalamos en otro tiempo, que con la misma lógica los norteamericanos o los japoneses podrían también pedir un precio justo por su penicilina, sus aviones, sus equipos de comunicaciones, su maquinaria y su tecnología. Ahora bien, habría que preguntarse quién o quienes se harían cargo en el mundo de sustituir al mercado para fijar ese mágico valor justo. Esa pregunta la dejó Galeano sin respuesta.

Por lo demás, la realidad se ha encargado de desmentir todas estas afirmaciones. Ha quedado demostrado hoy más que nunca que el mercado y sus precios determinados por la ley de la oferta y la demanda no son una trampa para desvalijar a nadie sino un sistema de señales, el único capaz de estimar costos y fijar precios de venta. Recursos energéticos como el petróleo y el carbón han conocido una espectacular alza de precios con evidente beneficio para aquellos países que los producen. La globalización y la aparición de nuevos mercados, como el de la China y otros países asiáticos, han dejado sin soporte alguno la reiterada idea de que el mercado de esos productos está en manos de un imperialismo voraz que impone precios y condiciones.

Para Galeano y nuestro idiota, pese a estas incontrovertibles realidades, existen aún malvados poderes capitalistas empeñados en saquear a los latinoamericanos con la compra ventajista de nuestros productos, así como con la asignación de créditos y préstamos usureros y las nefastas inversiones de grandes empresas capitalistas que solo buscan su propio beneficio. La vía razonable que nos propone el perfecto idiota latinoamericano es la de tomar el camino opuesto, siguiendo la senda cubana.

Lo único que no han tenido en cuenta los devotos del Socialismo del Siglo XXI es que Cuba, tras la desaparición de la Unión Soviética y la pérdida de los subsidios que recibía de ella (la no menospreciable suma de cien mil millones de dólares en treinta años), muestra hoy una agricultura en ruinas, una economía cada día más mendicante y una escasa producción de bienes, hasta el punto de que este país sobrevive solo gracias a los recursos derivados del petróleo que le obsequia el régimen venezolano. Entre las víctimas del castrismo se cuentan los trabajadores de las empresas mixtas a quienes se les arrebata el 95% de su paga, mediante el expediente de cobrarle en dólares sus salarios al socio extranjero para pagárselos en devaluados pesos cubanos.

EL IDIOTA DE HOY

¿Qué nuevos rasgos nos presenta? ¿Cuáles son sus aportes, que le han dado vigencia en muchos países del continente hasta el punto de haber alcanzado el poder en cuatro de ellos y de proyectar su influencia en el resto de la región? Como quedará explicado en este libro, tan inesperada conquista de nuestro personaje, el perfecto idiota latinoamericano, se debe a su emblemático y hoy desaparecido caudillo Hugo Chávez y a diversos factores políticos, sociales y económicos que este supo aprovechar.

Tal vez el más extendido en América Latina ha sido el descrédito de la clase política tradicional y la búsqueda de alternativas ajenas a ella. Para el ciudadano del común en lugares como Lima, Caracas, Bogotá o México, político es una mala palabra y un oficio que no inspira confianza alguna.

Ahora bien, Chávez fue el primero en capitalizar este legítimo descontento presentándose como un inesperado *outsider,* ajeno a los partidos tradicionales de Venezuela. Inicialmente fue visto como un personaje de perfil popular capaz de asegurar el cambio de rumbo para su país. Lo que en aquel entonces no se hizo evidente es que en Barinas, su tierra natal, siendo muy joven, había recibido tanto de su hermano Adán como del profesor José Esteban Ruiz Guevara, ambos comunistas, un adoctrinamiento que le permitía ver el socialismo marxista como un ideal. En suma, desde que entró a la Academia Militar tenía ya inoculado el germen ideológico de nuestro idiota.

Pese a su devoción por Fidel y su aspiración a seguir sus pasos, Chávez supo modificar sorprendentemente muchos de los fundamentos de la cartilla castrista. Por ejemplo, abandonó por completo la idea de que la única manera de llegar al poder era la lucha armada. Encontró factible, en cambio, buscar para tal efecto la vía electoral y una vez conseguido el poder, hacer desde allí la revolución. Curiosamente el camino hacia este objetivo se lo dio un personaje de extrema derecha: el argentino Norberto Ceresole. Caudillo, ejército y pueblo fue su fórmula mágica, combinada con la idea de que, en vez de una democracia representativa, el caudillo debía apoyarse en una democracia participativa a base de referendos, capaces de poner en sus manos todas las ramas del poder. En lugar de ver al ejército como un instrumento de la burguesía, según el enfoque difundido por Castro, Ceresole creía que era posible manipularlo mediante la infiltración en sus mandos de oficiales de extrema izquierda y, por otra parte, asegurar su adhesión gracias a toda suerte de prebendas. Así lo hizo Chávez. Su primer paso fue modificar la Constitución de Venezuela mediante una Asamblea Constituyente.

El apoyo electoral lo consiguió con un recurso hasta cierto punto inédito en el continente: una profunda fractura social que puso del lado opuesto al suyo a las clases media y alta, y de su lado, a los vastos sectores marginales del país, mediante un populismo asistencial dotado de cuantiosos recursos. Sin la cultura y el conocimiento necesarios para juzgar los riesgos en que incurría el gobierno, esta inmensa franja social caía en el embrujo del dinero y demás prebendas recibidas. Ante esta estrategia, las clases medias, donde tenían asiento todos los partidos políticos con sus diversas tendencias ya fuesen de izquierda, centro o derecha, perdieron toda su importancia.

Frente a este fenómeno, ¿cuál fue la reacción de nuestro personaje? Pues de júbilo, naturalmente. Con Chávez, todos los viejos dogmas del idiota, que tantas veces hemos puesto al descubierto, recobraron vigencia: expropiaciones y nacionalizaciones, control total de los poderes públicos como herramienta fundamental de la revolución, monopolio oficialista de la televisión, la radio y otros medios de comunicación, condena al imperialismo y alianza con regímenes como los de Irán, Corea del Norte, China y desde luego Cuba. Todo esto como sustento de un nuevo socialismo, rebautizado como Socialismo del Siglo XXI, que volvió a recuperar sus viejos genes marxistas.

La proyección de este modelo en la Bolivia de Evo Morales, el Ecuador de Rafael Correa, la Nicaragua de Daniel Ortega y hasta en la Argentina, primero de Kirchner y luego de su esposa Cristina Fernández, ha facilitado que nuestros idiotas, tal como lo escribió Mario Vargas Llosa, se estén multiplicando hoy en el continente como conejos y cucarachas. Un baluarte suyo en países como Bolivia ha sido el indigenismo, que nuevamente ha vuelto a disparar sus flechas, haciendo resonar a los cuatro vientos sus jeremiadas contra el Occidente perverso y en muchas ocasiones contra las minorías blancas.

Pero el mayor soporte del nuevo idiota hoy es el populismo asistencial que le ha permitido apoderarse, con toda suerte de prebendas y regalos, de los sectores más pobres en donde ha logrado capturar el poder, bien sea en países como Venezuela, Ecuador, Bolivia, Nicaragua y El Salvador o en capitales como Bogotá, donde una fiel réplica del protagonista de este libro, Gustavo Petro, llegó a la Alcaldía.

El idiota del siglo XXI, tiene pues, una mayor presencia que la de sus ancestros en el continente. Tanto más ahora que cuenta con el apoyo de organizaciones y personajes del Viejo Mundo que siguen viendo a América Latina como un continente donde la pobreza contrasta con los privilegios de latifundistas y de una excluyente burguesía, con excepción, por supuesto, de aquellos países en donde por fin, según ellos, se ha implantado un nuevo modelo de desarrollo a favor de los más pobres.

Por fortuna, la realidad ha terminado por demostrar que el Socialismo del Siglo XXI, cuando intenta aplicar una cartilla donde se adivinan rastros de Marx, Lenin, Fidel Castro y el propio Hugo Chávez, es un desastre económico, social y político. Lo vive hoy la Venezuela de Nicolás Maduro. A una inflación, la más alta de cualquier país del continente; con un cambio que supera siete veces el dólar oficial; con los precios más altos que se hayan conocido en alimentos y medicinas, con una alarmante escasez y largas colas para comprar leche, pollo, harina y hasta papel higiénico; con apagones y cortes de agua a diario y hospitales en ruinas, se suma ahora una aterradora inseguridad que deja más de 19.000 personas asesinadas cada año, así como una corrupción galopante.

Si algo positivo deja este desastre es la muerte del socialismo para las nuevas generaciones en América. En países como Venezuela, Bolivia y El Salvador, los dirigentes estudiantiles de hoy no comen cuento. El socialismo marxista ha dejado de ser para ellos un sueño, como alcanzó a serlo en otras épocas. Más bien tendrá la dimensión de una calamidad que mejor será olvidar. Con ellos, los jóvenes de hoy, el futuro quedará en buenas manos.

La experiencia que les abrió los ojos pasará a la historia solo como un desvarío del personaje que, sin maldad y más bien con un piadoso afecto, hemos llamado el perfecto idiota latinoamericano.

CASTRO O LOS IDIOTAS MUTANTES

"Cuando despertó, el dinosaurio todavía estaba allí". Tal vez bufaba con menos intensidad, pero era el mismo dinosaurio. El texto, de Augusto Monterroso, pasa por ser el cuento más corto de la historia de la literatura. Menos para los cubanos, que el primero de enero del 2014 cumplieron cincuenta y cinco años de padecer el mismo gobierno y despertarse con los mismos acechantes monstruos emboscados al pie de la cama. Por ese estrecho aro han pasado tres generaciones de cubanos y once presidentes estadounidenses. Obama, el último inquilino de la Casa Blanca, ni siquiera había nacido cuando Fidel y Raúl Castro ya mandaban en Cuba.

¿Por dónde comienza el análisis de esta dinastía militar? Ya no tiene demasiado sentido explicar las causas y las trampas posteriores de ese larguísimo gobierno, pero sí detenerse en las etapas del modelo económico seguido por los Castro, entre otras razones, porque a estas alturas de la historia no se sabe muy bien qué es ser castrista, pese a tratarse del paradigma más invocado por la alegre tribu de los idiotas latinoamericanos. ¿Saben exactamente lo que aplauden?

El castrismo, evidentemente, insiste en que sigue siendo marxista-leninista, por lo menos en teoría y en algunos rasgos evidentes. Su identidad esencial permanece, en efecto, inalterable. Sigue siendo estatista, represivo, monopartidista, dictatorial, antiyanqui, antioccidental, antidemocrático y antimercado, pero en el terreno económico y en el modo de producir ha mudado de piel en diversas ocasiones. Aunque las fechas no son exactas, es posible fragmentar los periodos del castrismo económico en décadas para comprender mejor lo que ha sucedido en esa desdichada isla.

LOS SESENTA

El ideario original de la revolución de 1959 era, decían, democrático. Los insurrectos habían prometido libertades y elecciones a corto plazo. Fidel, enfáticamente, había asegurado media docena de veces que no era comunista. Incluso, había criticado al sistema soviético por la falta de libertades. Sin embargo, en 1960 se apoderó de todos los medios de comunicación e intervino y estatizó todas las empresas medianas y grandes del país. En 1961, finalmente, proclamó el carácter socialista de la revolución y poco después declaró que había sido y sería marxista-leninista hasta el fin de sus días. Los había engañado a todos. "En silencio ha tenido que ser", dijo, echando mano a una frase de José Martí para justificar su actuación.

En ese punto comenzó la década guevarista en el terreno productivo. Desaparecieron los estímulos materiales y se recurrió a los incentivos morales. Pensaban crear al hombre nuevo, una criatura desprendida, generosa, trabajadora hasta la extenuación por la gloria revolucionaria. Se fundaría un mundillo perfecto, incluso sin homosexuales, porque esa porquería era una lacra del capitalismo, así que internaron a unos cuantos miles de *gays* en campos de trabajo forzado para purificarlos de las antiguas y decadentes costumbres burguesas. Junto a ellos fueron encarcelados testigos de Jehová, líderes católicos, adventistas, muchachos con pelo largo que escuchaban a los Beatles y otras descarriadas ovejas negras que serían redimidas cortando caña de sol a sol bajo la severa vigilancia de los guardias.

En 1968, meses después de la muerte del Che Guevara en Bolivia, Fidel ordenó la "ofensiva revolucionaria". De un plumazo fueron estatizadas 60.000 microempresas, todas las que habían sobrevivido en el país para brindarle pequeños servicios a la sociedad. No quedaron vestigios de las codiciosas actividades privadas. De un plumazo fueron erradicados siglos de tradición comercial. Ser emprendedor y tener iniciativas súbitamente se convirtieron en conductas sospechosas. Hasta las costureras, los mecánicos de paraguas y los zapateros remendones pasaron a trabajar para el Estado. Cuba se convirtió en el país más comunista del bloque.

Naturalmente, a partir de ese disparate, el mercado negro, la inflación y el desabastecimiento devastaron rápidamente la economía. Para agregar más sal a la herida, el gobierno suprimió la contabilidad entre las empresas, una idea que había sido propuesta por ese brillante economista que fue el Che Guevara. ¿Para qué esa absurda antigualla del capitalismo? La gota que colmó la copa fue la fracasada zafra (cosecha) de azúcar. Fidel se empeñó en fabricar diez millones de toneladas para lograr un efecto de *dumping*, arruinar a los demás productores y convertir a Cuba, otra vez, en la azucarera del mundo. Lo que sucedió fue lo opuesto: al aplicar todos los recursos del país a la consecución de ese objetivo, Cuba quedó arruinada y la zafra fracasó. Todos esos planes locos resultaron contraproducentes. En 1970, la crisis total de la economía impuso un cambio de rumbo.

LOS SETENTA

Los años setenta fueron el decenio de la sovietización de la economía y de las leyes. Más sabía la metrópolis rusa por vieja que por docta. Había una manera soviética de organizar el Estado, incluidas las transacciones económicas, y Cuba la copió. No era gran cosa, pero era mejor que el desbarajuste creado por el castro-guevarismo de la década precedente. Los historiadores comenzaron a hablar de la "institucionalización de la revolución". En 1975, Castro y sus asesores soviéticos —llegaron a ser 40.000— crearon un Partido Comunista único que englobaba a las antiguas organizaciones revolucionarias que habían derrocado a Batista y dictaron una Constitución calcada del molde estalinista. En el prólogo de la ley de leyes, en un exceso de obsecuencia, se hacía referencia a la URSS y al eterno lazo que unía a ambos países. Y había razones. En esa década, junto al aumento copioso de los subsidios de la URSS, que llegaron a sobrepasar los cinco mil millones de dólares anuales, Fidel, con el auxilio de Moscú, vivió su etapa de gloria conquistadora, con triunfos militares en Angola, Etiopía y Nicaragua. En 1979 presidía los No-Alineados (organización originalmente neutral que él había colocado al servicio de Moscú) y estaba seguro de que vería el colapso de Estados Unidos y el triunfo del comunismo en el mundo. El propio Fidel se lo dijo, en un arranque de euforia, al historiador venezolano Guillermo Morón, de visita en La Habana. Dentro de la gris miseria del socialismo real, Cuba parecía estabilizada.

LOS OCHENTA

Pero en abril de 1980 pasó algo que, bruscamente, despertó al Comandante de sus sueños de gloria. Todo empezó con un incidente menor ocurrido en la embajada de Perú en La Habana (unos cubanos buscaron asilo en el recinto precipitadamente y en el fuego cruzado entre los guardias un militar resultó muerto). Ante esa circunstancia, en vista de que los diplomáticos no le entregaban a los asilados, Fidel Castro decidió castigarlos levantando la protección policial, mientras los medios de comunicación anunciaban que todo el que quisiera asilarse podía hacerlo.

Castro contaba con que algunas docenas de adversarios se atreverían a cruzar la cerca; los suficientes para escarmentar a Perú. Pero sucedió algo insólito: en 48 horas, once mil personas ocuparon cada milímetro de la casa y el jardín. Era una riada de gente dispuesta a marcharse del país a cualquier precio. Predominaban los jóvenes, pero era un corte transversal de la sociedad cubana. No entraron más porque no cabían y porque el ejército rodeó la manzana mientras otros miles de cubanos merodeaban por los barrios aledaños para ver cómo podían huir del paraíso.

¿Cómo salió Castro de este atolladero en el que él mismo, por su temperamento colérico, se había metido? Pues como siempre: trasladándole el problema a Estados Unidos. Habilitó el puerto de Mariel y declaró que todo el que quisiera irse del país podía embarcar rumbo a la Florida, incluidos los asilados en la embajada de Perú. Además, para confirmar que sus adversarios eran la escoria de Cuba, como su aparato propagandístico señaló inmediatamente, sacó de las cárceles a varios millares de criminales, algunos locos agresivos y hasta a un pobre leproso y los mezcló con la gente honorable y decente dispuesta a escapar. Como nunca había abandonado su homofobia, obligó a marcharse a numerosos homosexuales (el eterno enemigo) en medio de todo tipo de vejaciones, golpizas y ofensas. Así salió de Cuba el excelente escritor Reinaldo Arenas, entre otros, mezclado con los 125.000 exiliados que consiguieron huir mientras esa vía se mantuvo abierta.

Pero ese episodio tuvo otra imprevista consecuencia. Fidel Castro comenzó a pensar que la sovietización de la Isla había sido inútil porque se habían relajado algunos principios del marxismo-leninismo. Llegó a sostener que el modelo económico soviético tampoco solucionaba los problemas del subdesarrollo. Fue entonces cuando inició su "política de rectificación de errores" que, en síntesis, consistió en aumentar los controles y la injerencia del Estado. Fidel encarnaba la *contrarreforma* de la más pura cepa estalinista. Lo que él no pudo prever fue que, en 1985, llegaría al poder en la URSS un jefe de gobierno decidido a mover el país en la otra dirección. Mijail Gorbachov estaba convencido de que el sistema comunista, para salvarse, tenía que profundizar las reformas, descentralizarse, democratizarse, admitir libremente las críticas y los debates, y acercarse más al mercado. Fidel y Gorbachov eran dos trenes que marchaban por el mismo carril, pero en direcciones contrarias. Los dos querían salvar el socialismo, pero por las puntas opuestas del desastre.

LOS NOVENTA

En el camino, Gorbachov descubrió que el sistema no era reformable. Su sucesor Boris Yeltsin, tras impedir un golpe estalinista, desmanteló rápidamente el colectivismo marxista y terminó con el modelo comunista, el Partido, la URSS y, claro, los subsidios a la Isla. Fidel, en cambio, declaró varias veces en tono amenazador que Cuba se hundiría en el mar antes que renunciar al marxismo-leninismo, advirtiendo que el país mantendría el sistema, convirtiéndose en una especie de vivero ideológico para el día en que la traicionada humanidad proletaria recuperara la cordura y volviera a las raíces. Cuba sería el parque jurásico del marxismo-leninismo.

Naturalmente, mientras llegaba ese día de la gloriosa resurrección comunista, los cubanos comenzaron a pasar hambre (literalmente) y el régimen declaró el inicio de un todavía inacabado "periodo especial en tiempos de paz", comenzado hace 24 años, sin siquiera recuperar los ya entonces magros índices de consumo anteriores a 1990. A partir del fin de los subsidios soviéticos y de la interrupción de los lazos económicos con los demás países comunistas del bloque del Este, la ya raquítica capacidad de consumo de los cubanos se redujo abruptamente en un 45%. En esos años, como consecuencia de la desnutrición, varias decenas de millares de cubanos contrajeron una peligrosa variante de la neuritis que dejó ciegas a numerosas personas y con permanentes dolores al resto de los afectados.

Algo había que hacer, y Fidel, para salir del lance, aunque con gran asco, decidió crear una nueva fórmula de comunismo. Les abriría las puertas a los inversionistas extranjeros, pero en sociedad con el Estado cubano, a fin de explotar conjuntamente la dócil y empobrecida masa obrera del país. Simultáneamente, autorizó el turismo, las remesas enviadas por los exiliados y la tenencia del dólar, la odiada moneda del enemigo. La isla se llenó de prostitutas, allí llamadas *jineteras*. Esa era su fórmula para salir de la crisis o, al menos, para aliviarla. Entonces declaró que, finalmente, construiría el socialismo, sin aclarar qué demonios había estado haciendo hasta entonces.

Pero ninguna medida funcionaba adecuadamente. La miseria se estabilizaba y el país tocaba fondo, mas la economía no remontaba. Ante esa situación, Fidel volvió a tratar de evadirse de la trampa exportando el problema a Estados Unidos: en el verano de 1994 les dijo a los cubanos que se fueran en balsa rumbo a Miami, si no querían seguir viviendo en la isla. Mientras duró el breve periodo de libertad para emigrar, unas 36.000 personas se atrevieron a emprender el peligroso viaje. Fabricaron embarcaciones con puertas y ventanas arrancadas de sus casas, con neumáticos de automóvil, con planchas de polietileno, con cualquier cosa que pareciera capaz de flotar. Muchos murieron ahogados. El entonces presidente Bill Clinton envió a la base naval de Guantánamo a los supervivientes que la Armada estadounidense lograba rescatar y allí los internó en campos de refugiados hasta que, poco a poco, emigraron rumbo a Estados Unidos y se incorporaron a la floreciente emigración cubana arraigada en el sur de la Florida.

Pero a finales de ese mismo 1994 ocurrió algo que, eventualmente, sería muy importante para Cuba y, en cierta medida, para todo el continente. Fidel Castro, disgustado porque el presidente Rafael Caldera había recibido a Jorge Mas Canosa, un fogoso líder exiliado cubano, invitó al golpista Hugo Chávez, recién salido de la cárcel, a que lo visitara en La Habana oficialmente, pese a que, en su momento, le había mandado al antecesor de Caldera, Carlos Andrés Pérez, un mensaje de solidaridad ante el bárbaro intento de golpe militar.

Chávez había sido encarcelado por intentar derrocar por la violencia al presidente constitucional Carlos Andrés Pérez en 1992, provocando decenas de muertos en las calles de Caracas, aunque más tarde su causa fue sobreseída. En ese momento, Chávez estaba bajo la influencia del extraño fascista argentino Norberto Ceresole. Fidel le dio a Chávez tratamiento de Jefe de Estado, lo sedujo y dejó sentadas las bases de una futura subordinación del militar venezolano. Ese momento llegó en 1999, cuando Chávez alcanzó la presidencia (ganada en los comicios de diciembre de 1998) y Fidel Castro vio de nuevo abiertos los cielos revolucionarios.

LOS AÑOS DOS MIL: ADIÓS FIDEL

En cuanto Chávez llegó a la casa de gobierno, comenzó a favorecer a su ídolo Fidel Castro con tratos muy generosos en materia petrolera y alquilando las prestaciones de miles de médicos y miembros de los servicios sanitarios cubanos, así como de numerosos asesores en cuestiones de inteligencia. Fue en aquellas fechas cuando Chávez declaró que Venezuela "navegaba hacia el mar cubano de la felicidad". El profesor Carmelo Mesa-Lago, máximo especialista en la economía cubana, ha establecido que esa colaboración, en su momento, alcanzó la asombrosa cifra de 13.000 millones de dólares anuales (en comparación, calculado en dólares de 2001, el total de gasto del Plan Marshall para reconstruir casi toda Europa occidental tras el final de la Segunda Guerra Mundial ascendió a 90.000 millones).

Con esos fondos, el gobierno cubano pudo, de nuevo, regresar a sus orígenes ortodoxos. Volvió a prohibir la tenencia de dólares y despidió a unos cuantos inversionistas extranjeros de tamaño mediano. La ayuda venezolana le permitía cancelar algunas de las reformas que había emprendido sin la menor convicción. Lo que el régimen necesitaba no era mercado, propiedad y un crecimiento constante, sino Estado, planificación y una especie de mantenimiento mínimo. Los cubanos, según Fidel, y para admiración y regocijo de numerosos idiotas latinoamericanos, no estaban hechos para consumir bienes y servicios, sino para el constante sacrificio revolucionario. El consumismo era una perversa costumbre capitalista. Lo digno y revolucionario era la espartana frugalidad.

En abril de 2002 hubo un golpe militar en Venezuela y Chávez fue detenido durante 48 horas. En ese periodo, Fidel Castro fue su gran aliado. Se desvivió por salvarlo. Llamó a José María Aznar, entonces jefe del gobierno español, y le pidió que intercediera ante el nuevo ejecutivo venezolano para que se respetara la vida del presidente cautivo. Lo hizo con otra media docena de líderes. Chávez era su discípulo y su cofre favorito. Lo quería vivo. Era el discípulo, pero era, también, la tabla de salvación de Cuba. Chávez, en definitiva, regresó al poder, pero más comprometido que nunca con Cuba y con su mentor. Entre los dos, llegaron a la conclusión de que debían unir a sus respectivos países, complicadísima maniobra que comenzaba por armonizar la legislación de ambas naciones, tarea para la que designaron a una comisión binacional de juristas.

No obstante, los líderes proponen y las enfermedades disponen. En el verano de 2006 Fidel estuvo a punto de morir y debió abandonar el poder para siempre. Los planes para constituir Venecuba o Cubazuela —de las dos maneras se ha llamado el proyecto de un estado bicéfalo— debieron posponerse, aunque continuó fluyendo el apoyo hacia la isla, ahora dirigida por Raúl Castro. Hugo Chávez fue a visitar al Comandante en repetidas ocasiones para darle ánimo a su agonizante amigo cubano. No podía imaginar que él moriría antes que Fidel Castro. En realidad, nadie podía suponer semejante desenlace.

LOS AÑOS DOS MIL: SE INICIA LA ERA REFORMISTA DE RAÚL CASTRO

Fidel Castro sintió que se moría el 31 de julio de 2006. Estuvo cerca. Tenía una diverticulitis aguda. Se le habían reventado los intestinos. Como Fidel es un tipo complicado, su talón de Aquiles no estaba en el tobillo, sino en el bajo vientre. Según su escolta personal, el teniente coronel Juan Reinaldo Sánchez, exiliado desde hace cierto tiempo, en el pasado Fidel había padecido de cáncer en el colon, enemigo imperialista sumariamente ejecutado en el quirófano. Pero este nuevo episodio, pese a no ser cáncer, era aún más grave y le sorprendía a los ochenta años.

En vista de su inesperada rebelión intestinal (esta vez no era una metáfora) cambiaron súbitamente todos los planes sucesorios. Hasta ese momento, el proyecto era dividir en tres la inmensa autoridad del Máximo Líder. Ningún ser humano en el planeta reunía talento suficiente para concentrar tanto poder. El general Raúl Castro, hermano menor del Comandante, quien sería el *primus inter pares*, se quedaría al frente del polvorín para garantizar la obediencia de las Fuerzas Armadas y los servicios de inteligencia, como sucedía desde 1959. El médico Carlos Lage, primer vicepresidente del Consejo de Estado —un órgano selecto de diputados que teóricamente designa al Presidente—, continuaría ocupándose de la intendencia del país, cargo de gerente que desempeñaba desde principios de los años noventa. El ingeniero Felipe Pérez Roque, joven canciller, manejaría los asuntos políticos y las relaciones internacionales, el gran pasatiempo del Comandante, dado que entre sus méritos revolucionarios estaba "su comprensión total del pensamiento de Fidel Castro". Fidel quería clonarse ideológicamente para perpetuar la revolución y el clon perfecto parecía ser Pérez Roque.

Las otras figuras destacadas que giraban en torno a Fidel Castro, presumiblemente claves en el posfidelismo, eran Ricardo Alarcón, presidente de la Asamblea Nacional del Poder Popular, un coro parlamentario asombrosamente afinado que se reúne dos veces al año sin emitir una nota discordante para aplaudir y aprobar las leyes confeccionadas por el politburó (los llaman, jocosamente, "Los niños cantores de La Habana"); el joven Carlos

Manuel Valenciaga, secretario privado de Fidel y su hombrecito de confianza; y dos muchachos gritones, irreverentes y de escasa importancia, Otto Rivero Torres y Hassan Pérez, líderes estudiantiles que formaban la guardia de hierro vociferante del Comandante en una intensa y costosa actividad de agitación y propaganda, mal llamada "la batalla de ideas", donde solo se escuchaban los disparos ideológicos del bando oficialista en las tribunas y las fatigosas mesas redondas de las cadenas de televisión (en Cuba hablan de "la televisión en cadenas").

Esos eran los nombres que se barajaban. Los que Fidel había escogido. Pero, con un pie en la sepultura, no hubo tiempo para un cambio de mando ordenado. Fidel le pasó la batuta apresuradamente a su hermano y entregó su cuerpo a los cirujanos, no sin antes decirles lo que debían hacer, como es siempre su inveterada costumbre de sabelotodo, instrucciones de Cirujano en Jefe que casi le cuestan la vida.

Según el diario *El País* de Madrid, resumido por la revista *Contacto* de Los Ángeles, esto, muy probablemente, fue lo que sucedió:

SE AGRAVA LA SALUD DE FIDEL CASTRO

El dictador cubano Fidel Castro, de 80 años de edad, se encuentra "postrado, con pronóstico muy grave", debido a una fuerte infección en el intestino grueso, después de tres operaciones fallidas, publica el diario español *El País*, de tendencia socialdemócrata, en su edición del 16 y 17 de enero.

El rotativo español cita fuentes del hospital Gregorio Marañón de Madrid, donde trabaja el médico José Luis García Sabrido, quien en diciembre visitó a Castro en La Habana y dijo que el anciano dictador no sufría de cáncer. García Sabrido negó que él fuese la fuente de información de

El País. Por otra parte, el diario también cita a un diplomático cubano que habría dicho que Castro presenta "problemas de cicatrización".

En el verano, el líder cubano sangró de forma abundante por el intestino. Esta adversidad le llevó a la mesa de operaciones, según las mismas fuentes médicas. Su estado, además, se vio agravado porque la infección se extendió causando una peritonitis, la inflamación de la membrana que recubre los órganos digestivos. En esta primera operación, el cirujano procedió a retirarle una parte del intestino grueso, el sigma, y otra del recto, las más afectadas por la diverticulitis.

El cirujano tuvo que escoger entre dos procedimientos: el primero consiste en una ileostomía, la apertura de un ano artificial en el abdomen durante unas semanas mientras se recupera la parte del colon afectada. Durante este periodo, el paciente evacua en una bolsa hasta que una segunda intervención conecta el intestino grueso con el recto para recuperar la dinámica natural. El cirujano, en cambio, optó por la segunda técnica, que conecta directamente el colon transverso (la parte central del intestino grueso) con el recto, según *El País*.

En un segundo artículo, el rotativo asegura que fue Castro quien decidió que se le aplicara la segunda técnica, que es la de conectarle directamente el colon con el recto. La evolución del dictador "no fue buena" porque la infección impidió que el enlace entre el colon y el recto cicatrizara "y su abdomen se inundó de heces, causando otra peritonitis".

De acuerdo con el periódico español, hubo una segunda operación mediante la que los médicos limpiaron la zona infectada, suprimieron todo el intestino grueso y le "realizaron un ano artificial", pero Castro tampoco cicatrizó bien. Producto de todos estos males, su salud se agravó con una inflamación de la vesícula biliar y de las vías biliares por falta de circulación sanguínea, situación que tiene una mortalidad de alrededor del 80 por ciento.

Castro tuvo que ser sometido a otra operación para implantarle en la vía biliar una pequeña prótesis fabricada en Corea, pero el artefacto falló y tuvo que ser sustituido por otro fabricado en España, asegura *El País*. En diciembre, cuando García Sabrido le visitó, se dudaba si someter a Castro a otra operación. El paciente tenía una herida en el abdomen que liberaba al día más de medio litro de fluidos (proteínas, líquidos e iones), lo que causaba "una pérdida severa de nutrientes".

Castro sufrió "una regresión de su masa muscular y ha requerido alimentación intravenosa", concluye *El País*. De ser cierta, esta es la primera información detallada sobre el estado de salud de Castro que se publica, desde que el 31 de julio pasado se anunciara que el caudillo cubano cedía provisionalmente sus poderes a su hermano, el general Raúl Castro. Desde entonces se le ha visto en video dos o tres veces, muy deteriorado.

Mientras tanto, en La Habana, el régimen cubano no ha confirmado ni negado esta versión de los acontecimientos divulgada por el diario *El País*. Previamente, se había especulado que Castro padecía de un cáncer terminal en el colon o en el estómago, que le impediría vivir más allá del año 2007. A principios de enero [2006], el castrismo conmemoró el 48 aniversario de la revolución cubana, que permitió a Castro llegar al poder. En diciembre, se celebró el 50 aniversario del desembarco del yate Granma, en el que Castro y un grupo de revolucionarios llegaron a Cuba desde México para combatir al dictador Fulgencio Batista. También esa fue la fecha para la que se trasladaron los festejos por el 80 cumpleaños del dictador. En ninguna de estas ocasiones, el líder comunista apareció en público.

Hasta ahí la reseña de las vicisitudes abdominales de Fidel Castro. A partir de ese 31 de julio, ocurrieron varios sucesos propios de Macondo o de las dictaduras personalistas, que tanto se le parecen.

Había dos maneras de juzgar la enfermedad de Fidel Castro. Lo revolucionario, lo leal, era afirmar que el Comandante estaba en vías de recuperación y reanudaría sus funciones. Suponer que estaba a punto de morirse era una actitud imperialista. Como siempre sucede en ese país, la realidad no tenía importancia. Había que apostar por la cura del Comandante y su regreso glorioso al poder, como Napoleón tras su fuga de la isla de Elba. Eso fue lo que hizo durante meses la cúpula dirigente. Sus voceros más destacados daban partes médicos extraoficiales teñidos del más patriótico optimismo. La rebelión intestinal había sido aplastada. Lo traidor, lo censurable, lo risible, era opinar que el Comandante estaba incapacitado para gobernar o a punto de morir, como cualquier hijo de vecino aquejado de semejantes dolencias.

Finalmente, ante el deterioro inocultable del Comandante, que incluía episodios de irracionalidad y evidentes problemas mentales, típicos de un anciano valetudinario que estuvo (y está) al borde la muerte, el 24 de febrero de 2008 terminó el periodo de provisionalidad y Raúl Castro fue investido como Presidente del Consejo de Estado y Primer Secretario del Partido, que es la fórmula cubana (y soviética) de ser el jefe del gobierno, el Estado y el Partido Comunista. Por fin había llegado el turno de Raúl Castro. Llevaba medio siglo en el alero esperando su oportunidad. Fidel se quedaba como una especie de reina madre venerada y vigilante.

¿Quién es, realmente, Raúl Castro?

Raúl Modesto Castro Ruz es el menor de los hijos varones del segundo matrimonio del viejo don Ángel Castro. Había nacido en junio de 1931, de manera que Fidel (agosto de 1926) le llevaba cinco años. Pero le llevaba más: 15 centímetros de estatura, 50 kilos de peso, el prestigio de ser un buen deportista *amateur*, una personalidad autoritaria y arrolladora, formación intelectual, liderazgo y la leyenda de ser un hombre de acción, capaz de liarse a balazos con cualquiera, rasgo que en una sociedad como la cubana, impregnada y dominada por los valores machistas, tenía bastante importancia.

Juanita Castro, también hermana, aunque exiliada, pero un año menor que Raúl, explica las diferencias mejor que nadie: Raúl era familiar, dulce, comprensivo, afectuoso con sus padres y dotado de sentido del humor. De niño, soñaba con ser locutor de radio. Fidel, en cambio, ya quería ser presidente, líder y, además de tener una inteligencia superior y una perseverancia rayana en la obcecación, mostraba síntomas de inflexibilidad, agresividad y una total seguridad en sí mismo que lo convertían en un caso clásico de narcisista. Cuando murió la madre, Lina Ruz González, en agosto de 1963, Raúl (que físicamente se parecía a su madre, como sucede con Juanita) dio muestras de un comprensible dolor. Fidel, en cambio, se mostró prácticamente indiferente. Esa dureza humana de Fidel fue la gota que colmó la copa de Juanita y contribuyó a transformarla definitivamente en una firme opositora. ¿Cómo, quien ni siquiera manifestaba afecto por su madre, podía sentir empatía por los demás cubanos?

En todo caso, Raúl admiraba profundamente a su hermano. Lo idolatraba y trataba de emularlo. De manera que, cuando sus padres, a finales de los años cuarenta, en el otro extremo de la Isla, a casi 1.000 kilómetros de distancia, se lo enviaron a Fidel a La Habana para que lo "enderezara", porque era un mal estudiante, Fidel, lejos de eso, lo convirtió en su lugarteniente, responsabilidad que el semiadolescente Raúl asumió con total ilusión. Adoraba a su hermano. Lo veneraba y aspiraba a ser como él.

En ese momento (a finales del decenio de 1940), Fidel, en un cursillo breve tomado en el local del PSP, ya había sido persuadido por los comunistas de la superioridad del marxismo y de la maldad intrínseca de Estados Unidos y sus aliados de la burguesía local. ¿Cómo sucedieron esa conquista intelectual y ese reclutamiento? Fue la obra de uno de sus círculos de amistad más íntimos (y discretos), el conformado por el dirigente estudiantil Alfredo Guevara, Flavio Bravo y Luis Mas Martín, todos jóvenes vinculados al Partido Socialista Popular, que era el de los comunistas. De todos ellos, el más próximo a Fidel era Alfredo Guevara, un hecho sorprendente, dada la marcada diferencia psicológica entre ambos. Guevara era un criptohomosexual con gustos culturales refinados y pretensiones intelectuales. Fidel, en cambio, era un homófobo que nunca tuvo amistades dentro del mundo de la *intelligentsia* cubana. Sin embargo, ambos establecieron y mantuvieron una estrecha relación hasta el final de sus vidas.

Fidel, en definitiva, puso a Raúl Castro en manos de ese grupo de amigos radicales, con el que estaba ideológicamente comprometido, para que ayudaran a su joven hermano a ingresar en la universidad sin haber terminado el bachillerato, maniobra que era posible en la Facultad de Administración Pública mediante un sencillo examen de ingreso. Algo que, finalmente sucedió: Raúl entró en la universidad legítimamente, pero por la puerta trasera y con la ayuda de los camaradas del PSP.

Sin embargo, Fidel, pese a sus ya claras inclinaciones ideológicas, en lugar de ingresar públicamente en el partido de los comunistas, que apenas tenía peso electoral en Cuba, se incorporó al Partido Ortodoxo, una muy popular formación vagamente socialdemócrata, con el objetivo de hacerse congresista, pero dejó en prenda a Raúl dentro del PSP, a fin de mantener alguna presencia entre los marxistas, aunque fuera por medio de su hermano menor. Raúl no solo era oficialmente comunista: era su prolongación y su vicario ante el partido con el que, realmente, simpatizaba, pero al que no se unía públicamente por el poco aprecio que los comunistas suscitaban en la sociedad cubana de aquellos tiempos.

COMIENZAN LOS HERMANOS REVOLUCIONARIOS

En marzo de 1952, el expresidente Fulgencio Batista vuelve al poder mediante un golpe militar que liquida al gobierno constitucional y democrático de Carlos Prío. Es la circunstancia perfecta para Fidel. Ya ha superado su etapa estudiantil, es abogado y candidato al Congreso por un partido del *establishment* político, se ha separado de las actividades matonescas de los grupos del gansterismo revolucionario, sigue siendo inmensamente temerario y la impopular acción antidemocrática de Batista le proporciona el contexto perfecto para desplegar sus facultades de líder revolucionario. Su hermano Raúl será su leal lugarteniente *in pectore*.

Raúl tiene los dos rasgos psicológicos que Fidel más valora: es totalmente leal y vive deslumbrado por él. Si hay alguien para quien es verdad lo de "Máximo Líder" atribuido a Fidel, es Raúl. A principios de 1953, Raúl marcha a uno de esos festivales de juventudes que la URSS organizaba en Europa para detectar cabecillas útiles, disciplinar a sus agentes y formar partidarios.

En esa oportunidad, la sede escogida es Austria, país todavía ocupado por las potencias vencedoras de la Segunda Guerra Mundial. Allí Raúl conoce a Nikolai Leonov, un joven agente del KGB encargado de su primera misión en el exterior, y durante varios días viajan juntos de regreso a América en un cómodo barco trasatlántico. Raúl le cuenta los planes subversivos de su rebelde hermano y traban una amistad que será decisiva para los cubanos a lo largo de varias décadas. Leonov, quien pronto volverá a ver a su nuevo amigo, llegará a ser general y, con el tiempo, se convertirá en segundo jefe del KGB.

A partir de ese punto, tras el golpe de Batista, Fidel le construye a Raúl su biografía política. Lo lleva al fracasado asalto al Cuartel Moncada (26 de julio de 1953); Raúl también es condenado a la cárcel y luego indultado (1955); los hermanos marchan al exilio en México, conocen al Che, reanudan los contactos con Leonov, que está instalado como diplomático en la embajada de Moscú en la capital mexicana, y, finalmente, viajan a Cuba en el yate Granma y desembarcan el 2 de diciembre de 1956.

Se suponía que sería un episodio corto porque Frank País, jefe del Movimiento 26 de Julio, sublevaría a la ciudad de Santiago de Cuba mientras Fidel llegaba con su expedición, pero el plan fracasa el 30 de noviembre, tres días antes del desembarco. Tras arribar a Cuba y sostener los primeros combates, solo sobrevive una veintena de expedicionarios, entre ellos el propio Fidel, Raúl y el Che Guevara. Comienza la aventura de la Sierra Maestra.

En esa etapa, que durará 25 meses, se acrecienta el papel de Raúl como subjefe de la revolución. Fidel, tras nombrarlo comandante, le encarga la creación del II Frente Oriental, en otra zona montañosa del extremo de la isla. Raúl desempeña su función adecuadamente, pero en su actuación empiezan a revelarse algunas diferencias notables en la forma de ejercer el liderazgo. Siguiendo la clasificación de Daniel Goleman, que en este caso es extremadamente útil, Fidel sería el tipo de líder *coercitivo-autoritario*. Demanda una total subordinación. Le gruñe a su gente. Es el mono alfa. Intimida a la estructura de poder. Raúl, en cambio, es el líder *afiliativo-autoritario*. Funda su autoridad en lazos personales. Transmite una dosis mayor de empatía. Se preocupa por "su gente", o aparenta hacerlo. Puede ser riguroso y hasta cruel, asesina cuando cree que debe hacerlo (Fidel ordena las ejecuciones, no las realiza personalmente), pero genera un tipo distinto de vínculos. A la postre, Fidel y Raúl van desarrollando dos élites de poder distintas, subordinadas a ellos por razones diferentes.

Fidel gobernará con su equipo, siempre más cerca del ámbito político. Pueden o no ser militares, pero eso es menos importante que el hecho de que le sean absolutamente leales, cualidad que, en su caso, quiere decir que aplaudan sus acciones, cualesquiera que sean, y muestren a cada momento la devoción personal que él exige, como todos los narcisistas. Los "fidelistas" tienen que ser así: perrunos y obedientes. La consigna que repiten a cada instante es: "Comandante en Jefe, ordene". Esos hombres cambian con el paso del tiempo, en la medida en que pierden la confianza del Comandante. En distintas épocas fueron José Llanuza, Luis Orlando (*Landy*) Domínguez, Carlos Aldana, José Abrantes, pero todos fueron marginados por una razón esencial: llegaron a creer que, en efecto, tenían poder. No era cierto: solo brillaban como reflejo del astro sol. Cuando se desviaban un milímetro eran orillados y hasta encarcelados. José Abrantes, incluso, murió en la cárcel en muy extrañas circunstancias.

Los "raulistas", sin embargo, son medidos por el nivel de eficacia que demuestran en las tareas que les encomienda su jefe natural. Raúl juzga resultados más que actitudes. Sus hombres de confianza vienen con él desde la etapa de la lucha guerrillera: Julio Casas Regueiro, José Machado Ventura, Abelardo Colomé Ibarra, Leopoldo Cintras Frías, Ulises Rosales del Toro. Raúl, pese a su biografía, no es un guerrero, sino un metódico gerente que disciplina a sus subalternos mediante refuerzos positivos y negativos, como si se tratara de un experimento conductista. Sus cuadros forman parte de las Fuerzas Armadas que él comandó en su condición de ministro. Naturalmente, es más fácil dirigir las Fuerzas Armadas que la totalidad del país. Los ejércitos tienen una estructura vertical de ordeno y mando. La obediencia carente de discusión es el rasgo principal de los militares.

Esas diferencias entre fidelistas y raulistas tienen cierta importancia. Cuando Raúl asumió la presidencia de Cuba, heredó una estructura fidelista con la que gobernó durante un tiempo. Primero, Raúl declaró su absoluta devoción por su hermano y líder de la revolución y aseguró que le consultaría en todos los asuntos fundamentales. Fidel salía del organigrama, pero no de la dirección del país y mucho menos del corazón de la dirigencia revolucionaria. La revolución seguiría siempre a sus órdenes.

Pamplinas. Desde los años ochenta, Raúl Castro albergaba grandes sospechas sobre la viabilidad del sistema productivo socialista. Acostumbrado, por su propia naturaleza, a juzgar las acciones por los resultados y no por las intenciones, sabía que el país se estaba cayendo a pedazos. Para él era inocultable el desastre económico producido por el colectivismo, de manera que vio con muchísimo interés las reformas que Mijail Gorbachov llevaba a cabo en la URSS, al extremo de pedirle a su secretario, el capitán Jesús Renzolí, formado en la URSS, que le tradujera al español el libro *Perestroika* del líder soviético, no solo con el propósito de leerlo, sino de entregarles ejemplares a los principales oficiales de las Fuerzas Armadas. Naturalmente, cuando Fidel Castro se enteró, mandó recoger la edición y regañó severamente a su hermano por incurrir en esas ingenuidades ideológicas claramente orientadas por la CIA.

No obstante, Raúl, convencido de que había algo podrido en el sistema comunista, envió discretamente a muchos de sus oficiales a cursar estudios de administración de empresas en varios países de Occidente. Esas personas, cuando regresaron de formarse, acabaron dirigiendo el aparato productivo controlado por las Fuerzas Armadas, conjunto de empresas que acapara el 40% del PIB nacional. No cabe duda de que estos administradores funcionaban mejor con las técnicas gerenciales occidentales que con la escuela soviética, pero la productividad y la producción seguían siendo muy escasas. Se mantenían, eso sí, en medio de la corrupción y el despilfarro, porque operaban en un régimen de monopolio.

A RAÚL LE TOCA GOBERNAR

A finales de julio de 2006 Raúl recibe el poder que le transfiere su hermano y Máximo Líder, y comienza lentamente a calentar los motores de una cierta reforma, en medio de proclamaciones constantes de sujeción total al legado de Fidel. Un año más tarde, en junio de 2007, deberá enterrar a su mujer de toda la vida, Vilma Espín, una muchacha de la alta burguesía de Santiago de Cuba, exestudiante del MIT en Boston, a la que había conocido *alzada* en la Sierra Maestra, heredera de un buen bloque de acciones de la empresa Bacardí Internacional, lo que convertía a la pareja en la primera familia capitalista y comunista al mismo tiempo.

Vale la pena subrayar las diferencias familiares entre Fidel y Raúl, porque revelan muchos aspectos de ambas personalidades y de ambos núcleos de poder. Durante décadas, los cubanos ni siquiera sabían que Fidel, a quien se le atribuyen unos cuantos hijos ilegítimos, se había casado en segundas nupcias con Dalia Soto del Valle, una maestra del pueblo de Trinidad, con la que había tenido cinco hijos varones desconocidos por el pueblo: Ángel, Alexis, Antonio, Alex y Alejandro. A ese grupo, habría que añadir a Fidel Castro Díaz-Balart, hijo de su primer matrimonio con Mirta Díaz-Balart, y a Jorge Ángel Castro, Alina Fernández Revuelta y Francisca Pupo, concebidos extraconyugalmente con tres mujeres diferentes. Alina y Francisca viven exiliadas en la Florida. Es evidente que Fidel no ha querido que sus hijos desempeñen funciones importantes. Ha preferido mantenerlos en la sombra.

Raúl, en cambio, tiene una familia estructurada y conocida, con cuatro hijos que han ascendido públicamente hasta donde sus conexiones, ambiciones y talentos les han permitido: Déborah, Mariela, Nilsa y Alejandro. De los cuatro, Mariela, sexóloga, es la que más notoriedad ha alcanzado, por sus campañas en favor de algunas causas relacionadas con los derechos de los transexuales. Desde la muerte de su madre, es algo así como la Primera Dama del país. El jefe de la escolta de Raúl es uno de sus nietos, llamado Raúl Guillermo Rodríguez, hijo de Déborah con un poderoso coronel del ejército, Luis Alberto Rodríguez López-Calleja, mientras su hijo Alejandro Castro Espín, coronel de los servicios de inteligencia formado en la URSS, se ha convertido en su hombre de confianza y en el azote de la corrupción dentro de las empresas del Estado. El experto politólogo e historiador de la Universidad de Miami Jaime Suchlicki piensa incluso que Raúl lo está preparando para que le suceda en la jefatura del Estado, como ocurre en Corea del Norte con la dinastía creada por Kim Il-sung. Es muy significativo que las familias de Fidel y Raúl apenas se tratan.

En definitiva, tanto Fidel como Raúl practican el nepotismo, pero de maneras diferentes. Fidel elegía a su círculo de
colaboradores entre los que más lo ensalzaban y adulaban, y
los colmaba de privilegios (relojes Rolex, automóviles, buenas viviendas y viajes al extranjero), pero excluía a su familia
inmediata y ni siquiera tomaba muy en cuenta a sus cercanos
compañeros de lucha. Prefería reclutar a sus acólitos en la Fe-
deración Estudiantil Universitaria o en la Juventud Comunista.
Raúl, en cambio, más inseguro, no suele atreverse a transitar
fuera del círculo familiar y de sus subordinados de siempre.
Fidel permitía cierto grado de corrupción, incluso lo alentaba,
como si fuera consustancial al ejercicio del poder. Raúl es menos
permisivo fuera del círculo familiar. Es más Robespierre. Fidel
es más Fouché. Hace muchos años que Fidel cree que hay que
convivir con el mal. Raúl pretende desterrarlo por medio de la
vigilancia y los castigos.

Las reformas de Raúl Castro

Las diferencias entre Raúl y Fidel no tardaron en dar sus
frutos. Tan pronto Raúl sustituyó a su hermano, aumentaron
las esperanzas de reformas que mejorarían la calidad de vida
de los cubanos. El 26 de julio de 2007, al año exacto de haber
sustituido a Fidel, Raúl mencionó la necesidad de hacer *reformas
estructurales*, pero sin definir exactamente qué se proponía llevar
a cabo. Unos meses más tarde se quejó del "exceso de prohibiciones". ¿Qué quería decir? Pronto se supo. En marzo de 2008
liberalizó el acceso de los cubanos a los hoteles, hasta entonces
humillantemente reservados a los turistas, lo que provocaba la
intensa aunque silente repulsa de la sociedad, y permitió que
pudieran comprar y vender las viviendas y los viejos automóviles que quedaban en manos privadas, así como los teléfonos

móviles y las computadores personales. Esas reformas, que eran, en realidad, la eliminación de prohibiciones absurdas, fueron recibidas con cierto entusiasmo por la población.

Por supuesto, nada de libertades políticas ni derechos civiles. En varias ocasiones, Raúl Castro repitió que no llegaba a la jefatura del Estado para enterrar el socialismo, sino para rescatarlo de sus propios errores. Dentro de ese espíritu, en vista del inocultable fracaso de la producción agrícola, con casi la mitad de la tierra totalmente improductiva e invadida por hierbas parásitas, el gobierno accedió a entregarles pequeñas parcelas en régimen de usufructo a los campesinos que estuvieran dispuestos a explotarlas. En un par de años se sabría que el sistema no había dado resultado y la producción de frutas y vegetales seguía declinando.

En 2009, a los 50 años del triunfo de la revolución, Raúl despide con cajas destempladas a los hombres que había heredado de Fidel. Los acusa de corrupción, deslealtad y apego excesivo a "las mieles del poder". No los fusila, pero los aparta y execra. Son defenestrados Carlos Lage, supuestamente el segundo de a bordo, y Felipe Pérez Roque, el joven canciller. También quedan cesantes Carlos Valenciaga, exasistente personal de Fidel, y tres de los llamados talibanes: Otto Rivero, Hassan Pérez y Juan Contino, que hasta entonces figuraban en la corte. Eventualmente, sería jubilado Ricardo Alarcón. Lo dedicaron a alentar la campaña de excarcelación de los cinco espías presos en Estados Unidos (hubo otra media docena que colaboró con la justicia estadounidense y está en libertad), un pasatiempo entretenido, pero de escasa eficacia. El ministro de Cultura, Abel Prieto, fue colocado al frente de alguna asesoría menor, carente de importancia. Ninguno de ellos formaba parte del círculo de confianza de Raúl Castro. Eran "fidelistas". Dentro de los códigos del raulismo eso quería decir que eran corruptos, desorganizados y poco fiables. Por eso los echó del poder.

El año 2010 es el de la reforma de más amplio espectro. Raúl, por medio de sus voceros económicos, explica que hay demasiado lastre entre la enorme masa de empleados públicos. Ramiro Valdés, un comandante histórico con el que Raúl se lleva muy mal, pero al que tolera por una promesa hecha a Fidel, dice que los cubanos padecen el "síndrome del pichón": esperan que les pongan la comida en la boca. Han perdido toda iniciativa. Una declaración muy injusta: durante décadas fue delito querer sobresalir y desarrollar actividades económicas propias. Los cubanos se acostumbraron a malvivir del Estado y a robarle todo lo que podían. Ahora Raúl quiere revitalizar las pequeñas actividades privadas. En cierta forma, sueña con volver a 1968, cuando el gobierno cometió el disparate de apoderarse de 60.000 microempresas.

En esencia, la reforma raulista tiene un objetivo: trasladar al sector privado un millón ochocientos mil trabajadores que "sobran" en el sector público. El objetivo es que trabajen y devenguen ingresos de miniempresas privadas, deliberadamente débiles, de manera que jamás puedan competir con el Estado en recursos o influencia. Raúl aplica al revés el principio de subsidiaridad, que postula la necesidad de que el Estado financie las actividades que no son rentables para la empresa privada. Su proyecto es que la débil sociedad civil cubana invierta en los ámbitos económicos que el Estado no alcance a sufragar.

¿POR QUÉ FRACASARÁN LAS REFORMAS DE RAÚL CASTRO?

Comencemos por una definición sencilla de "fracaso". *Fracaso* es la obtención de unos resultados muy diferentes y notablemente inferiores a los objetivos originalmente procurados en cualquier acción que emprendemos.

De alguna manera, esa es la historia de la revolución cubana: una creciente sucesión de fracasos magnificados por el desproporcionado tamaño de los objetivos que sus gestores se habían propuesto, pero invariablemente camuflados bajo una montaña de sofismas.

Raúl, como hemos señalado, hereda el poder y una economía en ruinas. Es más pragmático que su hermano y quiere acelerar los cambios para aumentar la productividad. Probablemente, no comparte la visión mesiánica de Fidel y del desaparecido Hugo Chávez, ni a estas alturas cree en la misión de salvar al planeta de la voracidad del imperialismo, pero esos son los bueyes discursivos con que le ha tocado arar y no se aparta del grandioso guión que su megalomaníaco hermano le ha dejado escrito.

Se propone, eso sí, rescatar la catastrófica economía que heredó de Fidel. ¿Cómo? Ya lo hemos dicho: con medidas que parecen sacadas de un plan que, en su momento, lo deslumbró, y luego, públicamente, rechazó: la *perestroika* de Gorbachov.

La *perestroika* consistía en renovar los cuadros del partido con el propósito de atraer a los más jóvenes e idealistas, descentralizar la autoridad y los mecanismos de adopción de decisiones, aumentar el perímetro de las actividades económicas privadas, mejorar la gestión del país con técnicas del mundo capitalista y combatir la corrupción y los privilegios de la *nomenklatura*.

En todo caso, llamándole de otra manera —*lineamientos*— o sin siquiera mencionar sus pretendidas reformas, Raúl, cuando le tocó gobernar, puso en marcha unos cambios que, supuestamente, le devolverían el pulso a la moribunda economía cubana sin abandonar el unipartidismo, la planificación económica y la función de la clase dirigente.

Todo eso está condenado al fracaso. ¿Por qué? Al margen de la necesidad de libertad que tienen todos los seres humanos para alcanzar algún grado de felicidad, fracasará al menos por siete razones:

- Sin una moneda fuerte que mantenga su valor y poder adquisitivo para realizar las transacciones comerciales, es casi inútil intentar superar la situación en la que se encuentra el país. Cuba tiene dos monedas. Una mala, con la que se les paga a los trabajadores, y otra buena, en la que se les vende todo lo que vale la pena adquirir. Esa práctica es lo más parecido a una estafa continuada de cuantas puede practicar un Estado. A finales de 2013, el gobierno prometió eliminar una de las dos monedas, pero entre decirlo y hacerlo hay un gran trecho.

- Sin propiedad ni empresa privada no hay desarrollo. En Cuba la reforma de Raúl no consiste en devolverle a la sociedad civil la posibilidad de crear empresas que generen beneficios y crezcan, base del desarrollo capitalista en Suiza o en China, sino en autorizar el surgimiento de pequeños *timbiriches* o *chiringuitos*, como les llaman en España a estas microentidades. La única función de estas miniempresas, sujetas a la estricta vigilancia de funcionarios implacables, consiste en absorber la mano de obra improductiva que existe en el sector público y, de paso, pagar altos impuestos.

- Sin un sistema de precios regidos por la oferta y la demanda es imposible asignar eficazmente los recursos disponibles. La planificación centralizada a cargo de los técnicos del Estado es un desastroso camelo. Esto no es un caprichoso dogma ideológico sino una observación confirmada en el mundo real. Nadie dispone de toda la información necesaria para poder dirigir una economía compleja. Los precios son el lenguaje en que la sociedad expresa sus necesidades y preferencias. No hay modo de sustituir eficazmente ese mecanismo. Este axioma se ha comprobado empíricamente en innumerables ocasiones.

- Sin competencia no hay manera de aumentar y mejorar la producción y la productividad. El ejemplo se ha utilizado mil veces: la razón por la que los ingenieros de la República Federal de Alemania fabricaban Mercedes Benz, mientras los de la RDA debían conformarse con los Trabant, era la existencia de la competencia en la parte occidental de ese país.

- Pero competencia significa libertad económica para investigar, invertir, innovar y asociarse. Nada de eso es posible en la encorsetada economía cubana. Sin libertad económica y sin reglas claras que faciliten la creación de empresas, obstaculicen la corrupción y premien el ahorro y la inversión local y extranjera, jamás se generará riqueza de forma sistemática.

- Sin un ordenamiento jurídico, un poder judicial eficaz, equitativo e independiente que resuelva los conflictos, castigue a los culpables, proteja los derechos de las personas y dé seguridades, no se sostiene una sociedad próspera. Las economías exitosas prosperan en las sociedades que se guían por reglas cuya aplicación corre a cargo de personas independientes, no de ideólogos o funcionarios partidistas. La independencia del poder judicial no es un capricho. Es una necesidad de cualquier sociedad basada en reglas justas y equitativas.

- Sin transparencia ni rendición de cuenta de los actos de gobierno, sin funcionarios colocados bajo la autoridad de la ley, guiados por la meritocracia y legitimados en elecciones periódicas entre opciones diferentes, tampoco se alcanzan cotas decentes de desarrollo. Una de las razones que explican el fracaso del comunismo cubano —al margen del carácter erróneo del marxismo como planteamiento teórico, que lo invalida de raíz—, es que durante más de medio siglo quienes cometían los errores y los horrores eran los mismos que juzgaban esos hechos.

¿Qué puede hacer, realmente, Raúl Castro, si de veras quiere poner fin a la penosa improductividad del sistema? Tal vez, reconocer algo que apuntó hace muchos años el dirigente comunista yugoslavo-montenegrino, y luego disidente antiestalinista, Milovan Djilas: ese tipo de régimen no es salvable. Hay que echarlo abajo y sustituirlo por un modelo que funcione y el más acreditado es la democracia liberal acompañada de la economía de mercado, que va poco a poco implantándose en el planeta desde fines del siglo XVIII y hoy rige en las treinta naciones más desarrolladas del mundo.

La ilusión de crear un sistema fundamentalmente estatista y monopartidista que sea, al mismo tiempo, productivo, es una quimera. China, aunque todavía es una dictadura de partido único, ya ha dejado de ser comunista y lo probable es que, eventualmente, deje de ser unipartidista, como previamente sucedió en Taiwán. Llega un punto en que las personas, incluso en sociedades con escasa tradición democrática, reclaman libertades. En Cuba hace mucho tiempo que esa hora ya ha llegado.

Finalmente, sería impropio soslayar una referencia a la tímida reforma migratoria anunciada por el régimen de Raúl Castro. Sin duda, es algo positivo, porque abarata las gestiones y elimina ciertos trámites absurdos a los que se veían obligados los cubanos que querían salir del país. Pero la actitud del gobierno permanece intacta: el Estado sigue siendo el dueño de los ciudadanos y a él le corresponde decidir quién puede salir y quién debe quedarse.

De ahora en adelante, el filtro no será un permiso de salida, sino la posesión de un pasaporte adecuado para viajar, de manera que los demócratas de la oposición, los médicos, los catedráticos y quienes arbitrariamente decida el gobierno, no podrán trasladarse fuera del país aunque posean catorce visados.

En Cuba, simplemente, no se reconoce la libertad de movimiento, uno de los derechos fundamentales consagrados en la Declaración de Derechos Humanos de las Naciones Unidas. En Cuba, dónde vivir o adónde viajar, sigue siendo un privilegio otorgado por el Estado en función de criterios políticos. Eso llega al extremo de que ni siquiera los cubanos pueden elegir el lugar donde desean radicarse dentro de la isla. La residencia continúa siendo una prerrogativa del Estado.

Para la dictadura, sin embargo, esa actitud tendrá un costo. Todas las personas privadas del privilegio de viajar al extranjero se sentirán víctimas de un agravio comparativo y tendrán más razones para detestar a quienes les causan ese daño.

En suma, la mínima reforma migratoria emprendida por el régimen comporta un costo para el raulismo. Unos lo verán como un derecho que les pertenecía y el gobierno les negaba cruelmente. Otros pensarán que la dictadura los penaliza por ser estudiosos y valiosos. Volvemos a la conclusión de Milovan Djilas: esos regímenes no son modificables. Hay que sustituirlos. Pacíficamente, pero hay que sustituirlos.

¿UNA REFORMA CHINO-FASCISTA-PUTINISTA?

Roberto Álvarez Quiñones, un agudo periodista especializado en temas económicos, que durante veinte años desarrolló sus actividades en *Granma*, publicó en *Diario de Cuba*, una web seria y objetiva editada por exiliados en España, una opinión muy crítica que vale la pena reproducir en extenso:

El modelo económico que pretende establecer Raúl Castro es una mezcla de elementos del capitalismo de Estado chino y del fascista; junto a otros de la Rusia postsoviética, vendría a conformar un sistema socioeconómico híbrido y nada edificante.

Con respecto a China, el régimen se queda a mitad del camino y adopta una versión muy limitada de las reformas de mercado realizadas por Beijing. Por dos razones: el enfermizo afán castrista de controlarlo todo en la Isla, y por temor a que con más amplias libertades las fuerzas productivas se le vayan de las manos, sobre todo por la cercanía de Estados Unidos y la pujante comunidad cubana de Miami.

Por eso, aunque con un discurso "actualizador" y aun formalmente marxista-leninista, la estrategia del raulismo se asemeja más a la que propugnaban los fascistas en Italia y Alemania: establecer una tercera vía para crear un sistema socioeconómico alternativo que no fuese ni el capitalismo liberal del *laissez faire*, ni el comunista.

Ante la inviabilidad de la economía centralmente planificada, el régimen flexibiliza la rigidez estalinista, pero mantiene el dominio del Estado en todo el quehacer económico, cada vez más en manos militares (rasgo fascista).

La nomenclatura es consciente de que para sobrevivir y quitarle presión a la caldera social, debe permitir el trabajo por cuenta propia, la creación de cooperativas, la inversión extranjera, mayor competencia sectorial, y la entrega de tierras en usufructo a los agricultores.

Pero no se quiere ir tan lejos como en China, donde se ha desmontado en buena medida el monopolio estatal de la economía, al punto de que el sector privado genera ya más del 60% del producto interno bruto (PIB) del país, el segundo mayor del mundo tras el estadounidense.

"ENRIQUECERSE ES GLORIOSO"

O sea, en Cuba no hay espacio para el individuo como productor en grande, a la manera China. Tras la muerte de Mao Tse Tung, al iniciar las reformas de mercado, Deng Xiaoping lanzó la consigna de que "enriquecerse es glorioso", con la cual hizo trizas al marxismo en el país asiático. Hoy los 75 diputados chinos más ricos superan la posesión total de bienes de todos los congresistas de Estados Unidos. Los dos más ricos tienen más de $6.000 millones de dólares en activos.

A los Castro poco les importa que gracias a las reformas capitalistas cientos de millones de chinos hayan salido de la pobreza y el PIB haya pasado de $60.656 millones en 1978 a $8,2 billones en 2012; tampoco que China se haya convertido en el primer exportador del mundo.

Lo que sí tiene en cuenta la dictadura militar cubana es que el capitalismo de Estado sólo es posible en un sistema político totalitario de partido único, con el monopolio de los medios de comunicación, sin derechos ni libertades civiles y con mucha represión policial. En China gobierna hoy el mismo Partido Comunista que, encabezado por Mao, acabó con la propiedad privada, impuso la colectivización forzosa de las tierras, el "Gran Salto Adelante" y la "revolución cultural", eventos que causaron decenas de millones de muertos —de hambre o ejecutados— e impidieron el desarrollo del país durante 30 años.

Los Castro desean compartir con China su faceta totalitaria institucional, pero no su "socialismo de mercado", como le llama Beijing. El pueblo chino sigue sometido a una tiranía política, pero al menos la economía crece rápidamente. En Cuba igualmente hay tiranía y el país se empobrece cada vez más. Esa es la diferencia.

RASGOS FASCISTAS

Del fascismo europeo el raulismo asimila el abrumador protagonismo de las fuerzas armadas en la gestión económica, así como la represión brutal de la oposición política. La "apertura" va convoyada con una masiva intervención de las fuerzas armadas en la conducción de la economía. Algo muy parecido a lo que hicieron Mussolini y Hitler.

En Italia y en Alemania ello fue decisivo para construir una gigantesca maquinaria bélica e industrial con la cual expandir el fascismo por Europa. En el caso de Cuba los militares se están apropiando de empresas y estamentos económicos claves no sólo de cara al presente, sino como parte del diseño del poscastrismo, con la anuencia de los Castro, para cuando ambos hermanos, por razones biológicas, abandonen el escenario político.

El capitalismo de Estado fascista no suprimió la propiedad privada, pero las industrias fueron de hecho militarizadas y obligadas a producir lo que el Gobierno les ordenaba, y quedaron ensambladas al Estado. Los pequeños y medianos negocios fueron sometidos a las directrices fascistas. El gobierno nazi fijaba y regulaba los precios, los salarios, los dividendos e inversiones, y limitaba la competencia. Es decir, eliminó el mecanismo regulador del mercado (la "mano invisible" de Adam Smith).

En Cuba, generales, coroneles, sus familiares y allegados, y los grandes jerarcas de la burocracia civil partidista y estatal, se entrenan hoy como gerentes de las únicas industrias y actividades que son rentables, o que podrían llegar a serlo.

Un adelanto del futuro de los militares en Cuba es el Grupo Corporativo GAE, perteneciente al Ministerio de las Fuerzas Armadas Revolucionarias y al Ministerio del Interior. El GAE opera restaurantes, hoteles, instalaciones turísticas, transporte aéreo, marítimo y terrestre, más de 300 tiendas recaudadoras de divisas (las *shopping*), y otros muchos establecimientos. Tiene tentáculos bancarios por todo el mundo y emplea en la Isla a miles de trabajadores. Pues bien, el GAE no rinde cuentas a nadie y sus ingresos no van directamente al presupuesto nacional, sino que pasan por un limbo financiero que es primeramente "ordeñado" casi de forma secreta por la Junta Militar y el generalato, para garantizar las nuevas inversiones de los militares y la *dolce vita* de que gozan en la actualidad.

Por otra parte, tal y como las bandas de camisas pardas y negras de Hitler y Mussolini, respectivamente, en Cuba las brigadas fascistas de "respuesta rápida" hostigan y dan palizas a opositores políticos y periodistas independientes, incluso si se trata de mujeres indefensas.

EL "PUTINISMO"

En tanto, de la Rusia de Vladimir Putin el castrismo no toma nada en materia política, inversiones extranjeras o libertad para los negocios; toma solo el posicionamiento ya citado por parte de los militares y la alta burocracia del Partido Comunista de los sectores estratégicos de la economía. Desde estas posiciones, la nueva casta empresarial constituirá una burguesía de corte mafioso que participará o manipulará las instituciones del Estado, siempre con una agenda postrevolucionaria en un régimen bajo su control.

La buena noticia en todo esto es que, como dice la frase popular, "una cosa piensa el borracho y otra el bodeguero". Con los Castro fuera del escenario político puede que los acontecimientos no ocurran como hoy lo planea la Junta Militar que dirige el país.

Esa es precisamente la esperanza de los cubanos, que el postcastrismo no se parezca al modelo chino, ni al fascista, ni al postsoviético, sino que la nación se enrumbe al fin hacia una democracia liberal y un Estado de derecho en el que impere la auténtica economía de mercado que edificó el mundo moderno que hoy conocemos.

Preguntas finales para idiotas

Volvemos al inicio de este capítulo. ¿En qué consiste ese modelo cubano que tantos idiotas latinoamericanos persisten en admirar, si, a lo largo de la existencia de la dictadura, los Castro han tratado constantemente de modificarlo porque era evidente que no funcionaba adecuadamente?

¿Qué admiran? ¿La dictadura de un partido único que, en realidad, ha sido la dictadura de un único caudillo? ¿La creación de una dinastía familiar controlada por militares? ¿O tal vez lo único que aman es el trasnochado lenguaje antiyanqui, antioccidental y anticapitalista de una tiranía totalitaria?

VENEZUELA O LA JAULA CON PETRÓLEO

¿Qué ocurre en Venezuela? El país reclama el liderazgo del Socialismo del Siglo XXI y de América Latina. Los neocomunistas, sobre todo en época de Chávez, ante el fracaso de Cuba y la fatiga que provoca un gobierno que lleva 55 años en el poder, trasladaron sus ilusiones a Caracas. No obstante, Venezuela exhibe una doble y contradictoria distinción que pone en entredicho esa aspiración: es el país potencialmente más rico de América Latina y el peor gobernado de toda la región. ¿Por qué? Al menos, por las siguientes ocho razones:

1) **La violencia.** Para la mayoría de los venezolanos este es el principal problema del país. Eso ya lo admite hasta Nicolás Maduro. A propósito del asesinato de la actriz y exreina de belleza Mónica Spear, la sagaz analista Thays Peñalver opinó lo siguiente en *El Universal* de Caracas:

> Los venezolanos están conmocionados, pero el planeta está espantado. La tragedia de una ex Miss Venezuela que

fue asesinada junto a su pareja en una carretera sin luz, sin vigilancia policial y azotada desde hacía más de cuatro años por la banda que dejo huérfana a su pequeña hija que recibió un baño de balas junto a sus padres, tiene al mundo abrumado. Mónica fue una más entre los 176.833 homicidios ocurridos apenas durante el último gobierno (según cifras oficiales) o 223.441 (según ONG's), sin contar con los 278.987 heridos de bala que se salvan en los hospitales para alcanzar una barbarie entre 455.820 oficialmente y 502.428 extraoficialmente. A más de medio millón de venezolanos les metieron una bala en el cuerpo en poco más de una década. Nada despreciable si recordamos que "200.000 hombres y mujeres fueron asesinados lejos del frente" durante lo que Paul Preston llamo "El holocausto Español" de la Guerra Civil (Preston, 2011).

En Venezuela en los últimos cinco años, un millón de chicos entraron al sistema judicial por vivir de su arma, mientras que más de 130.000 ingresaron en los penales por traficar con drogas. Se trata de un drama social tremendo, pues las estadísticas bastan para demostrar que la violencia y las drogas son el primer empleador en Venezuela. Y es que en este país las cárceles tienen puerta giratoria, tan brutal que de ese millón de chicos sólo queda adentro el 0,8% y no durante mucho tiempo. No bastando con esto, los encargados de la seguridad nos explican que el 20% de los delitos han sido cometidos por policías (YVKE, emisora oficial).

2) **El empobrecimiento progresivo.** En el 2013 la inflación que sufrió el país superó el 56%. La más alta de América. Mientras el dólar oficial se valoraba en 6,30 bolívares por dólar, a principios de 2014 en el mercado negro se compraba a 80. Es muy posible que llegue a 150 o 200. Los venezolanos están inmersos en un proceso hiperinflacionario que destruirá totalmente el

valor de su moneda. Además, según cifras oficiales recogidas en *El Nacional,* hasta 2012 el poder adquisitivo de los venezolanos cayó un 162%. Los salarios aumentaron un 571%, pero los precios subieron un 733%. (Solo en Caracas, los precios se multiplicaron por 13,56 desde la llegada de Chávez). El desabastecimiento es palpable. A fines de 2013 faltaba el 21% de los productos que debían venderse habitualmente en las tiendas. Esto incluía papel higiénico, harina para arepas, leche, carne o pollo. El gobierno dice que los comerciantes acaparaban las mercancías, pero la verdad es que existen dificultades tremendas para importar. Objetivamente, los venezolanos, cada año que pasa, son un 15% más pobres, aun cuando la nación, debido al precio del petróleo, ha ingresado más dinero que bajo todos los gobiernos anteriores combinados desde que se independizó en 1823. Cuando Chávez llegó al poder, la economía venezolana era un tercio mayor que la colombiana. Ahora es un 20% más pequeña. (PIB de Colombia en 2012, medido en capacidad de compra o PPP: 497.000 millones anuales; Venezuela, 397.000 millones). Es la ruina.

3) **La destrucción de fuentes de trabajo.** Según Conindustria, en una década cerró el 40% de las empresas industriales del país. Cientos de miles de trabajadores han perdido sus empleos. Prácticamente, un millón de venezolanos, la mayor parte de origen urbano y bien instruidos, ha emigrado. Esa pérdida de capital humano era desconocida en Venezuela hasta la llegada del chavismo. Venezuela era un país de inmigrantes. Hoy se van muchos de los mejores. Esa es una herida irrestañable.

4) **El despilfarro de los recursos nacionales.** Mientras un porcentaje notable de los venezolanos son pobres, Chávez regaló en el extranjero miles de millones de petrodólares. De diciembre de 1999 a julio de 2012, Venezuela exportó petróleo F.O.B. por valor de un billón de dólares (un millón de millones), pero en

ese mismo periodo regaló o cedió recursos a sus aliados o subordinados políticos por valor de US$ 170,000 millones: ¡más
del 17% de los ingresos petroleros nacionales! Solo el subsidio
venezolano al manicomio de los Castro asciende a más de 13.000
millones de dólares anuales. Esto indigna a los venezolanos.

5) **La inmensa corrupción.** Según *Transparencia Internacional,* Venezuela es el país más corrupto de América Latina y
uno de los más podridos del mundo. En una lista de 182 países,
Venezuela está al final, en el 172, junto a las peores satrapías
africanas y asiáticas. Agréguesele a ello el feo asunto de los
generales acusados por Estados Unidos de colaborar con los
narcotraficantes nacionales e internacionales. Eso, más que una
nación organizada, parece la cueva de Alí Babá.

6) **La incompetencia.** El chavismo no sabe gobernar. Los
puentes se caen. Las cárceles son campos de batallas mortales.
Abundan los apagones de electricidad. El correo no funciona.
La mayor refinería arde por negligencias. Decae la producción
de petróleo. Los hospitales están desabastecidos. Los alimentos
se pudren en los almacenes. Los barcos no logran descargar sus
mercancías. Las ciudades se *calcutizan.* Caracas se ha vuelto un
basurero. Es el horror.

7) **La falta de seriedad.** El presidente Chávez no fue un gobernante serio. Alguien que acusó al Pentágono de haber destruido
a Haití con un arma secreta que provocaba terremotos, no está
en sus cabales o es un payaso. Su sucesor, Nicolás Maduro, que
conversa con los pájaros y ve en las paredes el rostro del líder
muerto, es un personaje patético. Si habla en serio, se trata de
un pobre demente. Si miente, es el peor de los demagogos. Si
no es esquizofrénico ni demagogo, estamos ante una criatura
infantiloide e impresionable, que vive en un mundo de fantasías
y ensoñaciones.

8) **El aventurerismo temerario.** Chávez arrastró a su país a un innecesario conflicto internacional, aliándolo con el Irán de Ahmadineyad. Su gobierno, como el de Nicolás Maduro, es antiestadounidense, antiisraelí, antisemita, antiespañol, antimercado y antidemocracia. Simultáneamente, el chavismo es pro Farc, pro Assad, pro Castro, pro Gadafi (hasta que lo mataron), pro dictaduras siempre. Si algún día se escribiera un libro sobre esta etapa se titularía *Cómo comprar amigos indeseables a un precio estratosférico y ganar enemigos poderosos inútilmente.*

AQUELLOS POLVOS TRAJERON ESTOS LODOS

¿Cómo se llegó a esta locura? Todo empezó en el último tramo de la llamada Cuarta República, el periodo democrático de cuarenta años que se inició en 1958, tras la rebelión militar (y popular) contra la dictadura de Marcos Pérez Jiménez, desovó la Constitución de 1961, y terminó con la llegada al poder de Hugo Chávez, en enero de 1999. A partir de 1958, y durante cuatro décadas, pese a los altibajos y las contramarchas, comenzó la más larga, estable y próspera etapa democrática de la historia venezolana, aunque el país presentara ciertos problemas severos. (El que dude de esta aseveración debe aportar algún dato que corrobore su sospecha. ¿Qué otro periodo similar ha sido igual o mejor que los 40 años de democracia?).

Así lo resume escuetamente el profesor Asdrúbal Aguiar: "El promedio de vida del venezolano, 53 años para 1958, crece a más de 72 años hacia 1998. La vialidad de 6.000 kilómetros que la democracia recibe aumenta a 98.000 kilómetros. Y las primeras tres universidades de mediados del siglo XX, suman casi 400 instituciones de educación superior al iniciarse el siglo XXI".

Pero había mucho más: durante esos 40 años surge una Venezuela moderna que poseía uno de los más altos índices de ingreso per cápita de América Latina, con oportunidades de empleo para todo el que tuviera una buena disposición para trabajar o que poseyera el fuego de los emprendedores, como demuestra el flujo migratorio constante de españoles, portugueses y colombianos, junto a los exiliados de Cuba, Chile, Argentina y otras dictaduras latinoamericanas. Todos encuentran en Venezuela refugio y una oportunidad de ganarse la vida, a veces con cierta opulencia.

No obstante, había graves problemas. ¿Cuáles? Los reseña de mano maestra el profesor universitario Carlos Sabino, él mismo un exiliado argentino procedente de la izquierda que se radicó en Venezuela para que no lo mataran los militares en su patria de origen y allí vivió durante varias décadas. Su libro, escrito antes de la llegada de Chávez al poder (Editorial Panapo, Caracas, 1999), condensa en el título la tesis que logra demostrar: *El fracaso del intervencionismo: apertura y libre mercado en América Latina*, en donde sostiene lo siguiente:

> Venezuela, que venía de una tradición rentista: a partir de los años cincuenta, adoptó todas las prácticas intervencionistas (...). Se establecieron altos aranceles, se trató de fomentar, con amplios recursos financieros, una industria nacional que sustituyera gran variedad de productos importados, se restringió la entrada de los particulares a muchos mercados y, gradualmente, se fue adoptando un tipo de legislación cada vez más intervencionista.

No obstante, la riada de petrodólares lograba que algunos sectores del sector público resultaran bendecidos. Sigue diciendo Sabino:

> Las finanzas públicas, sin embargo, funcionaban óptimamente: con los ingentes ingresos petroleros los gobiernos no incurrían en déficits dignos de mención mientras que la moneda, con la inyección constante de los dólares petrole-

ros, mantenía una estabilidad envidiable. La inflación y el endeudamiento externo eran prácticamente desconocidos en el país. La industria y la agricultura crecían, a pesar de sus manifiestas ineficiencias, porque las altas barreras proteccionistas impedían que una moneda local fuerte permitiese a los ciudadanos adquirir los bienes importados que, de otro modo, les hubiesen resultado increíblemente baratos.

Y luego remata:

Los defectos del sistema permanecían encubiertos en esta circunstancia, en tanto el país continuaba con su alto crecimiento y su acelerada modernización. Pero esos defectos existían, se hallaban por así decir latentes, y sólo hubo que esperar algunos años para que se pudiesen manifestar con toda su devastadora intensidad.

La crisis, sin embargo, vino de la mano de la prosperidad, por lo que en economía se conoce como una variante del "mal holandés": el súbito aumento de los ingresos fiscales altera las relaciones entre la sociedad y un Estado que multiplica sus atribuciones y responsabilidades. La guerra entre árabes e israelíes de 1973 elevó el precio del petróleo de dos a once dólares, de manera que Carlos Andrés Pérez, un socialdemócrata vinculado a Acción Democrática, comenzó su presidencia en 1974 disponiendo de una enorme masa de inesperados recursos. Se habló entonces de la "Venezuela saudí".

¿Qué hizo CAP en su primer mandato? Sabino lo resume así:

Se emprendieron gigantescos proyectos industriales que, se suponía, sentarían las bases para una economía independiente del extranjero y de la propia exportación petrolera, haciéndose inversiones enormes en el sector ya nacionalizado de la economía. Se expandió la capacidad de generación de energía eléctrica y la producción de aluminio, se nacionalizó la minería del hierro y se amplió la producción estatal del acero y, como punto principal, se estatizó por completo todo lo relativo a la extracción, producción, refinación y distribución del petróleo y sus derivados.

Este proceso culminó con la estatización del petróleo. Todo el poder económico y político cayó, súbitamente, en las mismas manos, y no tardaron en multiplicarse los problemas que suele acarrear esta fatal coincidencia: un aumento exponencial de la corrupción, la burocracia y los nefastos controles económicos administrados por funcionarios generalmente indolentes o deseosos de aprovechar su poder para obtener beneficios.

Como revela el profesor Sabino, el rol de la economía estatal creció tanto que al final del gobierno de CAP había 137 grandes empresas estatales, 71 mixtas con participación estatal significativa y 48 institutos autónomos. Las autoridades habían decidido que el hierro, la electricidad, el petróleo, el aluminio, la gestión de ciertos hoteles, el azúcar y las cosechas de algunos productos agrícolas eran "estratégicas" y, por lo tanto, el gobierno se convirtió en un obeso empresario.

La intervención del Estado llegó al extremo cómico, durante ese primer periodo de CAP, de combatir el desempleo con la medida más absurda que pueda imaginarse: un decreto presidencial que obligaba a que cada ascensor, fuera o no automático (y prácticamente todos lo eran), tuviera un operador manual: un sujeto que devengaba un salario por apretar un botón tras recibir la orden del pasajero. Increíblemente, el gobierno se felicitó de haber creado instantáneamente 50.000 puestos de trabajo.

Al cabo de un tiempo, el malgasto, la corrupción, y la mala gestión empezaron a paralizar la economía y a desatar tendencias inflacionarias, pero tanto CAP como sus sucesores hicieron algo peor: potenciaron la mentalidad populista de una sociedad que se acostumbraba peligrosamente a esperar del Estado la solución de sus problemas. En vez de estimular la responsabilidad individual y conseguir que el Estado subsistiera gracias al trabajo de la gente, al convertirse en el gran poder económico del país, logró que la gente confiara en que podían vivir de las dádivas del Estado. Al fin y al cabo, casi toda la clase política repetía más o menos el mismo mensaje: las penurias del pueblo venezolano se debían a la codicia de unos tipos desalmados, los empresarios y los gobernantes de turno, que les robaban a los "desposeídos" lo que les pertenecía, dado que Venezuela era un país inmensamente rico. El problema de fondo, decían, no era de producción, sino de distribución.

Las consecuencias de esta mentalidad fueron desastrosas. Entre 1981 y 1985, el PIB per cápita se redujo un 15%, el desempleo se duplicó (del 6 al 12%), los salarios reales bajaron un 12% y la pobreza pasó del 18 al 25% del censo, pero esa realidad convivía con el clientelismo y el paternalismo que ningún gobierno se atrevió a abandonar porque el electorado, sencillamente, no se lo hubiera perdonado. El electorado ya era, lamentablemente, populista.

En 1989, cuando CAP regresó al poder, tras unas elecciones en las que obtuvo la mayor cantidad de votos que había recibido cualquier candidato a presidente, sabía que debía enmendar los errores cometidos en su primer periodo, aunque estos hubieran sido enmascarados por la enorme cantidad de ingresos producidos por el precio del petróleo. En todo caso, la mayoría de los electores lo habían seleccionado porque recordaban con nostalgia aquel primer periodo presidencial, no para que pusiera en marcha un plan de ajuste. ¿Qué debía hacer? ¿En qué consistía el ajuste? No perdió tiempo. Lo anunció el 16 de febrero de ese año y se le llamó "el Gran Viraje": liberalizar los precios, adaptar los costos de los servicios a la realidad, realizar algunas privatizaciones, liberar las tasas de interés, dejar flotar la moneda, reducir los aranceles y los gastos, y eliminar subsidios, muy especialmente los que mantenían el bajísimo precio de la gasolina de que disfrutaban los venezolanos.

Los adversarios políticos —fuera y dentro de su partido— se le echaron encima. Él era el hombre del auge, no de la austeridad. Lo acusaron de "neoliberal" y de entregarse al Fondo Monetario Internacional. Finalmente, el 27 de febrero, ante un necesario aumento de las tarifas del trasporte urbano, se propagó rápidamente un motín callejero que convirtió a Caracas en un terrible caos de saqueos, incendios y destrucción. El ejército tuvo que salir a imponer el orden, pero a un alto costo en vidas humanas: se calcula que unas mil personas perdieron la vida.

No obstante, el ajuste económico, sumado a los precios favorables del petróleo, comenzó a dar frutos positivos, pero la percepción general de las reformas era muy negativa. La mentalidad populista era demasiado fuerte en el país. Poco después, cuando el teniente coronel Hugo Chávez intentó dar un golpe militar el 4 de febrero de 1992, aunque fracasó, las encuestas revelaron que una mayoría de los venezolanos respaldaba la sangrienta asonada.

Al año siguiente, un Carlos Andrés Pérez muy debilitado e impopular fue desalojado del poder mediante una oscura acusación relativa al manejo de los fondos secretos de la presidencia. Tras un breve interregno presidido por el historiador Ramón Velásquez, elegido como "hombre bueno" para tutelar la provisionalidad y convocar a nuevos comicios, fue elegido otra vez Rafael Caldera, ahora rodeado de grupos de izquierda y fuera de su partido democristiano, al que había pulverizado. El nuevo mandatario llegó al poder con un discurso fieramente populista, en el que acusó a los organismos financieros internacionales de perjudicar a los venezolanos. Él gobernaría contra las recomendaciones del FMI y saldría de la crisis sin necesidad de purgar los síntomas.

La prepotente ilusión no duró demasiado. Caldera, tras una primera etapa francamente desastrosa, en la que se dispararon la inflación y el desempleo, tuvo que rectificar y, sin gran convicción, inició un periodo de reformas muy parecido al que había intentado llevar a cabo Carlos Andrés Pérez, acaso porque no hay otra forma de hacer el temido ajuste, para evitar el peor desbarajuste que inevitablemente acarrean el Estado paternalista y su secuela populista-clientelista.

Hugo Chávez

Casi nadie lo esperaba. Sin embargo, el destino de Venezuela cambiaría radicalmente cuando Hugo Chávez compareció en la historia del país. ¿Quién era este personaje?

De adolescente, Hugo Chávez Frías soñaba con encarnar al "látigo Chávez", un extraordinario lanzador de béisbol venezolano que murió muy joven en un accidente de aviación en la década de 1960. Le encantaba la pelota. No pudo. Tal vez fue una pena. Hugo jugaba con mucho entusiasmo, pero tenía un talento limitado, así que, incapaz de ser un gran pelotero, debió conformarse con resucitar el espíritu del Libertador Simón Bolívar. En todo caso, se trataba de una personalidad mesiánica. Alguien convencido de que había sido elegido por los dioses para ocupar un lugar superior dentro de la especie. ¿Por qué? No se sabe. Misterios de la autoestima. No había nada en la inteligencia de Hugo Chávez que indicara vestigios de genialidad.

Hugo, nacido en Sabaneta en 1954, provenía de un hogar de clase media situado en la provincia de Barinas. No era un pobre "pata en el suelo", como les llaman en Venezuela a los indigentes. Nada de eso. Era el segundo de un grupo de seis hermanos varones. Su padre, Hugo de los Reyes, exgobernador a remolque de la popularidad de su hijo, en su momento había sido un maestro vinculado al partido socialcristiano COPEI. Su madre, Elena Frías, también era maestra. Se trataba de una familia que había conseguido instalarse en la creciente clase media venezolana.

Su hermano mayor, Adán, mentor de Hugo, estudió Física hasta obtener un doctorado y se quedó merodeando el mundo académico, atrapado en las ideas comunistas. Cuando Hugo se convirtió en presidente, lo nombró embajador en Cuba y ministro de Educación. Ahora es gobernador de Barinas. Parece que el nepotismo no es una falta grave en Venezuela.

Hugo dio tumbos por diversas vocaciones hasta que carenó en el ejército y se hizo paracaidista. Era, al fin y al cabo, una carrera intelectualmente sencilla, socialmente segura y con una predecible escala salarial. En los decenios de 1970 y 1980, cuando se convierte en oficial, en América Latina mandaban muchos espadones y algunos militaban en la izquierda nacionalista-populista-antiestadounidense y prosoviética. El más popular era Omar Torrijos. El más sombrío, el peruano Juan Velasco Alvarado, asesorado por Norberto Ceresole, un argentino fascista y antisemita proveniente del peronismo de izquierda.

En la distancia, la Cuba de Fidel ya no enviaba guerrillas a destruir la frágil democracia venezolana —todas habían sido derrotadas—, pero continuaba siendo una inspiración política para muchos latinoamericanos. La influencia militar latinoamericana, el remoto efluvio cubano, las cháicharas marxistas de su hermano Adán y el propio lenguaje político —el *relato*, como dicen hoy día— entonces vigente en la sociedad venezolana contribuyeron a fecundarle la promiscua musa ideológica al joven Hugo.

Por aquellos años, los de la nacionalización del petróleo durante el primer gobierno de Carlos Andrés Pérez, se suponía que le correspondía al Estado dirigir la economía, controlar los precios y corregir la injusta distribución de la riqueza. (Todos los disparates que Hugo Chávez cometió durante sus 14 años de gobierno habían sido ensayados ya en las cuatro décadas que duró la democracia). Con ese bagaje, Chávez y otros oficiales comenzaron a reunirse para intercambiar ideas y planear la toma violenta del gobierno. Esas maniobras no pasaron inadvertidas para la jefatura militar, que lo comunicó a la presidencia de la república por los conductos reglamentarios, pero los políticos prefirieron hacer caso omiso de la advertencia.

Finalmente, como se ha dicho varias veces, en 1992 Chávez y un grupo de oficiales tratan de dar un golpe militar. El cometido de Chávez era tomar la casa de gobierno, matar al presidente Carlos Andrés Pérez y acaso fusilar a sus cómplices más conspicuos. Pero fracasa y se entrega. No obstante, instantáneamente se convierte en un personaje célebre. Eran tan débiles los reflejos democráticos de los venezolanos que, a las 48 horas de la sangrienta intentona, las encuestas demostraron que el 65% de la sociedad respaldaba la aventura golpista.

Una combinación letal entre la corrupción, la incompetencia, las demoledoras críticas de los medios de comunicación y la nefasta mentalidad populista —que no esperaba la solución de sus problemas del funcionamiento de las instituciones, sino de las decisiones de los caudillos— habían deslegitimado casi totalmente el modelo democrático. Una parte sustancial del país apostaba por la solución revolucionaria. Esperaba que unos tipos bien intencionados limpiaran el establo, como dicen popularmente los venezolanos, "a coñazos". Chávez encarnó esa violenta fantasía regeneracionista.

EL PRESIDENTE CHÁVEZ

En efecto, Hugo Chávez entró y salió de la historia de Venezuela como una tromba. Como quedó explicado anteriormente, entró en 1992, por medio de un cruento intento de golpe militar contra el gobierno constitucional de Carlos Andrés Pérez. Dejó en las calles 39 muertos y un centenar de heridos. Salió a bordo de un inesperado cáncer abdominal, mal tratado por los genios de la medicina cubana. Nunca se ha precisado con claridad la fecha exacta de su muerte. Oficialmente fue el 5 de marzo del 2013, a los 60 años exactos de la desaparición de Stalin, pero los rumores del deceso comenzaron el 30 de diciembre anterior y a partir de ese momento no cesaron de difundirse. No obstante, este capítulo debe empezar mucho antes.

El domingo 9 de agosto de 1998, uno de los autores de este libro publicó un artículo en *El Universal* de Caracas en el que profetizaba lo que sucedería en Venezuela si el teniente coronel Hugo Chávez ganaba las elecciones pactadas para diciembre de ese mismo año. Desde entonces, el texto ha sido reproducido cientos de veces, generalmente acompañado de un lamento: "¿Por qué no le prestamos atención al autor?". Comencemos este capítulo recuperando, otra vez, esa columna, porque contiene algunos elementos que vale la pena recordar.

UN CAUDILLO CON LA CARA PINTADA

A Venezuela le está saliendo un caudillo. Los caudillos les salen a las sociedades como los golondrinos les salen a las gentes en los sobacos. Y salen por las mismas razones: una severa infección que aflora en un punto del cuerpo cuando las defensas están bajas.

El caudillo venezolano se llama Hugo Chávez y se hizo muy famoso en 1992 cuando organizó un golpe militar contra el gobierno legítimo de Carlos Andrés Pérez. El golpe fracasó, pero el intento bastó para hacerlo tremendamente popular entre muchos venezolanos. A las 72 horas de la asonada castrense, de acuerdo con las encuestas de la época, el 65% de la población adulta decía respaldar al golpista. Hoy, a los seis años de aquella sangrienta aventura, Hugo Chávez amenaza con convertirse en el próximo presidente de Venezuela, pero no para mantener las instituciones del país, sino para llevar a cabo la mítica revolución radical de izquierda, utilizando para ello los recursos del Estado de Derecho. Algo parecido a lo que Hitler y Mussolini hicieron en los años treinta en sus respectivas naciones. Se servirá de los procedimientos democráticos para disolver el Parlamento y gobernar a su antojo por decreto.

Naturalmente, hundirá al país en el horror y la violencia, pero eso es algo que la mayor parte de los venezolanos hoy son totalmente incapaces de percibir. Están demasiado entretenidos en luchar contra la inflación, el desempleo y la inseguridad ciudadana para preocuparse por la defensa de las libertades. Sufren —y con razón— la nostalgia de aquellos tiempos gloriosos en que un dólar valía cuatro bolívares, mientras ahora les cuesta quinientos. Tienen demasiada rabia contra los políticos y funcionarios corruptos, y demasiada indignación contra la ineptitud de la burocracia estatal, para detenerse a pensar en que Chávez, lejos de resolver los problemas del país, los agravará cruel e irresponsablemente, aunque solo sea porque en su cabeza violenta y cuartelera no hay otra cosa que ideas insensatas extraídas de la mitología revolucionaria latinoamericana de mediados de siglo.

En un país que se muere de estatismo, Chávez aumentará el perímetro del Estado. En una sociedad agredida durante décadas por absurdos controles económicos, Chávez multiplicará los cerrojos y limitará aún más las libertades políticas. En una nación en la que el Estado de Derecho es casi una ficción, este presidente carapintada sustituirá cualquier vestigio de constitucionalismo que quede en pie por su omnímoda voluntad. "¿Cuál es nuestra Constitución?", se preguntaba en los años treinta el doctor Hans Frank, nazi notorio. Y enseguida se contestaba: "Nuestra Constitución es la voluntad del Führer". La Constitución de los venezolanos será la voluntad de Chávez. El caudillismo es eso: una abdicación de la soberanía popular, una transferencia de poderes.

¿Cómo saldrán los venezolanos de este atolladero? Por supuesto, muy magullados. Basta leer cuidadosamente los discursos de Chávez en La Habana, publicados en el periódico Granma, y los elogios que Castro le propina, para comprobar que este hombre no tiene la menor idea sobre cómo los pueblos crean riqueza y cómo la destruyen. Si gana las elecciones, una vez instalado en Miraflores, en el mejor de los casos se comportará como Salvador Allende —un caotizador de izquierda— y en el peor, intentará hacer una revolución de corte estalinista semejante a la de su admirado vecino cubano. En ambas situaciones movilizará a sus partidarios y los encuadrará en formaciones cuasi militares para defender la revolución, arriesgándose a un peligroso enfrentamiento con el Ejército, donde siempre habrá algún Pinochet dispuesto a sacar los tanques a la calle para liquidar violentamente a quienes pongan en peligro la hegemonía de las Fuerzas Armadas. Esto es gravísimo. Los militares venezolanos pueden ser devastadores si se disponen a matar.

Hace años le pregunté a un general de ese país cómo habían controlado el "caracazo" —los motines callejeros de la capital— y todavía recuerdo con cierto escalofrío su respuesta torva y sin emociones: "Raspamos a mil c.d.m. en una noche", dijo mientras aplastaba su cigarrillo en el cenicero con un gesto displicente. Así, innecesariamente, puede acabar este absurdo drama: millares de venezolanos "raspados", extirpados como verrugas por personas violentas de uno y otro bando que han sido incapaces de encontrar fórmulas para solucionar pacíficamente sus conflictos.

¿Hay maneras, todavía, de impedir esta catástrofe? Sí, si las fuerzas democráticas fuera capaces de pactar la gran coalición de la libertad, pero no sería honrado forjar esa alianza solo para derrotar a Chávez en las urnas. Eso sería mezquino. Habría que proponer un plan realista y serio que les demuestre a los venezolanos que la respuesta a sus males está en la democracia y en el Estado de Derecho, y no en la acción de los caudillos fascistoides. No solo se trata de salvar a Venezuela del daño que en el futuro puede hacerle Hugo Chávez. El objetivo también es salvar a Venezuela del daño que le han hecho en el pasado otros venezolanos que llegaron al poder sin la cara pintada.

Pero ocurrió algo que el articulista no previó: Hugo Chávez, además de alterar, empobrecer y tensar la vida venezolana hasta extremos inconcebibles, y además de lograr controlar totalmente a las Fuerzas Armadas, volvió a poner de moda la idiotez política. Cuando Chávez ganó las primeras elecciones venezolanas y comenzó a presidir el país (enero de 1999), los idiotas estaban de capa caída en el panorama latinoamericano. En ese momento parecía que América Latina había llegado a la mayoría de edad. En Brasil gobernaba Fernando Henrique Cardoso; en México, Ernesto Zedillo; en Uruguay, Julio María Sanguinetti; en Chile, Eduardo Frei; en Argentina, Carlos Menem; en Ecuador Jamil Mahuad; en Bolivia, Hugo Banzer, en su etapa democrática. Algunos eran buenos estadistas, con una clara comprensión sobre cómo se crea o se malgasta la riqueza, y otros no tanto, pero, en general, parecía haberse liquidado la era del estatismo populista, tanto en la izquierda como en la derecha democráticas. Tras la horrible experiencia de un siglo de mediocridad o de francos desastres económicos y sociales, se pensaba que llegábamos a otra etapa.

En toda América, de alguna manera impulsada por el éxito indudable de Chile, y antes por el fenómeno de los tigres o dragones de Asia, imperaba el llamado *Consenso de Washington*, formulado por el economista John Williamson, cuyas diez recomendaciones esenciales recogían los criterios del Banco Mundial, el Fondo Monetario Internacional y la Reserva Federal. Según Williamson (y según el sentido común y la experiencia), las naciones se administraban mejor y crecían con más eficacia si se sometían a las diez medidas siguientes:

- Disciplina presupuestaria (los presupuestos públicos no debían operar con déficit).
- Reordenamiento de las prioridades del gasto público. Los subsidios deberían encaminarse hacia sectores que favorecieran el crecimiento y a servicios para los pobres, como educación, salud pública, investigación e infraestructuras, y no para beneficiar a los clientes políticos.
- Reforma tributaria (buscar bases imponibles amplias y tipos marginales moderados). Era mejor que pagaran más

personas y que todos pagasen menos. Esta fórmula liberaba fondos para fomentar el ahorro y la inversión.

- Liberalización financiera, especialmente de los tipos de interés, ante la mala experiencia de los controles oficiales en este ámbito.
- Tipo de cambio competitivo de la moneda nacional, que favoreciera las exportaciones.
- Liberalización del comercio internacional y disminución de las barreras arancelarias.
- Eliminación de los obstáculos a las inversiones extranjeras directas.
- Privatización, mediante la venta de las empresas públicas y los monopolios estatales.
- Desregulación de los mercados para que los agentes económicos pudieran participar con más eficacia y así impulsar la competitividad.
- Protección de la propiedad privada.

Se podía poner en duda alguna recomendación específica, pero, en general, esas medidas habían dado frutos extraordinarios donde quiera que se emplearon con seriedad. En ese momento parecía muy poco probable que volviera por sus fueros el fantasma neopopulista o, más grave aún, neocomunista. Sin embargo, regresó, acaso porque, aunque nefasta, es la tradición de gobierno más arraigada en la región.

Fue el militar venezolano quien revitalizó una forma estridente de populismo, poniendo en circulación un curioso engendro ideológico al que llamaron "Socialismo del Siglo XXI". Se trataba de la mayor cantidad de comunismo que admitía una época posterior a la desaparición de la URSS y el descrédito del marxismo-leninismo.

CUBA Y VENEZUELA, CASTRO Y CHÁVEZ

Naturalmente, eso sucedió bajo la dirección de Cuba, no de Venezuela, lo que nos precipita a una obvia pregunta: ¿cómo una pobre isla del Caribe, con apenas 11 millones de habitantes y unos 111.000 kilómetros cuadrados, se convirtió en la metrópolis de Venezuela, una nación petrolera con 30 millones de habitantes, nueve veces más grande, infinitamente más rica y con una élite mejor educada? La historia es triste, pero fascinante y se centra en el sometimiento de una sola persona: el militar venezolano Hugo Chávez fue intelectual, ideológica y moralmente seducido por el líder cubano Fidel Castro, pero el embrujo ni siquiera terminó con su muerte. Incluso hoy, y quizá más que nunca, la fuente de la autoridad del sucesor, Nicolás Maduro, radica en La Habana y no en Caracas.

Como se explica en el capítulo de este libro dedicado al castrismo, todo comenzó en diciembre de 1994, cuando Hugo Chávez Frías, tras el sobreseimiento de la causa que le seguían por el sangriento intento de golpe militar, viajó a Cuba invitado por el dictador Fidel Castro, que se proponía vengar el agravio político hecho por el presidente Rafael Caldera, quien poco antes había recibido al líder opositor cubano exiliado Jorge Mas Canosa. Tanto Castro como Chávez, por conveniencia política, decidieron soslayar el hecho de que, tras el ataque contra la democracia venezolana en 1992, que casi le cuesta la vida a Carlos Andrés Pérez, el primer mensaje de solidaridad con CAP y de condena al golpe que se recibió en Miraflores, fue el que envió Fidel Castro. Otra vez funcionó la vieja máxima: "El amigo de mi enemigo es mi enemigo".

Las relaciones entre Fidel Castro y Hugo Chávez fluyeron inmediatamente. Como suelen decir los boleros, tan presentes en aquellos países caribeños, eran dos almas gemelas, pero la del venezolano se subordinó a la del cubano. Fidel era 28 años mayor, tenía un temperamento avasallador, respaldado por su leyenda iniciada en la Sierra Maestra de gran cabecilla revolucionario del Tercer Mundo. Coincidían, además, en algunos aspectos esenciales. Los dos tenían personalidades narcisistas y mesiánicas —se proponían salvar al mundo—, y ambos eran unos psicópatas de libro de texto, los llamados "locos morales" o "locos sin delirios", afectados por lo que la psicóloga Silvana Santoro llama "anestesia afectiva", y a los que se les atribuyen algunos de los siguientes rasgos presentes en ambos personajes:

- Locuacidad y encanto superficial
- Autovaloración exagerada
- Arrogancia
- Ausencia real de empatía
- Impulsividad y falta de autocontrol
- Necesidad constante de halagos
- Conductas delictivas, porque se sitúan por encima de las reglas

En definitiva: tal para cual. No obstante, cuando Hugo Chávez llegó a Cuba en ese primer viaje, estaba bajo la influencia de Norberto Ceresole, un sociólogo argentino, fascista, procedente del peronismo de izquierda, que en su momento había asesorado hasta su destitución al dictador peruano, general Juan Velasco Alvarado, y luego había militado en las causas iraní y libia, convirtiéndose en un propagandista del *Libro verde* de Gadafi y de su rechazo a las formas democráticas. La fórmula del buen gobierno que Ceresole le transmitió a Chávez era la de un líder directamente conectado con las masas, organizadas en asambleas populares, con unas fuerzas armadas que actuarían como correa de transmisión de las decisiones y la sabiduría revolucionaria del Jefe Máximo.

Cuando Hugo Chávez habló con Fidel, su vida ideológica dio un vuelco radical hacia otra zona del autoritarismo. Fue como una epifanía marxista-leninista. Fidel lo convenció de las virtudes del comunismo, pese a la reciente traición de Gorbachov, que hasta había enterrado la URSS, y no obstante la deriva capitalista de la Rusia de Boris Yeltsin, que había disuelto al glorioso PCUS, con sus 20 millones de miembros, sin una sola nota de protesta por parte de los anonadados camaradas. Muy pronto, Chávez se desembarazó de Ceresole y se acercó al marxismo-leninismo, aunque se cuidó mucho de revelar esa transformación ideológica hasta no haber conquistado el poder por medio de las urnas, prometiendo una revolución honrada, ajustada al Derecho, limitada a un periodo de gobierno e impecablemente democrática. Otra vez, como Castro en 1959, el idiota, o quizá el neocomunista, se había disfrazado de oveja para apoderarse del rebaño.

En ese momento, Fidel Castro, con la complicidad y los recursos de Lula da Silva, había puesto en marcha el Foro de Sao Paulo para recoger los escombros del socialismo real y construir con ellos una especie híbrida de Internacional Comunista más el Movimiento de No-Alineados, encaminada a sustituir al aparato de promoción de las ideas y los esfuerzos de los grupos comunistas y antioccidentales. Ahí figuraban, además de varios partidos comunistas latinoamericanos, desde las narcoguerrillas de las Farc hasta el FMLN salvadoreño, los sandinistas y cuanta organización radical estuviera dispuesta a sobreponerse al mazazo que significó el derribo del Muro de Berlín, la disolución del Bloque del Este y el descrédito del marxismo-leninismo.

Los venezolanos no tardaron nada en darse cuenta de que habían cometido un inmenso error. El verdadero Chávez comenzó a enseñar sus orejas de lobo en el momento mismo de jurar la Constitución. A partir de esa ceremonia, comenzó la marcha para acaparar poder político y económico, controlar las instituciones y destruir los fundamentos de la República, incluidos algunos símbolos patrios como el nombre del país y el escudo, gestos típicos de los revolucionarios decididos a refundarlo todo. Finalmente, en abril de 2002 la mayoría de los jefes militares se amotinaron y lo obligaron a renunciar, pero a las 72 horas Chávez estaba de regreso en la casa de gobierno, como consecuencia de la desavenencia entre los golpistas y las amenazas de los militares que permanecieron leales al poder.

Entonces ocurrió, inesperadamente, lo que en inglés llaman el "efecto *serendipity*". La acción, emprendida para interrumpir la influencia cubana en Venezuela, tuvo el efecto contrario: sorpresivamente, entregó a Chávez de manera intensa y definitiva en manos de "los cubanos". A partir de ese suceso y hasta la grave enfermedad de Fidel Castro ocurrida en el verano de 2006, Chávez se colocó bajo la autoridad y el control de Castro y de la Dirección General de Inteligencia de Cuba apostada en Venezuela. Solo confiaba en lo que le informaran y sugirieran "los cubanos". El golpe de 1992 le había demostrado que muchos venezolanos a los que consideraba amigos y partidarios, en realidad lo detestaban, como sucedió con el coronel Arias Cárdenas, compañero de armas, exgolpista y exgobernador de Zulia, quien no tardó en acusar a su presidente de "asesino y corrupto" durante el breve periodo en que estuvo detenido, calificativos que nunca retiró, aunque consiguiera mantenerse dentro del ámbito del poder tras el regreso de Chávez a la casa de gobierno.

Como parte de esa nueva fase de intensificación de la influencia de Castro en las percepciones políticas de su discípulo Chávez, los dos líderes del Socialismo del Siglo XXI desarrollaron una visión del papel de ambos países en el devenir del futuro. Cuba y Venezuela sustituirían a la URSS, culpable de traicionar los intereses del proletariado, en la tarea de redimir al mundo de los sufrimientos provocados por el imperialismo. Por otra parte, la ampliación del círculo de países comunistas les resultaba esencial para preservar la integridad de Cuba y Venezuela. De nuevo surgía la inquietud que atenazó a Lenin en los primeros años de la revolución bolchevique: no era posible la supervivencia del socialismo en un solo país. Por eso en 1 9 1 9 Lenin lanzó la Tercera Internacional y sus partidarios crearon toda una metodología de lucha para potenciarla. Metodología que Fidel Castro aprendió de los soviéticos en los primeros años de la revolución —cuando en la Isla llegó a haber un ejército de 40.000 asesores de la URSS— y que ahora él ponía a disposición de la novísima internacional bicéfala, Venecuba o Cubazuela, como comenzó a llamarse extraoficialmente a la fusión de los dos países.

NUEVA ESTRATEGIA, NUEVA DOCTRINA

Desde que Chávez llegó al poder, y muy especialmente desde que se vio afectado por una especie de dependencia ideológico-policíaca de Cuba, trató de forjar una doctrina y un modelo exportables, pero ese marco de referencia tuvo que pactarlo con su mentor cubano.

La primera zona de discrepancia era la metodología para alcanzar el poder. Fidel Castro, muy celoso de su leyenda y muy orgulloso de su historia como jefe máximo de la lucha guerrillera contra la dictadura de Batista, defendía la violencia como medio de imponer sus ideas y su modelo de gobierno. Al fin y al cabo, aunque el Che, en efecto, había muerto en 1967 en Bolivia mientras intentaba "crear cien Vietnam" en América Latina, el frente sandinista, impulsado por Cuba y auxiliado por la Venezuela de Carlos Andrés Pérez y la Costa Rica de Rodrigo Carazo, había derrotado a Somoza en 1979. Para Fidel, esa era la demostración de que resultaba posible abrirse paso a tiros hasta la casa de gobierno.

El argumento de Chávez, que había fracasado como golpista, pero triunfado como político, postulaba que en la frontera del siglo XXI el procedimiento para alcanzar el poder era un proceso electoral convencional. Había que aprovecharse de la fatiga de la sociedad con las viejas caras de la política y de los recursos de la democracia liberal, para alcanzar el poder presentándose como alguien ajeno a los tejemanejes usuales de la politiquería, prometiendo enmendar todos los problemas con una mezcla de candor, buena fe y honradez.

Una vez instalado en la presidencia, el nuevo líder comenzaría a desmontar la estructura tradicional republicana hasta liquidarla totalmente. Primero convocaría una asamblea constituyente, redactaría una nueva Constitución, y a partir de ese punto se apoderaría de los recursos económicos del Estado y del aparato institucional, hasta acaparar toda la autoridad y gobernar por decreto.

¿Cómo lo hizo? El profesor Asdrúbal Aguiar, uno de los juristas más reputados de Venezuela, lo resume de la siguiente manera en una conferencia titulada "El socialismo del siglo XXI y su causahabiente: el despotismo iletrado". Lo citaremos en extenso porque vale la pena:

> El soldado golpista, quien se hace de nuestra realidad por la vía electoral como un perro de presa, y quien antes, ayudado por Fidel Castro, obtiene como candidato el apoyo financiero de los dictadores libio e iraquí, e incluso el *úcase* del Departamento de Estado [de EE. UU.], a horas de ungido como presidente de la República declara que robar no es un delito cuando se tiene necesidad. Tira por la borda, así la disciplina social mínima que, sobre todo por hábito, priva hasta entonces dentro de la sociedad venezolana.

Y enseguida agrega:

> Desafía luego la autoridad de los otros poderes del Estado: "Debo confirmar ante la Honorabilísima Corte Suprema de Justicia el principio de la exclusividad presidencial en la conducción del Estado", reza la carta que en abril de 1999 [Chávez] les dirige a los Jueces Supremos. Y éstos, doblegados, aceptan que el Teniente Coronel y mandatario en ciernes convoque a una Constituyente al margen del orden constitucional en vigor; que logre elegirla según sus reglas y la controle tanto como la usa para aprobar una Constitución a su medida, mediante un pacto con los suyos, que excluye a quienes juzga beneficiarios del pasado, la otra mitad de Venezuela.
>
> Sin avanzar aún en la redacción de la nueva Carta, interviene y paraliza al Congreso de la República y lo que a la sazón más le importa, destituye sin fórmula de juicio a todos los jueces de la República. Les sustituye con jueces provisionales, dispuestos a purificar constitucionalmente las inconstitucionalidades que se ponen en marcha.

¿Qué se propone Chávez? Poco antes de enfrascarse en la redacción de esa nueva Constitución que le otorgará poderes especiales y el control total de la sociedad venezolana, lo revela en una carta insólita que le remite a Carlos Ilich Ramírez, implacable terrorista venezolano adiestrado en Cuba, preso en una cárcel francesa por diversos asesinatos y secuestros. Aparentemente, el flamante presidente venezolano responde a una felicitación que le ha remitido El Chacal. Dice la carta:

Miraflores, 03 de Marzo de 1999.

Ciudadano Ilich Ramírez Sánchez

Presente

Distinguido Compatriota:

Nadando en las profundidades de su carta solidaria pude auscultar un poco los pensamientos y los sentimiento, es que todo tiene su tiempo: de amontonar las piedras, o de lanzarlas... de dar calor a la revolución o de ignorarla; de avanzar dialécticamente uniendo lo que deba unirse entre las clases en pugna o propiciando el enfrentamiento entre las mismas, según la tesis de Iván Ilich Ulianov. Tiempo de poder luchar por ideales y tiempo de no poder sino valorar la propia lucha... Tiempo de oportunidad, del fino olfato y del instinto al acecho para alcanzar el momento psicológico propicio en que *Ariadna*, investida de leyes, teja el hilo que permita salir del laberinto...

El Libertador Simón Bolívar, cuya teoría y praxis informan la doctrina que fundamenta nuestra revolución, en esfíngica invocación a Dios dejó caer esta frase preludial de su desaparición física: *¡Cómo podré salir yo de este laberinto...!* La frase, de contenido tácito y recogida por su médico de cabecera, el francés Alejandro Próspero Reverend en sus *Memorias,* es llama profunda de iluminación del camino que seguimos.

Otro francés, Alejandro Dumas, finaliza su obra *El Conde de Montecristo* con esta frase de Jesús: "La vida de los hombres está cifrada en dos palabras: Confiar y Esperar", induciendo a pensar que al final de la batalla aparecerá algún *Supremo*. *Alguien* que, investido de sabiduría como el *Abate Faría* inspiró el camino de salida, envuelto en nuevas síntesis revolucionarias *en aproximación al Dios que cada uno lleva en su corazón*.

Digamos con Bolívar que el tiempo hará prodigios sólo en cuanto mantengamos rectitud de espíritu y en cuanto observemos esas *relaciones necesarias que se derivan de la naturaleza de las cosas*. La humanidad es una sola y no hay magnitud espacio-tiempo que detenga el pensamiento del héroe caraqueño. Digamos con él:

Yo siento que la energía de mi alma se eleva, se ensancha y se iguala siempre a la magnitud de los peligros. Mi médico me ha dicho que mi alma necesita alimentarse de peligros para conservar mi juicio, de manera que al crearme Dios permitió esta tempestuosa revolución, para que yo pudiera vivir ocupado en mi destino especial.

Con profunda fe en la causa y en la misión, *¡por ahora y para siempre!*

HUGO CHÁVEZ FRÍAS

Al margen de los disparates ("esfíngica", "preludial") y del pedante tono retórico que trata de esconder ese "despotismo iletrado" de que habla Aguiar, la carta revela la clara intención subversiva de Chávez. Había llegado al poder para implantar un régimen neocomunista y para conquistar a sus vecinos. Cree que tiene todo el tiempo del mundo para desarrollar sus planes. No es de extrañar, pues, la estrecha relación que el chavismo mantuvo con la guerrilla colombiana, a la que, en un principio, le otorga categoría de poder beligerante, legítimamente enfrentado al gobierno de Bogotá, y como señala Aguiar: "La mantiene como huésped de honor... le ofrece auxilios financieros y petróleo, y hasta el lavado de sus narcos dineros". Está decidido a clavarse en la historia a cualquier precio.

¿Lo logró? Sí, en la medida en que alcanzó una enorme notoriedad personal basada en sus facultades histriónicas y el poder de los petrodólares. No, si lo que pretendía era transformar a Venezuela en un país próspero y feliz. Cuando murió, supuestamente el 5 de marzo de 2012, la nación era mucho más pobre, convulsa y crispada que cuando asumió la presidencia. Su voluntad de colocarse bajo la dirección del régimen de La Habana, el desbarajuste administrativo de su gobierno, la increíble corrupción que reina en el país, la violencia creciente y la sangría constante de petrodólares dedicados a conquistar clientela política internacional afectaron a su obra de gobierno hasta destruirla. El país que le legó a Nicolás Maduro, como si fuera un príncipe medieval, era infinitamente peor que el que había recibido del presidente Caldera. Su mandato fue un gran fracaso y sentó las bases para una catástrofe aún mayor.

LA SAGRADA FAMILIA

En 1 844 Marx y Engels se enfrascaron en una espesa discusión filosófica con los hermanos Bruno, Edgar y Egbert Bauer, hegelianos y editores de *La Gaceta Literaria*, quienes habían criticado a la entonces joven pareja que tanto daría que hablar posteriormente. Para refutar a sus críticos, Marx y Engels publicaron *La sagrada familia.* Sin duda, un buen título para referirnos a los cuatro personajes centrales del Socialismo del Siglo XXI: el alemán-mexicano Heinz Dieterich, padre del invento teórico, el ecuatoriano Rafael Correa, el nicaragüense Daniel Ortega y el boliviano Evo Morales.

Orillamos al venezolano Nicolás Maduro porque hablamos extensamente de él en el capítulo venezolano, así como a los inevitables hermanos Castro, analizados en el relacionado con Cuba. Tampoco hemos querido agregar a los vecinos ideológicos (Cristina Fernández, Dilma Rousseff, José Mújica) porque son otra cosa y cometen otra clase de disparates. No sería justo. Este es un libro sobre los neoidiotas carnívoros, no sobre los dulcemente vegetarianos.

Comencemos por una melancólica digresión étnica. Parte del encanto de Karl Marx fue su condición de alemán. Si hubiera sido un señor, digamos, canario, difícilmente lo hubiesen tomado en cuenta, aunque suscribiera los mismos razonamientos y formulara las mismas proposiciones. ¿Se imaginan la repercusión internacional de la hipótesis sobre la plusvalía o sobre la dialéctica materialista propuesta por un caballero de Tenerife? ¿Habrían tomado en serio la *Crítica del programa de Gotha* si se hubiese publicado en Tegucigalpa o en Asunción?

En todo caso, no hay nada que le guste más a la izquierda bobalicona que una buena teoría. Incluso, mala, pero teoría al fin y al cabo. (Recordemos que Marx creía haber dado con la explicación *científica* del comunismo). Y si esa teoría ha sido parida por un alemán, tanto mejor, pues se supone que los alemanes son los grandes pensadores de Occidente, aunque pocos los hayan leído y, aun menos, entendido, como parece que sucede con las traducciones de las obras de Hegel y de Leibniz.

El patriarca ideológico de la tribu: Heinz Dieterich Steffan

Por eso los neocomunistas latinoamericanos, acaudillados por Hugo Chávez, vieron los cielos abiertos cuando Heinz Dieterich Steffan (1943), un sociólogo alemán avecindado desde hace décadas en los medios académicos de México (donde no le prestan demasiada atención), a mediados de los años noventa comenzó a acuñar un concepto pegajoso, *El Socialismo del Siglo XXI,* en el que concretaba algunas ideas fundamentadas en el pensamiento de Marx, acariciadas desde el decenio de 1980 y maduradas con el paso del tiempo. Dieterich pretendía superar el descrédito total del "socialismo real" tras el derribo del Muro de Berlín, la desaparición de la URSS y el fin del Bloque del Este, como se les llamaba a las naciones europeas atrapadas tras el telón de acero.

No obstante, los pensadores marxistas alemanes más severos leyeron el ensayo del compatriota y no les gustó nada. Vale la pena asomarse a la devastadora crítica que le hicieron desde el marxismo en la publicación de Internet *GegenStandpunkt* de abril de 2009, titulada: *El Socialismo del Siglo XXI de Heinz Dieterich. Un refrito sociológico e histórico-filosófico de la utopía de un mundo más justo.* El trabajo, traducido al español, es demoledor desde la perspectiva marxista... aunque a los autores de nuestro libro les parece que se trata de unos alquimistas demostrando que otro personaje del gremio sostiene una teoría equivocada para lograr la transmutación del hierro en oro. Unos y otros no tienen la menor idea de lo que dicen, pero lo proclaman con una convicción conmovedora.

En todo caso, ya Chávez tenía su teoría y comenzó a reivindicar la obra de Dieterich. Era un personaje en busca de un autor, como en la pieza de Pirandello, y lo había hallado. Él hacía lo que le daba la gana, pero se refería pomposamente al *Socialismo del Siglo XXI*, supuestamente su marco teórico, como antes se llenaba la boca para celebrar *El libro verde* de Gadafi, la llamada *Tercera teoría universal.* (Suponemos que la de Dieterich sería la cuarta).

Como a Chávez no le costaba mucho dinero o porque disponía de todos los petrodólares imaginables, contrató a Dieterich como asesor y en esa condición lo tuvo hasta 2007, año en el que el alemán rompió con el venezolano y dejó de responsabilizarse con las barbaridades que se hacían en Venezuela. Incluso, su amigo personal no era el golpista Hugo Chávez, sino el golpista Raúl Isaías Baduel, general preso en Venezuela, pese a haber salvado a don Hugo tras la debacle de abril de 2002, cuando lo obligaron a renunciar a la presidencia. Fue Baduel quien lo restituyó en el poder, pero su invaluable servicio no le sirvió de mucho. Acabó entre rejas.

Aunque, como reza el cauteloso *disclaimer* de las películas de Hollywood, "cualquier parecido con la realidad es pura coincidencia", vale la pena tratar de averiguar algún aspecto de lo que planteó el señor Dieterich en su breve ensayo.

Hay que comenzar por establecer que Dieterich es un utopista irritado con la pobreza de las multitudes y la riqueza de unos pocos. Es un hombre bueno que quiere cambiar al mundo. Ese es su punto de partida. No obstante, como tanta gente que comparte su forma de entender la realidad, no es capaz de percibir que hasta el siglo XVIII la miseria era casi la forma natural de vivir (y morir), y que fueron la revolución industrial, la propiedad, el rechazo al mercantilismo y la democracia liberal —que incluye la libertad de los individuos— los factores que produjeron el fin de los despotismos reales, el desarrollo científico, el surgimiento de clases medias, la educación universal y una notable extensión de los años de vida promedio, como resultado de los cuidados sanitarios. Nada de eso llegó por obra de los controles y la planificación a cargo de los gobiernos.

Dieterich hace suya la teoría marxista de la lucha de clases como eje del desarrollo histórico y propone un socialismo revolucionario sostenido en cuatro puntos de apoyo (como disfrutan los marxistas con estas construcciones artificiales absolutamente banales): el desarrollismo democrático regional, la economía de las equivalencias, la democracia participativa y las organizaciones de base.

Centrémonos en la "economía de las equivalencias". Es el corazón de su teoría. Es la vuelta, otra vez (estos tipos no aprenden), a la teoría marxista del valor, como si el desastre de la práctica comunista no hubiera servido de nada. Según Dieterich, la madre de todas las injusticias está en los precios injustos y abusivos que imponen los amos del mundo a todos los bienes y servicios que se producen. Son ellas, las diez mil malvadas personas que gobiernan el planeta (parece que las ha contado), las que controlan la economía asignando los precios y olvidando el verdadero valor.

¿De dónde sale el valor y debe salir el precio? Del tiempo dedicado a producir el bien o el servicio. Lo dice de una manera muy clara, siguiendo de cerca a Marx:

> Entonces la gratificación o ingreso del trabajador es directamente proporcional al tiempo de trabajo gastado, independientemente de su edad, género, estado civil, raza, nacionalidad, carácter del trabajo, esfuerzo físico, educación, dificultad, habilidad, práctica, dedicación personal, trabajo pesado y riesgo de salud, en fin: la gratificación corresponde a las horas de trabajo de manera directa y absoluta.

¿Pero vale igual el tiempo de un neurocirujano que el de un cortador de caña? ¿Vale igual la camisa cosida por un sastre al *software* fabricado por un técnico especialista en electrónica? Según los socialistas del siglo XXI, o al menos según Dieterich, por supuesto que sí. Llega a afirmar lo siguiente:

> Si todas las mercancías en todo el mundo se intercambiaran con base al tiempo laboral contenido en ellas (con lo que tal vez tendrían que pagarse tan sólo 7.300 sacos de café por una locomotora, quiere decir, tantos como los obreros en Brasil cosechan durante el mismo tiempo que se requiere para construir una locomotora), esta nueva relación de precios, producto natural-producto industrial, traería

consigo la necesaria igualdad de derechos económicos de los pueblos entre sí.

Por supuesto, surgirían conflictos ("mi cosecha de algodón vale más que tu penicilina" podría afirmar cualquiera), pero eso no sería un problema insoluble porque "los eventuales casos de conflicto" según Dieterich "serían decididos por Tribunales de Valor (Trabajo) compuestos por jurados de ciudadanos".

Todo lo que hay que hacer es calcular el "tiempo social o laboral" (la expresión es parte del galimatías) mediante la aplicación de una bonita matriz, la llamada "Rosa de Peters", un ridículo invento hecho por Arno Peters (1916-2002), otro alemán, un documentalista aficionado, cartógrafo aficionado y marxista, también aficionado, que hizo un gracioso dibujito en forma de rosa con unas cuantas variables.

Según su asombroso planteamiento, mediante la aplicación de la Rosa de Peters se puede hallar el valor *objetivo* de cualquier producto o servicio para remunerarlo justamente y terminar de esa manera con milenios de inicua explotación.

¿Vale la pena continuar examinando esta sarta de tonterías? No deja de ser maravillosa la infinita capacidad del neocomunista, también llamado neoidiota, para fascinarse con los "truquitos" propuestos por esos personajes que los españoles llaman *cantamañanas*. A nuestro juicio, ese párrafo de Dieterich es suficiente para demostrar la raquítica endeblez de su infantil proposición.

Agregaríamos, eso sí, una observación final: por muy estúpida que sea una teoría (el nazismo lo era, por ejemplo), su obvia necedad no nos pone a salvo de sus peores consecuencias. Como suele decir uno de los autores de este libro: "Si el marxismo del siglo XX nos costó 100 millones de muertos, quién sabe con cuántas víctimas se saldará el del siglo XXI".

Rafael Correa: el secreto cabeza de familia

Muerto Hugo Chávez y dadas las limitaciones de Raúl Castro —un anciano que disfruta más de las peleas de gallos que de la notoriedad que proporcionan los medios de comunicación—, a lo que se agrega el carácter impresentable de Nicolás Maduro, sujeto que se entiende mejor con los pájaros que con las personas, el ecuatoriano Rafael Correa Delgado hoy aparece situado como el secreto cabeza de la familia del Socialismo del Siglo XXI.

Rafael Vicente Correa Delgado, presidente de Ecuador desde enero de 2007, nació en 1963 en el seno de una familia blanca de clase media, no muy bien avenida. Su padre, Rafael Correa Icaza, que tenía fama de ser poco escrupuloso en los negocios, confrontó problemas con la ley y acabó encarcelado en Estados Unidos por intentar introducir dos kilos de cocaína en el país. Cumplió cinco años de cárcel en una prisión de Louisiana y en 1995 se suicidó en Guayaquil.

Su hijo Rafael, que ninguna responsabilidad tuvo en la conducta de su padre, tenía 33 años cuando este se quitó la vida. La aclaración es importante porque, inexplicablemente, el presidente ha asegurado que todo esto sucedió cuando él era un niño. No es verdad: era mayor de edad cuando su padre cayó preso y ya era todo un catedrático, "talludito" y maduro, cuando se mató.

La madre del presidente Correa, Norma Delgado Rendón (1939), al revés de quien fuera su marido, es una persona buena y piadosa (de rezar el rosario frecuentemente), de la que sus descendientes suelen hablar con afecto y devoción. La señora tuvo cuatro hijos en su infeliz matrimonio: Fabricio, Pierina, Bernarda (muerta muy joven en un accidente) y Rafael.

Fabricio, el mayor, hábil ingeniero y empresario, quien se precia de ser muy católico, tras la cancelación de unas licitaciones rompió políticamente con su hermano, acusando al gobierno de corrupto y al presidente de mentir y de tener un carácter autoritario, extremo del que podía dar fe por su condición de ser el mayor del grupo familiar. Pierina, aunque de una forma menos tajante, también acabó disgustada y desligada del partido fundado por su hermano.

Rafael Correa Delgado es economista, graduado en la Universidad Católica de Guayaquil. Antes había estudiado primaria y secundaria en el colegio católico de los hermanos lasallistas. En su infancia fue un ardiente *boy scout*. Más tarde, consiguió una beca en la Universidad Católica de Lovaina. Recalcamos lo de la militancia católica porque es importante en la formación de Correa, y, tal vez, en su deformación, dada la predilección de una parte de la Iglesia por la teología de la liberación, especialmente en esa universidad y en aquellos tiempos.

En la época en que Correa estudiaba en Lovaina, la figura clave de esa universidad, al menos en la elaboración del *relato* católico latinoamericano radical, era el sacerdote marxista François Houtard, fundador del Centro Tricontinental y de la revista *Alternatives Sud*. El propio Correa ha contado su afinidad con esa vertiente marxistoide del catolicismo, marginada en su momento por el papa Juan Pablo II.

Houtard era un hombre intelectualmente muy próximo al obispo brasileño Hélder Cámara y, como él, un defensor de la teología de la liberación, corriente del catolicismo que justificaba la lucha armada, basada, en el terreno económico, en la falaz "teoría de la dependencia", nunca descartada del todo. (Houtard, dicho sea de paso, terminó por renunciar al sacerdocio tras admitir que era un pedófilo que había molestado sexualmente a un niño de ocho años).

En los papeles de la secta se decían promotores de un cristianismo que basculara hacia la "opción preferencial por los pobres" (esa era la expresión clave y el meollo de la visión y la misión autoasignada a la Iglesia). ¿En qué consistía? Según la teoría de la dependencia, haciendo caso omiso de la experiencia de los llamados "tigres o dragones de Asia" —naciones paupérrimas que habían conseguido ascender al Primer Mundo—, los países pobres, los de la *periferia,* supuestamente estaban condenados a la miseria por designio de los países ricos, los del *centro,* que les habían asignado el triste papel de suministradores de materias primas.

Rafael Correa estaba de acuerdo con esta equivocada manera de entender las razones de la pobreza y la riqueza de las naciones, y las relaciones internacionales. Lovaina le dejó su impronta ideológica. En un discurso pronunciado en abril de 2009 dijo, textualmente el presidente ecuatoriano: "El socialismo continuará (...). Nadie dude que nuestra opción preferencial es para las personas más pobres, nosotros estamos aquí debido a ellos. ¡Hasta la victoria siempre!".

Allí, en Lovaina, Correa conoció a su esposa, una discreta profesora belga, Anne Malherbe, con la que ha tenido tres hijos. Por último, la Universidad San Francisco de Quito, en la que Correa enseñaba al regresar de Europa, le gestionó otra beca, esta vez para la Universidad de Illinois (Urbana-Champaign), una de las 100 mejores de Estados Unidos (aunque no exactamente en Economía), para que cursara su doctorado. Alguna vez, Correa ha dicho que los mejores años de su vida fueron los que pasó en Estados Unidos.

El Departamento de Economía de esa universidad, que había tenido una turbulenta historia de crisis y renuncias, en la época en que Correa se graduó ya se había serenado, aunque, como demuestra la tesis de grado por la que obtuvo el doctorado, no era muy exigente. (No puede serlo una tesis construida con tres ensayos relativamente inconexos, escasamente originales, con algunos errores y de poco calado investigativo). Como dato curioso, cabe agregar que en la biblioteca de la institución se guardan algunos objetos y manuscritos de personajes como Adam Smith y John Stuart Mill.

Pertrechado ya de un título, Rafael Correa entró en la política como consecuencia de un golpe civil ejecutado contra el presidente Lucio Gutiérrez por el Congreso de su país en abril de 2005. Gutiérrez, respondiendo a una lamentable tradición ecuatoriana de hacer caso omiso de las leyes y burlarse de la Constitución, había decretado la expulsión de algunos magistrados de la Corte Suprema, probablemente en su afán de controlar el poder judicial.

Con esa acción, unida al descontento general provocado por la corrupción y el nepotismo, alentada por una izquierda que veía al militar como un traidor al chavismo que lo había apoyado inútilmente, los legisladores hallaron la manera, también ilegal, de sacarlo del poder por la fuerza, con el beneplácito de las Fuerzas Armadas y la autorización del Congreso. Una maniobra o golpe civil a la que se prestó el vicepresidente Alfredo Palacios, un prestigioso cardiólogo que pasó a ocupar la jefatura del Estado y que reclutó al joven Rafael Correa como ministro de Economía, catapultándolo casi instantáneamente a los primeros planos de la política nacional.

Lucio Gutiérrez llamó al movimiento que lo derrocó la "rebelión de los forajidos". Y lo era, pero, en cierta medida, se repetía una situación parecida a la que le había costado el poder en 2000 al presidente Jamil Mahuad. Solo que entonces Lucio Gutiérrez estaba entre los golpistas. Por supuesto, no era nada nuevo bajo el sol ecuatoriano: antes del golpe civil contra Gutiérrez y contra Mahuad, el país había conocido toda clase de desórdenes. La violencia institucional parecía ser la norma, no la excepción.

En efecto, en 1997, a los pocos meses de haber sido elegido, Abdalá Bucaram, conocido como "el Loco" —sobrenombre que no andaba muy descaminado—, fue destituido de la presidencia por una maniobra dudosamente constitucional del Congreso, y fue reemplazado por su vicepresidenta, la abogada Rosalía Arteaga, quien muy pronto debió abrirle paso a un nuevo gobernante, Fabián Alarcón, hasta entonces hábil presidente del Congreso. (Hubo un par de días en que Ecuador tuvo tres presidentes o tres personas que reclamaban la presidencia: Bucaram, Arteaga y Alarcón).

Antes de esos hechos, en la década de 1980, León Febres Cordero, un enérgico ingeniero socialcristiano que entonces gobernaba el país, había enviado los tanques del ejército a rodear el Congreso y la Corte Suprema de Justicia para imponer su voluntad (una de las razones que motivó el enfriamiento de sus relaciones con el vicepresidente Blasco Peñaherrera, un demócrata apegado a la legalidad).

¿Para qué seguir en esta prolongada historia de agresiones a las instituciones de Derecho? Ecuador fue y es un país políticamente convulso (en 1912, sacaron de la prisión, lincharon e incineraron al general y expresidente Eloy Alfaro, el más importante de sus líderes políticos), en el que los periodos de sosiego y respeto a la ley han sido excepcionales. Un país en el que las autoridades, con mucha frecuencia, han utilizado a los parlamentos para legislar de acuerdo con los intereses de unos pocos y a los tribunales para perseguir a sus adversarios políticos.

Lo que queremos decir es que, probablemente, muchos de los comportamientos autoritarios que, con razón, se le atribuyen a Rafael Correa, existen y son lamentables, pero tienen su origen en la peor tradición política y cultural del país, como suele recordar el expresidente Osvaldo Hurtado (un político excepcional), en sus magníficos ensayos sobre la historia ecuatoriana.

Correa, en suma, no inventó las violaciones de la ley ni las persecuciones a sus adversarios. Todo lo que ha hecho es continuar con esa oprobiosa historia, pero arropándola ahora en la coartada de una llamada Revolución Ciudadana, llevada a cabo por la Alianza País, el movimiento que fundara con diversos retazos de la izquierda, dentro de la disfuncional familia del Socialismo del Siglo XXI.

En definitiva, ¿cuáles son las ideas básicas de Rafael Correa y qué ha hecho bien o mal en su ya largo gobierno, el más prolongado de la historia ecuatoriana?

Primero, es inevitable recordar el origen ilegal de los recursos con los que Correa llegó a la presidencia en 2007. Al margen del dinero que probablemente le entregó Hugo Chávez (acusación muy difícil de probar que le formulan sus adversarios), todas las pruebas encontradas en las computadoras de Raúl Reyes apuntan a que recibió dinero de las narcoguerrillas de las Farc. Raúl Reyes fue el jefe guerrillero de las Farc abatido por la aviación colombiana en un campamento no tan secreto que mantenía en territorio ecuatoriano con la complicidad del entorno de Correa.

Esa falta de respeto por las normas se puso otra vez de manifiesto cuando Correa utilizó ilegalmente a la corte electoral para destituir a los 57 congresistas que se oponían a su reforma política y luego recurrió a la policía para desalojarlos del edificio del Congreso.

El episodio se prolongó en la forma ilegal en que se convocó y condujo la Asamblea Constituyente dedicada a redactar una nueva Constitución. Finalmente, una vez aprobado el documento, el presidente ordenó unos cambios que no fueron refrendados por el pueblo, pero aparecieron en el texto final cuando se publicó.

¿Qué buscaba? Reelegirse, para luego hacer y deshacer a su antojo. No obstante, digamos que los autores de este libro no creen que Rafael Correa sea un comunista que pretende crear en su país un Estado colectivista semejante a los desovados por la URSS.

Correa es otra cosa. Se parece más a un peronista. A un cepaliano de los de antes, partidario de sustituir importaciones con producción nacional (peor y más cara), y de tratar de imponer un modelo de desarrollo endógeno utilizando el gasto público como locomotora. A lo que se une un pensamiento católico que, si bien por una punta lo acerca a la teología de la liberación, por la otra hace que sus críticos lo tachen de homófobo y de sostener posiciones conservadoras en el tema del aborto.

Sus problemas son tanto de personalidad como de ideología. Pensamos que estamos ante un personaje autoritario. Un autócrata narcisista, incapaz de encajar las críticas, que no tiene el menor escrúpulo en injuriar a las personas (en una rueda de prensa le llamó a una periodista "gordita horrorosa" por hacerle una pregunta incómoda), perseguir periodistas y acosar a los medios de comunicación, como sucedió con Carlos Vera, con Emilio Palacio, con Fernando Villavicencio, con el caricaturista Xavier Bonilla, o con Juan Carlos Calderón y Christian Zurita, autores del libro *El gran hermano*, por solo mencionar a unas pocas de las víctimas de su cólera incontenible.

Correa es alguien capaz de afirmar que el presidente es el jefe de todos los poderes y tiene una autoridad absoluta sobre la legislación y los tribunales, olvidando la esencia de la República, actitud que lo lleva a intentar destruir a Jaime Nebot, el popular y eficaz alcalde de Guayaquil, aunque este haya hecho una labor espléndida, al frente de la ciudad (o tal vez por eso mismo) y los ciudadanos voten abrumadoramente por él una y otra vez.

Correa es alguien que no cree en el libre comercio internacional, ni en el mercado, sino solo en sus sabias decisiones, muchas de ellas encaminadas a reclutar clientes políticos mediante dádivas que encajan en la definición del más perjudicial populismo, lo que explica las relativamente escasas inversiones extranjeras que hay en el país.

Es alguien que padece una aguda confusión moral que lo lleva a aplaudir teocracias islámicas como la iraní, o dictaduras estalinistas como la cubana, o a sentirse más cerca de las narcoguerrillas de las Farc que del gobierno democrático de Colombia.

Este personaje, sin embargo, favorecido por el precio del petróleo, en general, ha acertado en la creación de infraestructuras viales para mejorar la conexión entre ciudades y facilitar los intercambios comerciales. Y, en los siete años que, por ahora, ha ejercido la presidencia, Ecuador ha realizado grandes avances en ese sentido, y son muchos los empresarios que se sienten económicamente estimulados por el ambiente que se respira en el país. Es frecuente escuchar la expresión "nunca se ha ganado tanto dinero en Ecuador".

También el gobierno ha realizado un notable esfuerzo para tratar de mejorar la pésima educación pública del país, confirmada en todas las pruebas objetivas nacionales e internacionales, lo que lo ha llevado a Correa a enfrentarse a los sindicatos de maestros, empeñados en que no se evalúen sus conocimientos.

Dentro de ese esquema, es loable que, basado en su propia experiencia, Correa haya impulsado un sistema de becas y préstamos preferenciales para estudiantes excepcionales que desean formarse en el extranjero. La mayor parte acude a universidades norteamericanas, situadas entre las mejores del mundo.

Pese al discurso indigenista, al que no renuncia, ha sido conveniente que Correa abandonara algunas de las supersticiones ideológicas de la izquierda que subordinaban el interés nacional al supuesto interés de las comunidades indígenas, como si la etnia confiriera unos derechos especiales, planteamiento absolutamente contrario a la esencia republicana que establece que todas las personas son iguales ante la ley.

Es este cambio el que explica el enfrentamiento de Correa con varios grupos ecologistas que se oponen a su decisión de explotar los yacimientos del Parque Nacional Yasuní, basados en la presunción de que esa iniciativa pone en peligro la vida y la cultura de pueblos amazónicos que se mantienen al margen de la civilización moderna. Probablemente Correa no lo hace por entender que le conviene al interés común explotar esas riquezas, sino por la crónica falta de recursos que padece su gobierno como consecuencia de las obligaciones que le ha impuesto al Estado, pero fue un acierto no sucumbir a las exigencias de los ecologistas.

En definitiva, ¿en qué parará este gobierno de luces y sombras? Todo dependerá del precio del petróleo. Si este cae por debajo de los 40 dólares, Correa se las verá negras. Por ahora no ha podido hacer más daño en el terreno económico porque la dolarización impuesta por el gobierno de Mahuad (a la que Correa se opuso tajantemente, pero que no puede deshacer) ha servido como un muro de contención a la inflación y hasta cierto punto ha limitado la tentación del endeudamiento.

No obstante, Correa ha duplicado el gasto público, llevándolo a unos niveles intolerables cercanos al 50% del PIB, agregando a decenas de miles de empleados a las nóminas oficiales, lo que augura un grave problema de solvencia si disminuyen súbitamente los ingresos del Estado. El problema de Correa no es que sea comunista, que no lo es. Es que se trata de una personalidad pugnaz, incapaz de buscar consensos, autoritaria y caprichosa, penosamente intolerable y absolutamente incosteable.

(José) Daniel Ortega Saavedra o el neosomocista

Daniel Ortega Saavedra nació en Nicaragua en 1945 en un hogar de clase media baja. Fue el mayor de seis hermanos. Dos murieron de corta edad. Quedaron Daniel, Humberto, Germania y Camilo. Germania no tuvo figuración política y murió de cáncer hace unos años. Eran pobres, pero no tanto. Su padre, Daniel Ortega Cerda, fue un laborioso tenedor de libros. Todos estudiaron en escuelas privadas religiosas. Eran, eso sí, rabiosamente antisomocistas, aunque un medio hermano del padre, Alfonso Ortega Urbina, llegó a ser ministro de Somoza Debayle.

Como es usual en América Latina, Daniel, en 1960, comenzó a militar en la lucha política en plena adolescencia, a sus 14 años. En 1963, ya siendo universitario, conoció a Carlos Fonseca Amador y a Tomás Borge, fundadores del Frente Sandinista de Liberación Nacional. La repercusión de la revolución cubana —la lucha contra Batista, la constatación de que un grupo irregular de guerrilleros podía derrotar a un ejército— golpeaba a toda América Latina, pero era especialmente enérgico en Nicaragua, donde era patente la fatiga generada por la larga dictadura de la familia Somoza.

Por aquellos años, Ortega publicó periodiquitos antisomocistas y comenzó a prepararse para la lucha armada. A sus

20 años, en 1965, fue hecho Comandante y elevado a miembro de la Dirección Nacional del FSLN. Dos años más tarde, en 1967, fue apresado durante el asalto a un banco. Lo maltrataron severamente y lo condenaron a una larga sentencia. Las cárceles somocistas eran muy rigurosas. Continuaron las palizas. Entre rejas, como tantos presos, comenzó a escribir y recibir poesías. Parece que las penas eran más intensas que su talento. Rosario Murillo, que entonces tenía otro esposo, le mandó algunos poemas. Era un gesto de solidaridad. En su momento se convertiría en otra cosa.

La noche del 27 de diciembre de 1974 comenzó a cambiar la vida y la suerte de Daniel Ortega. En esa fecha, un comando sandinista formado por una docena de personas penetra a tiros en la casa de José María (Chema) Castillo, ministro del Gabinete de Tacho Somoza, en la ciudad de Managua. Es una de las grandes mansiones del país. En ese momento daban una fiesta elegante en la que había embajadores extranjeros y figuras importantes del régimen.

El propósito era secuestrar a anfitriones e invitados y solicitar a cambio la libertad de algunos presos políticos, cinco millones de dólares, un alza en los salarios de los soldados y otras medidas demagógicas encaminadas a despertar simpatías. Durante el secuestro, matan a Castillo. Le toca al embajador nicaragüense en Washington, Guillermo Sevilla Sacasa, pariente de Somoza, uno de los secuestrados, ponerse al habla con el presidente. Le implora que negocie. Somoza se aviene, pero limita la extorsión a un millón de dólares (cinco mil se pierden en el trayecto).

La Iglesia media entre gobierno y oposición y los subversivos logran su propósito. Daniel Ortega y otros presos son trasladados a Cuba en avión. Mágicamente, durmió en una celda en Managua y despertó en La Habana. El gobierno cubano es el gran aliado y la fuente de inspiración. Fidel Castro es el padrino. Les aconseja en tono firme que sigan el ejemplo de la revolución cubana. La oposición debe unirse y crear un gran frente con diversas fuerzas. Ya habrá tiempo de controlar el gobierno.

Un año después, en 1975, Daniel Ortega regresa clandestinamente a Nicaragua. El Frente Sandinista se ha dividido en tres tendencias. Los hermanos Ortega se unen al Tercerismo. Es la más flexible. Humberto muestra un talento especial para las operaciones militares. Daniel es más hábil en las manipulaciones políticas. Camilo, el más pequeño, un joven muy valiente, moriría en un enfrentamiento con la policía en 1978.

Ortega, puestos a definirlo, es un político de la Guerra Fría moldeado por el ejemplo de la revolución cubana. Su adolescencia y juventud transcurrieron al son que tocaba Fidel Castro desde La Habana. Cuba era el ejemplo y era, además, la fuente de adiestramiento para los antisomocistas. Anastasio (Tachito) Somoza y Fidel Castro, además, eran enemigos personales. De Nicaragua había salido en 1961 la invasión de exiliados anticastristas contra la dictadura comunista recién entronizada y en Cuba, desde muy temprano, se planeaba el derrocamiento del militar nicaragüense. Los dos dictadores se odiaban mutuamente.

Tanto dio el cántaro a la fuente, hasta que en el verano de 1979 los nicas antisomocistas, aliados a los cubanos de Fidel Castro, con el auxilio del gobierno venezolano de Carlos Andrés Pérez, y del costarricense Rodrigo Carazo, ante la mirada impotente de un Jimmy Carter al que todo le salía mal, lograron derribar a Somoza y liquidar a la Guardia Nacional. Las tropas sandinistas entraron triunfalmente en Managua. Era un caluroso día de julio de 1979.

Para Fidel Castro era su primer triunfo militar en América Latina, donde había perdido todas sus apuestas subversivas, como atestiguaba la fallida aventura del Che en Bolivia. Eventualmente, sin embargo, fue una victoria costosa, pues contribuyó al éxito de un Ronald Reagan que se presentó a los norteamericanos como una alternativa a los fracasos de los demócratas ante la ofensiva castro-soviética, pero en ese momento parecía que la revolución cubana había triunfado en toda la línea.

Es lógico que Daniel Ortega, entonces un hombre joven de escasa densidad intelectual y sin la menor vocación democrática, pensara que su función debía ser imitar el modelo cubano. Lo revolucionario era eso. Liquidar a la *burguesía*, terminar con la propiedad privada e instaurar una dictadura colectivista profundamente antinorteamericana y antioccidental. Era su etapa marxista-leninista, aunque nunca dedicara cinco minutos a leer las obras de los clásicos de la familia política en la que se había insertado. Prefería otros libros.

La primera mitad de los años ochenta, Daniel los dedicó a desprenderse de los sectores antisomocistas democráticos presentes en el primer equipo. Fue el breve periodo del gobierno de la Junta de Reconstrucción Nacional, en la que Daniel era el Coordinador. Gentes como Alfonso Robelo, Violeta Chamorro o, posteriormente, Arturo Cruz (padre) muy pronto pasaron a la oposición o al exilio. Ellos eran socialdemócratas o liberales (en el buen sentido de la palabra), no comunistas. El Frente Sandinista de Liberación Nacional, en cambio, era comunista. Daniel Ortega lo era.

Con Reagan en la Casa Blanca, comenzó la oposición armada contra el sandinismo. El gobierno norteamericano veía a Daniel Ortega como un peón de Cuba y de la URSS. El propósito era derrocarlo con la ayuda de algunas personas que habían sido clave en la lucha contra Somoza. Las figuras principales eran Alfonso Robelo, Edén Pastora (el vistoso Comandante Cero) y Adolfo Calero.

Comenzaba la *Contra*, los *freedom fighters,* un grupo guerrillero alimentado por Estados Unidos, en el que se mezclaban exguardias somocistas con exsandinistas y representantes de los partidos políticos tradicionales, como Pedro Joaquín Chamorro, periodista e hijo del director de *La Prensa* asesinado poco antes del fin del somocismo, quien se radica en el exilio desde donde hace contundentes denuncias que estremecen a la prensa continental.

A fines de 1984 Daniel Ortega fue elegido presidente por primera vez. Llevaba como vice al escritor Sergio Ramírez. El gobierno aceleró los controles económicos y las estatizaciones. Estas medidas precipitaron el desastre económico. La inflación y el desabastecimiento eran rampantes. Aumentó la pobreza. Cientos de miles de campesinos huyeron hacia Costa Rica. Otros millares se refugiaron en Estados Unidos. Washington, con la oposición de medio Congreso, apoyaba a la *Contra*. La URSS suministraba petróleo, armas y ayuda de todo tipo a los sandinistas. La guerra civil arreciaba. El legendario luchador panameño Hugo Spadafora, exguerrillero contra Somoza, se unía a la resistencia contra Daniel Ortega junto a su amigo Edén Pastora. Desde esa perspectiva, no era la derecha contra la izquierda. Era la democracia contra la tiranía. Las minorías indígenas situadas en el territorio de la costa atlántica se ven involucradas en el conflicto y son víctimas de genocidio por parte de las fuerzas sandinistas. Se producen verdaderas masacres que quedarán impunes.

Mijail Gorbachov se convierte en Primer Ministro de la URSS. Quiere ponerle fin a la Guerra Fría. La competencia con Estados

Unidos está desangrando a su país. Desea democratizar el comunismo para hacerlo más eficaz. Es un ruso y en ese momento una de las consignas más repetidas en Moscú es que "hay que librar a Rusia del peso de la URSS". Las conquistas políticas soviéticas en el Tercer Mundo lastran la economía. Cuba, Angola, Etiopía, Nicaragua cuestan mucho dinero. Se cuelgan del presupuesto de la URSS como un ancla pesada. Lo mismo sucede con los satélites europeos. Nicaragua es un buen punto para comenzar a reducir gastos y fricciones. Hay un momento en el que el 90 % de los recursos nicaragüenses provienen de la URSS. Le notifican a Daniel Ortega que esa dependencia debe llegar a su fin.

Daniel Ortega comprende que hay que buscar un desenlace electoral que liquide la guerra, pero le permita conservar el poder. Está convencido de que la mayoría lo apoya. El entonces presidente de Costa Rica, Oscar Arias, comienza a forjar la paz con la ayuda de otros gobernantes centroamericanos. Como buen tico, cree en la no violencia y en las elecciones. En privado, no tiene dudas de que Ortega sería pasado por las urnas. (Se lo afirmó a uno de los redactores de este libro). A Estados Unidos no le hace mucha gracia la iniciativa de Arias, pero este insiste y hasta se gana el Premio Nobel por su gestión pacificadora.

Se convocan las elecciones para febrero de 1990. La oposición logra unirse tras la candidatura de Violeta Chamorro, la viuda de Pedro Joaquín. Es una mujer buena y maternal que refleja en su propia familia el drama nacional. Proyecta la mejor imagen que puede exhibir el magullado país. Tiene cuatro hijos. Dos son sandinistas y dos antisandinistas. Ella posee el talento de lograr que no se rompan las relaciones entre ellos. Es la dulce matriarca que necesita Nicaragua. Durante su mandato, pese a la oposición sandinista, violenta y bullanguera, utilizará ese talento balsámico en beneficio de toda la sociedad.

Su victoria contradijo la mayor parte de las encuestas. Casi todos pensaban que ganaría Ortega. Washington, Madrid y el propio Ortega creían que el sandinismo triunfaría. Pero Doña Violeta ganó por un margen enorme. Ortega obtuvo el 40% de los votos. Chamorro el 54. Fue una agradable sorpresa democrática que provocó llantos y crujir de dientes en las filas de los sandinistas. Nicaragua estaba destruida social, económica y físicamente. Violeta llamó a su yerno Antonio Lacayo, empresario y economista, para que recogiera los escombros y pusiera en marcha al país nuevamente. Fue su superministro y lo hizo muy bien. Comenzó por frenar la inflación y estabilizar la moneda. Esos eran los cimientos. Toda una proeza.

En el albur de arranque Daniel Ortega y la cúpula sandinista se repartieron las propiedades confiscadas, como los piratas tras la ocupación de una ciudad. Era "la Piñata", es decir, el saqueo. Resentido por la derrota, se propuso cogobernar desde la calle. Era su derecho al pataleo. Para él, "defender las conquistas de la revolución" (vaya usted a saber cuáles eran) consistía en que sus partidarios tiraran piedras. Su hermano Humberto, tras explicar que si lo excluían del mando podía desatarse una degollina, siguió al frente de las Fuerzas Armadas, pero con el compromiso de despolitizarlas. Violeta le creyó. Poco a poco, Humberto cumplió su palabra. Cuando abandonó la política se dedicó a escribir.

En 1996 Ortega fue derrotado por Arnoldo Alemán, un abogado liberal que había sido alcalde de Managua. Nuevamente, la diferencia de votos fue más o menos la misma que le había dado la victoria a Doña Violeta: un 14%. Alemán obtuvo el 51% de los votos y Ortega un 37%. Ese era su techo. Para triunfar en primera vuelta la ley exigía ganar, al menos con el 45% de los votos. En segunda, el sandinismo siempre perdería porque el antisandinismo se uniría para hacerle frente.

Pero el golpe más fuerte le llegaría a Ortega en 1998. Su hijastra, Zoilamérica Narváez, lo acusó públicamente de haberla molestado y violado sexualmente desde que tenía once años. En medio de una larga denuncia, afirmó lo siguiente:

> Daniel Ortega Saavedra me violó en el año de 1982. No recuerdo con exactitud el día, pero sí los hechos. Fue en mi cuarto, tirada en la alfombra por él mismo, donde no solamente me manoseó sino que con agresividad y bruscos movimientos me dañó, sentí mucho dolor y un frío intenso. Lloré y sentí nauseas... Me trató peor que a una mujer que vende su cuerpo. Siempre se refirió a mí ordenándome sobre cómo ubicarme para su mayor satisfacción, me insultaba con palabras vulgares y morbosas. Siempre ordenó y no tuve valor ni fuerza necesaria para resistirme...

Ortega consigue salirse de esta terrible acusación acogiéndose a cuestiones formales. Alegó que el delito había prescrito. Hizo valer su condición de diputado para no ser juzgado. La inmunidad parlamentaria servía para cualquier cosa. Su mujer, Rosario Murillo, lo respaldó y acusó a su hija de mentirosa. Pero lo peor fue la complicidad de los otros partidos políticos. Ninguno quiso viabilizar una acusación formal ante los tribunales. Finalmente, Ortega logró que una juez sandinista sobreseyera la causa. Nunca se haría justicia. Prácticamente todos le habían fallado a la joven mujer. Primero la violó el padre. Luego la violó toda la clase política.

La otra gran desvergüenza se llevó a cabo en el año 2000. Fue el año en que Arnoldo Alemán y Daniel Ortega pactaron y se sancionó una reforma constitucional que les beneficiaba personalmente. Alemán, como presidente saliente, permanecería en el Congreso como diputado. Quería controlarlo. Ortega también, como segundo candidato más votado, quedaba en la cámara. Ambos procuraban el amparo de la inmunidad parlamentaria y, además, poder manejar de cerca a sus volátiles huestes legislativas. Ortega quería protegerse de las acusaciones de incesto, estupro y violación. Alemán, de las de corrupción a gran escala.

Para mayor garantía de impunidad se repartieron las instancias del poder judicial. Habría jueces sandinistas y jueces liberales. En realidad, ya los había. Todas las instituciones estaban percudidas por la militancia política y por los salarios y privilegios que percibían sus titulares. Lo que no habría sería justicia neutra e imparcial, como exige una república que se respete. Como parte de la negociación, se redujo sustancialmente el mínimo electoral que necesitaba un candidato para ganar en primera vuelta. Esto le permitiría a Daniel volver al poder, pero todavía tenía que experimentar una tercera derrota.

Esa se la propinó Don Enrique Bolaños, ingeniero y honrado empresario que había sido vicepresidente de Arnoldo Alemán, pero, tal vez por eso, detestaba tanto a su exjefe como al propio Daniel Ortega. Bolaños volvió a derrotar a Ortega por los mismos 14 puntos: 56 a 42. Parecía que la carrera política del líder sandinista había llegado a su fin. Tres palizas electorales consecutivas eran demasiadas.

No fue así. Sucedió que Don Enrique se empeñó en meter en la cárcel a Alemán por peculado, y este, desde la prisión, pactó con Ortega, quien resultó ser un gran operador político. Por una punta, Ortega tenía en sus manos la libertad de Alemán, y, por la otra, la capacidad de gobernar de Bolaños, quien había roto con el Partido Liberal Constitucionalista, el de Alemán, que lo había llevado al poder. Ambos, de alguna forma, eran sus rehenes. Sergio Ramírez, que se había apartado del sandinismo y comandaba un partido de corte socialdemócrata, llegó a escribir que Ortega y Alemán eran "dos caudillos que manipulan las instituciones al propio gusto y según las necesidades de ambos". No le faltaba razón.

La oportunidad de Ortega llegó, finalmente, en las elecciones de noviembre de 2006. Había cambiado mucho, al menos en apariencia. Hablaba de Dios y se acercó a la Iglesia. Se presentó como un discípulo de Gandhi, no del Che Guevara. Hizo una campaña bajo el signo de la *New age*. Pero lo que le dio la victoria fue la división de los liberales. El economista liberal Eduardo Montealegre obtuvo el 29% de los votos. El otro liberal, José Rizo Castellón, abogado, exvicepresidente de Bolaños, lugarteniente de Alemán, pero honrado, un 26%. Entre ambos sumaban un 55% de los electores. Ortega los derrotó con solo un 38%. Paradójicamente, nunca antes tantos nicas habían votado contra Ortega, especialmente si agregamos el 6% que prefirió a Edmundo Jarquín, un brillante desprendimiento democrático del sandinismo. Ortega, gracias a su capacidad de maniobra, volvería a la presidencia contra el criterio del 61% de sus compatriotas.

Una vez en la casa de gobierno, comenzado el 2007, mostró que, en efecto, había cambiado, o, por lo menos, había entendido lo que era conveniente para realizar su principal tarea en la vida: conquistar el poder y mantenerlo en sus manos a cualquier costo. Reiteró su discurso revolucionario, pero solo como un ejercicio retórico. Optó por el mercado. Esta vez pactó con los empresarios. No confiscó sus medios de producción. Los dejaría enriquecerse mientras no se le opusieran. Pactó con Estados Unidos y no renunció al Tratado de Libre Comercio. Pactó con

Chávez y le rindió pleitesía para tener acceso al petróleo y a los petrodólares con los cuales enriquecerse y poder cultivar a su clientela política. Pactó con Gadafi, de quien siempre fue el albacea en América Latina, pero sin inmolarse en su defensa. En lugar de cerrar y hostigar a los medios de comunicación, los compró, dejando algunos focos de libertad de expresión, como *La Prensa*, que continúa dando la batalla de la democracia y la libertad casi en solitario, acompañada por algunas estaciones de radio y otras publicaciones menores.

Teóricamente, debió de ser su último mandato. La Constitución lo decía muy claramente. Pero precisamente para eso el Poder Judicial estaba al servicio del gobierno, así que la Corte estimó que Ortega podía continuar aspirando a la presidencia, de manera que en noviembre del 2011, tras unas elecciones caracterizadas por el ventajismo, Ortega invirtió los resultados electorales de los tres comicios anteriores. Oficialmente obtuvo el 61% de los votos, mientras la oposición, toda junta, sumaba un 37%. Independientemente de las manipulaciones y los fraudes, no había duda de que el clientelismo había rendido sus frutos. Regalar planchas de zinc o animales de cría en un país inmensamente pobre generaba votos. El populismo no soluciona los problemas reales de la sociedad, pero los alivia y contribuye a ganar elecciones. Esto se sabe desde hace siglos.

Si la política es la ciencia de lo posible, el oportunismo es la ciencia de lo conveniente. Ortega es un maestro del oportunismo. ¿Quién es hoy, realmente, este personaje? Un hombre muy rico, decidido a perpetuarse en el poder, que mantiene un feroz lenguaje de izquierda (afortunadamente) divorciado de su forma de gobierno. Una especie de Somoza disfrazado de socialista del siglo XXI. O al revés. Vaya usted a saber.

EVO MORALES, DE COCALERO A LA CASA DE GOBIERNO

Juan Evo Morales Aima nació en 1959 en el seno de una humilde familia de origen aimara, pero culturalmente mestiza, como son la mayor parte de los bolivianos. Muerto Chávez, es el más pintoresco de los miembros de la sagrada familia, aunque probablemente Nicolás Maduro provoca más chanzas por sus devaneos metafísicos.

Según cuenta Morales, vivían en una casita de adobe y techo de paja, en la pobreza total. Cuatro de sus siete hermanos murieron pequeños, presumiblemente de enfermedades. Trabajaban la tierra y pastoreaban un rebaño de llamas. Lamentablemente, no tuvo una buena escolaridad. Eso se advierte con solo escucharlo unos minutos. Es una persona notablemente ignorante, capaz de afirmar disparates como que su país fue víctima del imperio romano o que los europeos son calvos porque comen pollo. Sería cómico si no se tratara de todo un presidente que debe tomar decisiones importantes.

En la época de su nacimiento el país vivía una intensa revolución política y social impulsada desde 1952 por Víctor Paz Estenssoro, líder del Movimiento Nacionalista Revolucionario (MNR), un abogado empeñado en ponerle fin al atraso en que estaba Bolivia y a incorporar a las poblaciones indígenas a la vida pública. A los pocos meses de tomar el poder, Paz Estenssoro ya había dictado una profunda reforma agraria, había estatizado las minas de estaño, les había concedido el voto a todos los adultos, incluidos los analfabetos, y había promulgado una ley educativa para llevar las aulas a los más pobres del país. Para Paz Estenssoro era obvio que la sociedad no podía permanecer escindida entre la inmensa mayoría de mestizos y las grandes minorías de indígenas, especialmente quechuas y aimaras.

Conviene recalcar lo anterior, porque el relato político de Evo Morales suele omitir esta realidad, como si la preocupación por la suerte de los indígenas hubiera comenzado con su llegada al poder. No obstante, hay una diferencia sustancial entre la propuesta del MNR y la que luego hizo Morales. El MNR realizó un enorme esfuerzo por integrar a las poblaciones indígenas en un Estado común basado en los planteamientos republicanos: una Constitución y una ley que amparara a todos los bolivianos dentro de las mismas instituciones. Su objetivo, y el de su partido, era integrar la notable variedad del país en una misma entidad moderna y adaptada a los cánones del desarrollo occidental. Evo Morales, en cambio, creó una nueva Constitución para consagrar el Estado Plurinacional de Bolivia, fragmentando al país en las distintas etnias, subrayando las diferencias.

La vida pública y privada de Evo Morales se ha trenzado en torno a la coca. De niño se acostumbró consumir la coca que su madre le preparaba, ya fuera en cocimiento o mascando directamente las hojas, práctica milenaria propia de las comunidades de origen precolombino de aquellos parajes. De adulto, se convirtió en un sindicalista que representaba a los productores de esta planta. Desde 1985 era secretario general de un sindicato de cocaleros. Ese fue el pedestal que le dio notoriedad nacional y desde el cual se construyó un destino político.

Los decenios de 1980 y 1990 estuvieron marcados por la lucha del gobierno central de La Paz para erradicar o limitar la producción de coca. Estados Unidos presionaba a todos los países andinos en esa dirección. Washington creaba algunos incentivos para que los agricultores cambiaran de cultivo, pero no eran suficientes. Resulta obvio que existe una diferencia entre la coca y la cocaína, pero como ambos productos procedían de la misma hoja, era difícil establecer cuándo el vegetal terminaba en un inofensivo cocimiento, o cuándo, procesado y convertido en polvo, iba a parar a la nariz (y al cerebro) de los consumidores.

Morales advierte que el sindicalismo le da notoriedad, pero lo que confiere poder es la política y las instituciones de la República, así que fusiona la Confederación de Trabajadores del Trópico Cochabambino con el Movimiento al Socialismo (MAS) y poco después es elegido diputado al Parlamento. En 2002 intenta por primera vez ganar la presidencia por la vía electoral y obtiene casi el 21 % de los votos. En esas elecciones gana Gonzalo Sánchez de Lozada, quien ya había sido presidente (1993-1997), líder en ese momento del MNR. Sánchez de Lozada le gana por un estrecho margen. Lleva como vicepresidente al periodista e historiador Carlos Mesa, lo que acabará por ser un grave error. Este segundo gobierno será muy débil y necesitará aliarse con otras fuerzas políticas que, llegado el momento de la crisis, le retirarán su apoyo.

Al año siguiente, en septiembre de 2003, comienzan unos enfrentamientos entre los grupos radicales y las fuerzas de orden público, aparentemente por un tema económico y patriótico: las posibles exportaciones de gas boliviano a través de un puerto chileno. Los manifestantes, que interrumpen caminos y cercan ciudades, invocan pretextos nacionalistas y ambientalistas. En realidad, se trata de desórdenes creados para deslegitimar al gobierno y debilitarlo en medio de riñas callejeras que van escalando en ferocidad. A lo largo de varias semanas, mueren 64 personas y 228 son heridas. Varios de los muertos y heridos pertenecen a la policía, pero la imagen que se proyecta es la del pueblo desvalido que lucha por sus derechos. No es cierto: el pueblo desvalido lo que quiere es paz y tranquilidad. Detrás de esas manifestaciones está la hábil mano de Evo Morales, quien resulta apresado.

En octubre, Gonzalo Sánchez de Lozada, acusado de genocidio (lo que era absurdo) decide renunciar y escapar del país
rumbo a Estados Unidos para contribuir a ponerle fin a la crisis.
Su vicepresidente, Carlos Mesa, asume la presidencia y emite un
Decreto Supremo que le concede la amnistía a los miembros de
los movimientos sociales que han causado los disturbios y a las
fuerzas armadas. Posteriormente, enmienda el decreto para que
solo proteja a quienes subvirtieron la ley, no a los que la habían
defendido. Sánchez de Lozada y su ministro de Defensa, Carlos
Sánchez Berzaín, también exiliado, viven convencidos de que
Mesa actuó de esa manera para excluirlos de la vida pública.

Evo Morales sale de la cárcel convertido en la gran figura
política nacional. Provisionalmente, le dio el apoyo a Carlos
Mesa, el nuevo presidente, pero solo para asediarlo luego con
nuevas manifestaciones callejeras. El propósito de los desórdenes no era defender los intereses de la patria, sino allanarle
el camino del poder a Evo Morales. En junio de 2005, Mesa
renunciaría con carácter irrevocable y sería provisionalmente
reemplazado por el presidente de la Corte Suprema de Justicia,
Eduardo Rodríguez Veltzé. Eventualmente, ambos serían ame-
nazados con graves pleitos penales incoados en los tribunales
bolivianos.

Finalmente, en diciembre de 2005, Morales gana la presidencia con el 53% de los votos. Su principal oponente, el expresidente Jorge (*Tuto*) Quiroga, obtiene menos del 30%. Morales
lleva como vicepresidente a un joven marxista llamado Álvaro
García Linera, ex preso político, universitario, que procede de
la lucha guerrillera. Había sido miembro de la organización
armada Tupak Katari, así llamada en homenaje a un indio que
se había alzado contra el poder colonial español. Evo Morales
pondría la fuerza electoral y la imagen mediática. García Linera

aportaría la base teórica para adaptarse a las líneas maestras del Socialismo del Siglo XXI.

Una vez instalado en la casa de gobierno, Evo Morales comenzó su andadura para desmontar el andamiaje republicano. Se propuso hacer una nueva Constitución a la medida de sus planes, lo que logró vulnerando la ley, presionando adversarios (amenazándolos con iniciarles juicios penales) y saltándose el derecho de los opositores. Al fin y al cabo, para Evo Morales el cumplimiento de las reglas no era la esencia del comportamiento que se esperaba de los servidores públicos, sino una simple formalidad que podía alterarse a su antojo.

Estas dos citas textuales de Morales lo demuestran:

> Por encima de la ley es (sic) lo político (...) cuando algún jurista me dice: Evo, te estás equivocando jurídicamente, eso que estás haciendo es ilegal, bueno, yo le meto por más que sea ilegal. Después les digo a los abogados: si es ilegal, legalicen ustedes. ¿Para qué han estudiado?

> Estar sometidos a las leyes es perjudicarnos. Aunque nos digan que es (sic) inconstitucional nuestros decretos, nuestros hechos, no importa (...). No hay que esperar las leyes, hay que seguir trabajando con decisiones políticas, y si nos demandan de (sic) de inconstitucionalidad nuestros Decretos Supremos, será el pueblo quien juzgue.

¿Qué ha hecho Evo Morales durante su presidencia, dentro del Socialismo del Siglo XXI?

En primer lugar, estatizar y reestatizar. Lo hizo, entre otras empresas, con las minas de estaño de Huanuni; con la empresa de Aguas Illimany, bien manejada hasta entonces por los franceses; con el Complejo Metalúrgico Vinto; con Entel, una compañía telefónica de capital italiano; con la Compañía Logística de Hidrocarburos Boliviana, propiedad de alemanes y peruanos y con otros veinte grandes consorcios dedicados al cemento, la minería, las comunicaciones y la energía.

En segundo lugar, reprimir. La cifra de muertos por acciones atribuibles al gobierno desde 2006 asciende a 103 víctimas. Muchas más de las que le imputaron a Gonzalo Sánchez de Lozada para pedir su dimisión. El Alto Comisionado de las Naciones Unidas para los Refugiados (ACNUR) reconocía en 2013 la existencia de 774 refugiados políticos bolivianos, sin incluir 119 asilados. Estas personas han encontrado amparo en Paraguay, Brasil, España, Noruega, Estados Unidos y Colombia. Hay casi 100 presos calificados como políticos, muchos de ellos encarcelados durante años sin juicio, lo que vulnera las propias leyes promulgadas por el gobierno, aunque ya sabemos lo que Evo Morales piensa de las normas jurídicas.

¿En qué parará el experimento socialista de Evo Morales y Álvaro García Linera? Como sucede en los casos de Venezuela y Ecuador, en gran medida dependerá de los precios de la energía. Hasta ahora, el alto costo del gas que se exporta le ha permitido a Bolivia disponer de los ingresos fiscales más elevados de la historia, pero un brusco declive de los precios puede poner en crisis las redes clientelistas del gobierno. Un ensayo general de lo que significaría la ausencia de subsidios ya se vio a principios de 2011, cuando Morales trató de aumentar el precio del combustible y el pueblo se lanzó a protestar a las calles. Comprobó que los aplausos que recibe están relacionados con las dádivas que otorga. Los populistas llevan la penitencia en el pecado. Evo tuvo que anular el decreto. Un día alguien anulará su presidencia. Es lo que suele ocurrir en las sociedades en las que no se respetan las instituciones. Es solo cuestión de tiempo.

LA DÉCADA K

No es frecuente —ni siquiera en América Latina, tan dada al abuso de lo epónimo— que una pareja gobernante confiera a un determinado periodo histórico la primera letra de su apellido marital. Pero eso es exactamente lo que el difunto Néstor Kirchner y Cristina Fernández de Kirchner han logrado: que una década de la vida de su país lleve como sello la undécima letra del alfabeto. Hay un "gobierno K", una "economía K", hasta una forma de hablar y comportarse "K". Basta invocar, en cualquier parte de Argentina, esa letra para que todo el mundo sepa no solo de quiénes sino, lo que es más elocuente, de *qué* se está hablando.

No es un logro menor. Ni siquiera la figura política que más marcó al país a lo largo del siglo XX, Juan Domingo Perón, pudo convertirse en una letra que lo dice todo. Que los Kirchner hayan conseguido apropiarse de la letra K, proeza que no había logrado nadie desde el protagonista de *El proceso*, da una idea de lo desmesurado y traumático que ha sido el impacto del tándem que empezó siendo el de Néstor-Cristina y derivó en el de Cristina-Néstor. Es pronto para saber si "K" es un símbolo político que dirá algo a las futuras generaciones o un efecto pasajero que morirá con ese gobierno, al que le queda poco tiempo. Pero lo que no admite duda es que las consecuencias del kirchnerismo tendrán muy larga duración, tal es el desastre institucional, moral y, ahora, económico que ha significado su paso por el poder.

Quién diría que todo se debió a una casualidad. Si no fuera porque en 2003 el mandatario interino Ernesto Duhalde, en medio de una pavorosa crisis de gobernabilidad y ansioso por detener al expresidente Carlos Menem, inventó a último momento la candidatura de Néstor Kirchner, el oscuro gobernador de Santa Cruz, nadie hubiera oído hablar de Néstor y Cristina. Nadie, claro, que no tuviese algo que ver con el cacicazgo que la pareja había ejercido en su provincia patagónica. Kirchner obtuvo un modesto 22% ciento en las elecciones, suficiente para el pase a la segunda vuelta frente a Menem, que le sacó dos puntos de ventaja. El descrédito del expresidente garantizaba que Kirchner, apoyado por Duhalde, es decir por la maquinaria aplastante del peronismo en la decisiva provincia de Buenos Aires, ganaría el *ballotage*. Menem tiró la toalla para evitarse la humillación.

En poco tiempo, el títere Kirchner acabó con su titiritero, arrebatándole a Duhalde la maquinaria peronista. Se trataba de descabezar a la cúpula militar, de recibir a las Madres de la Plaza de Mayo, de anular las leyes de Punto Final y Obediencia Debida o de santificar a los piqueteros, ese nuevo fenómeno social que describía bien la palabra "patota" con su connotación de violencia callejera y presión antisistémica. El mensaje era claro: "Aquí mando yo".

No se entenderá por qué fue tan fácil para Kirchner instalar un modelo populista con rasgos autoritarios desde el inicio, si no se recuerda con precisión el desmadre que lo antecedió: esa secuencia inverosímil que empieza con la renuncia de Fernando de la Rúa al poder, continúa con la sucesión de presidentes interinos que duran un suspiro, y acaba cuando Duhalde, año y pico después de asumir el mando por votación del Congreso, entrega la banda al sucesor emanado de las urnas. Sin tener presente aquel caos incubado desde los tiempos de Menem, no se comprenderá bien por qué Kirchner pudo legitimar sus actos de gobierno dividiendo la historia reciente de su país en un antes y un después del "neoliberalismo".

Carlos Menem, un personaje improbable salido de la provincia pobre de la Rioja con patillas bolivarianas y pantalones de campana, sorprendió al mundo en el decenio de 1990 al sacarse de la chistera una serie de reformas audaces que no había mencionado en su campaña. Por desgracia, la inconsistencia de sus reformas neutralizó al cabo de un tiempo los muchos aciertos del principio; la corrupción y el populismo los desnaturalizaron a tal punto que los argentinos terminaron asociando al liberalismo con males que poco tenían que ver con este ideario. Una ironía mayor de la política argentina es que el "neoliberalismo" que luego sirvió de pretexto a Kirchner para hacer populismo fue, en muchos sentidos, una variante del populismo.

Menem arrancó bien. Acabó de la noche a la mañana con la hiperinflación al retirar del mercado el exceso de moneda nacional y establecer una paridad fija con el dólar, y además prohibió emitir pesos que no estuvieran respaldados por dólares. Cortó inicialmente el gasto fiscal, redujo el empleo público, privatizó cientos de empresas estatales y acabó con el control de precios y de cambio. Gracias al poder desmesurado que concentró en

un país de instituciones frágiles, usó típicos métodos peronistas para neutralizar a la principal organización sindical. El
resultado fue que en 1998 la economía había crecido un 50%
con respecto a 1990 y la renta por persona había aumentado
un 40%. En todo ese periodo la industria tuvo un rendimiento
notable, mientras que la agricultura se modernizó y tecnificó,
de un modo que años después, ya en el gobierno de Kirchner,
rendiría frutos. Pero entre 1998 y 2002 todo se arruinó por culpa
de las misteriosas contradicciones del menemismo, que borraba
con una mano lo que hacía con la otra: el gasto público, la deuda
soberana, la ausencia de flexibilidad laboral, los monopolios
protegidos por el gobierno, el manejo populista del poder y la
abundante corrupción condujeron a una crisis de espanto, que
acabó socavando la economía, la gobernabilidad y la confianza
en las instituciones.

Sería largo hacer todo el cuento. Basta mencionar lo básico.
Era un sinsentido mantener indefinidamente una paridad de
un peso por un dólar, cuando el gobierno seguía gastando mucho dinero, el país era menos competitivo que Estados Unidos
y la economía exportaba cada vez menos en comparación con
lo que se importaba. Una moneda atada a la gringa y una economía cada vez más populista eran compañeros de cama muy
mal avenidos. La convertibilidad se volvió una camisa de fuerza
que hizo perder capacidad de ajuste y adaptación a la economía.

El gobierno se endeudó hasta el cuello: la deuda externa se
multiplicó casi dos veces y media. La razón es que ya no había
inversiones que permitieran financiar la diferencia entre lo
que se importaba y lo que se exportaba. A finales de los años
noventa, con la crisis asiática y las señales peligrosas que emitía
la economía argentina, entre ellas un gasto público exorbitante
del gobierno federal y de las provincias, ya no llegaban tantas

divisas como antes, lo que llevaba al gobierno a pedir prestada mucha guita, como dicen por allá, irresponsablemente. Por entonces los escándalos de corrupción eran cosa de todos los días.

En 2001 —ya bajo el gobierno de Fernando de la Rúa— todo el esquema voló por los aires, incluida la confianza de los ciudadanos, que no querían prestar un centavo al gobierno y trataban de deshacerse de sus pesos o sacar su dinero del territorio. De la noche a la mañana, poco menos del 40% de los argentinos pasaron a ser pobres, una proporción impensable para ese país de clase media. De la Rúa, al que el peronismo había hecho la vida imposible desde la oposición, tuvo que renunciar a finales de 2001, huyendo en un helicóptero para que las masas enardecidas no lo caparan. Todo desembocó en un ópera bufa: tres presidentes interinos se sucedieron en cuestión de pocos días entre gritos de "que se vayan todos". Las calles se llenaron de "cartoneros" que escarbaban en la basura para subsistir, proliferaron los clubes de trueque y una multitud de argentinos se agolparon frente a los consulados de distintos países, principalmente España e Italia, desesperados por escapar del infierno.

Duhalde, elegido por el Congreso para pilotar la nave hasta las elecciones de 2003, puso al fin una pizca de orden y trató de amarrarlo todo, como dijimos antes, para colocar a un títere suyo en la Presidencia. Era su forma de cerrarle el paso a Menem, su archienemigo dentro del peronismo. Pero el Pingüino (así le decían a Kirchner, que lo parecía) le salió respondón. Cuando los Kirchner asumieron el mando, ya el país estaba en los inicios de la recuperación, en buena parte gracias al efecto "rebote" que suele darse cuando se toca fondo, a la suspensión de pagos, una de las mayores de la historia universal, y a la traumática devaluación del peso argentino, que abarató bruscamente los activos y el turismo. En el imaginario argentino se había instalado la idea de que había fracasado el "neoliberalismo" de los años noventa, culpable de haber reducido en una quinta parte la renta per cápita. El país se preparaba para recibir con los brazos abiertos una década populista financiada por el *boom* de materias primas más generoso de la historia moderna. Los K se habían sacado la lotería y se alistaban para gastársela en una farra milyunanochesca.

EL PINGÜINO MANDÓN... Y RICACHÓN

El populismo es, antes que un sistema económico, un sistema político. Es una forma de ejercer el poder y manejar las instituciones, del que forma parte esencial, por supuesto, el componente económico. Así como es indispensable conocer los antecedentes del kirchnerismo para comprender la década K, hace falta, para percibir la lógica del modelo económico que la pareja aplicó, entender que ese modelo está al servicio de un esquema de poder con vocación de crecer y durar.

Desde el comienzo, Kirchner firmó decretos de "necesidad y urgencia" a un ritmo superior al de Menem, para eludir los mecanismos parlamentarios y moldear el Estado a su antojo. Su partido estaba debilitado y dividido. Como recuerda Mauricio Rojas en su magnífico libro *Argentina, breve historia de un largo fracaso*, en 2003, el año en que subió al gobierno, Kirchner describió al peronismo como "un partido vaciado de contenido" que era más bien "una inmensa confederación de partidos provinciales con liderazgos territoriales muy definidos". Normalmente, un líder peronista ve su poder limitado por la compleja trama de facciones y factores de influencia dentro del justicialismo, que le impiden manejar las cosas de forma enteramente personalista. Pero la crisis había golpeado al partido en todas sus ramas, incluida la sindical, por lo que Kirchner tenía cancha libre para armar sus alianzas como le viniera en gana y neutralizar a sus rivales o potenciales competidores en el reparto de poder, sin dar cuentas ni hacer concesiones.

Por eso mismo le fue sumamente fácil arrebatarle a Duhalde la maquinaria peronista de la provincia de Buenos Aires, haciendo que los distintos intendentes y operadores cambiaran de lealtades. Para neutralizar al sindicalismo peronista, usó a los piqueteros, ese movimiento de matones que respondían a jefes locales y estaban dispuestos a movilizarse rápidamente para sembrar el pánico y el caos. La división de la CGT y la figura de Hugo Moyano —un exlíder de la facción de los camioneros que había montado tienda aparte— facilitaron a Kirchner la organización de una coalición social que marginó a grupos y líderes de base o sindicales que de otro modo hubieran tenido capacidad de presión sobre él. Adicionalmente, mediante un control arbitrario del dinero destinado a los gobiernos provinciales, se aseguró la lealtad de varios gobernadores que dependían de él y el sometimiento de algunos adversarios potenciales.

El populismo económico, que más adelante describiremos con algún detalle, desempeñaba una función esencial en todo esto, porque para aceitar la maquinaria de poder montada por Kirchner era indispensable sobornar a amplios segmentos del país con subvenciones y planes asistencialistas. La utilidad de estos dineros públicos era doble: servían para comprar mediante el mecanismo perverso del clientelismo el voto de capas sociales extensas y al mismo tiempo ponían en manos de toda clase de jefecillos locales, que eran el conducto de esas subvenciones, un control directo sobre parte significativa de la población para los fines que determinara la cadena de mando del gobierno.

Eso no era todo. Había que neutralizar o controlar también a los otros poderes públicos o privados potencialmente díscolos:

jueces, militares, empresarios y medios de comunicación. Kirchner cambió, por lo pronto, a los jueces de la Corte Suprema que había puesto Menem, inició de un proceso de penetración de la judicatura que luego tendría consecuencias traumáticas en muchos ámbitos. A los militares, que estaban de por sí venidos a menos desde el fiasco de Las Malvinas y el fin de la dictadura con su balance atroz de muertos y desaparecidos, los puso contra la pared anulando, con el voto de su bancada legislativa, las leyes de Punto Final y de Obediencia Debida promulgadas en los años ochenta y dejando luego sin efecto, a través de los jueces, los indultos otorgados por Menem a determinados oficiales. Con los empresarios, puso en práctica un sistema de alianzas cambiantes según el humor y la oportunidad, otorgando protección arancelaria, subvenciones, precios diferenciales y crédito barato a los favoritos del momento. Muchos de los empresarios que habían sido cercanos a él en su etapa de gobernador de Santa Cruz pasaron a ser beneficiarios de estos favores.

A los empresarios que no eran amigos o de quienes desconfiaba los presionó con métodos propios de la mafia, en muchos casos obligándolos a vender sus negocios a terceros, a menudo gente vinculada al gobierno, o al propio Estado. En tiempos de Cristina Kirchner, que sucedió a su esposo en 2007 de conformidad con el esquema diseñado por el tándem, ciertos ministros, especialmente el secretario de Comercio Exterior, se encargarían de llamar personalmente a algunos empresarios para aterrorizarlos y obligarlos a cumplir los dictados de la Casa Rosada.

A los medios de comunicación los Kirchner les aplicaron métodos no muy distintos de los que aplicaron a los empresarios. Después de todo, los medios pertenecen a empresas. El uso de la publicidad estatal, de las "exclusivas" y los vetos informativos se volvieron moneda común, así como el hecho de no comparecer ante la opinión pública durante periodos muy prolongados para dejar en claro que el mandón no rendía cuentas.

Un sistema así estaba pensado para concentrar poder, por supuesto, pero también para facilitar la corrupción, prima hermana del populismo. Sería demasiado laborioso compilar el catastro minucioso de todos los casos de corrupción ocurridos bajo el kirchnerismo (y probablemente lesivo para la salud mental de los lectores) pero algunos botones de muestra pueden dar una idea de lo acontecido en todos estos años. La ausencia de una frontera que separara los intereses públicos de los privados permitió que se cometieran abusos muy superiores a los que se habían dado en los años locos de Menem.

Entre los casos menos cuantiosos pero más emblemáticos porque dieron la vuelta al mundo están, por ejemplo, el "valijagate" de 2007, cuando un empresario venezolano-estadunidense llegó a Ezeiza con un maletín en el que transportaba 800 mil dólares en efectivo. Había volado en un *charter* contratado por funcionarios públicos argentinos, muy probablemente como parte del arreglo mediante el cual Hugo Chávez financió la campaña electoral de los Kirchner, que optaban, esta vez por vía de la esposa, a un segundo mandato consecutivo. Sabe Dios cuántos maletines como ese burlaron la vigilancia aduanera. Otro caso fue el de una exministra de Economía a la que se le encontró una bolsa con decenas de miles de dólares y pesos coquetamente escondida en el botiquín del baño de su oficina. Más sonado fue el del actual vicepresidente, Amado Boudou, a quien la exesposa de un empresario acusó abiertamente en 2012 de ser el testaferro de su exmarido.

Estos casos son pintorescos pero no dan una idea cabal del conjunto. Más representativo es el hecho de que cuatro secretarios de Kirchner incrementaran sus patrimonios a un ritmo que Warren Buffett envidiaría (dos de ellos 54 y 78 veces). No llama menos la atención que la propia pareja K haya multiplicado diez veces su patrimonio en pesos y mucho más en dólares a lo largo de una década, suponiendo que todo lo que tienen figure en sus declaraciones juradas y que hayan sido pulquérrimos en el cumplimiento de sus deberes tributarios. En 2003 declararon unos 7 millones de pesos (1,4 millones de dólares) y en 2011 declararon más de 89 millones de pesos (equivalentes a más de 18 millones de dólares). Para entonces ya poseían doce apartamentos, seis casas, seis terrenos, cuatro locales, acciones, acreencias y depósitos. La pareja K tiene un talento para la plusvalía que ya quisiera el rico McPato, la insigne creación del imperialismo hollywoodiense.

Uno de los muchos "pelotazos" —como dicen en España— que pegaron los K es la compra de 60.000 metros cuadrados de terrenos por el equivalente de 69 céntimos de euro y su venta, al año siguiente, a 50 euros el metro cuadrado, es decir a un precio 72 veces superior. Es así como financiaron su hotel en Calafate, la localidad de la Patagonia de donde salieron para gobernar el país (y dar más pelotazos que Leo Messi). Otros terrenos, que suman 129.000 metros cuadrados, fueron revendidos también en muy poco tiempo por entre 70 y 80 veces más de lo que les habían costado. Nadie podrá negar que los K son unos príncipes del *real estate*.

Como todos aquellos que presiden un sistema de enriquecimiento por la vía del poder político, los K se aseguraron de que muchos allegados también vieran prosperar su situación financiera a la velocidad del rayo. Distribuyeron entre sus amigos el negocio de las obras públicas, hicieron que un hombre cercano a ellos adquiriera una participación en YPF, la gran empresa petrolera, en sociedad con Repsol y facilitaron que otros acólitos se enriquecieran en el juego, según denuncias documentadas de la incombustible Elisa Carrió, líder de Coalición Cívica, y otros investigadores. Hubo casos en que el Estado se hizo con los activos de empresas privadas mediante presiones directas e indirectas. Así le echaron mano al Correo, Aguas Argentinas y Aerolíneas Argentinas, que luego pusieron bajo gestión de sus secuaces. Como señala el periodista Luis Majul —autor de los libros *El dueño: historia secreta del expresidente Néstor Kirchner* y *Él y Ella*—, no ha habido nadie más poderoso que los K en la historia moderna de Argentina.

Muerto Néstor de un infarto en 2010, Cristina prolongó este esquema de poder, aunque con algunos toques personales, en un contexto altamente místico, marcado por los continuos diálogos de la mandataria con el finado, al que llamaba "Él" en los discursos. Por ejemplo, dio un nuevo protagonismo a La Cámpora, grupo juvenil aglutinado en torno a su hijo Máximo, conocido en sus inicios por ser algo así como una fuerza de choque que montaba campañas de intimidación. Poco a poco Cristina les fue dando poder, hasta colocarlos en puestos clave de la Administración, entre otros el Ministerio de Economía, el manejo de la estatizada YPF (cinco de los siete directores provienen de esa agrupación), el control de la pauta publicitaria del Estado y la gestión de Aerolíneas Argentinas. Hay que decir que esta última empresa pierde casi tres millones de dólares al día y mil millones de dólares al año desde que pasó a manos del Estado. Las finanzas públicas no han tenido en estos años, por lo visto, un destino tan rutilante como las finanzas privadas de la pareja gobernante.

La guerra contra Clarín

Para hacerse una idea de cómo funciona el engranaje del kirchnerismo, de los vasos comunicantes entre el poder económico, el poder político y el poder mediático, es útil reparar por un momento en la guerra que el gobierno declaró al Grupo Clarín, el más importante conglomerado audiovisual y periodístico del país, luego de una luna de miel prolongada entre ambos.

El Grupo Clarín, acostumbrado a tener relaciones cercanas con distintos gobiernos de los que había sacado provecho, mantuvo, en los primeros años del kirchnerismo, una buena relación con los K. El director ejecutivo del grupo, Héctor Magnetto, conoció a Néstor Kirchner en 2003 a instancias de Duhalde. Sus medios respaldaron las grandes medidas del gobierno, desde los cambios en la Corte Suprema hasta la quita de la deuda que despojó a los tenedores de bonos de gran parte de lo que el Estado les debía. Kirchner, que acostumbraba a llamar por teléfono a los medios que lo criticaban o lanzarles diatribas en público, no escondía su simpatía por Clarín mientras denostaba a otros medios de menor peso que se metían con él.

En 2007, el Grupo Clarín decide comprar Cablevisión, lo que implicaba fusionar a los dos grandes operadores de televisión por cable de Argentina. La operación tenía el apoyo tácito de Kirchner, razón por la cual la Comisión de Defensa de la Competencia aprobó la compra. Pero en lugar de hacerlo por unanimidad, lo hizo por mayoría, lo que a Magnetto le disgustó porque dejaba abierta la posibilidad de que los competidores pequeños, sintiéndose afectados, acudieran a los tribunales para tratar de bloquear la operación u obligar al comprador a desprenderse de una parte de sus activos.

Al mismo tiempo, y también con un guiño de ojo de Kirchner, el Grupo Clarín se interesó en comprar una participación dominante en Telecom Argentina, lo que le daría el ingreso al mercado de telecomunicaciones y el muy codiciado *triple play*, es decir, la posibilidad de ofrecer paquetes de servicios que incluyeran televisión por cable, telefonía y acceso a Internet. Por lo bajo, la Casa Rosada no escondía su interés en que Clarín compartiera una participación en Telecom con empresarios cercanos al mandatario.

El país estaba en el proceso de transitar del gobierno presidido por Néstor al presidido por Cristina, lo que en realidad no era sino la continuación, con mandato renovado, del kirchnerismo. Pronto, sin haberse resuelto la situación que había creado la aprobación por mayoría de la compra de Cablevisión, se desató el conflicto entre el gobierno y el campo: los empresarios agrícolas se rebelaron contra el aumento expropiatorio de impuestos decretado por la Casa Rosada. El Grupo Clarín, en parte porque había surgido un rechazo amplio en el país al populismo autoritario de los K y en parte para presionar al gobierno —que empezaba a arrastrar los pies en asuntos que Magnetto creía que habían obtenido en su momento la luz verde de la pareja presidencial— apoyó al campo.

La leyenda cuenta que en 2008, en la única reunión que tuvieron en el fragor de esa batalla, Kirchner le dijo a Magnetto: "Acompáñennos, no tenemos nada enfrente. Ustedes van a ser los más ricos de la Argentina y nosotros tendremos el poder en los próximos 20 años". El mensaje, dicho así o no, quedó claro en los hechos: o el Grupo Clarín nos respalda sin reservas y nosotros le facilitamos la compra de Telecom y le garantizamos que no habrá problemas en la fusión con Cablevisión, o le declararemos una guerra que perderá. Las relaciones se agriaron mucho en los días y meses siguientes. En la campaña electoral previa a los comicios legislativos de 2009, el Grupo Clarín apoyó a la oposición, que obtuvo un triunfo importante, incluso en la provincia de Buenos Aires, donde la lista presidida nada menos que por el exmandatario fue superada por la de Francisco de Narváez.

Néstor Kirchner no le perdonó nunca a Magnetto que no se hubiera volcado con él en su campaña. Le atribuyó parte de la responsabilidad de su derrota, acusación absurda porque el gobierno había acumulado para entonces un poder mediático sin precedentes, además de que había empleado en la campaña todo el poder del Estado sin el menor atisbo de escrúpulo.

De inmediato, los K pusieron en marcha la apisonadora para aplastar a Clarín. Aunque también la emprendieron abiertamente contra otros medios, como La Nación, el odio preferencial estaba reservado para el principal grupo de medios, al que los jóvenes de La Cámpora intentaban desprestigiar pintando insultos contra él por todo el país y repartiendo propaganda agresiva. Los K dispararon un torpedo en la línea de flotación de la directora del diario y principal accionista del grupo, Ernestina Herrera de Noble, recogiendo una antigua acusación según la cual sus dos hijos adoptivos, Marcela y Felipe, eran en realidad hijos de desaparecidos secuestrados por la dictadura. El asunto, motivo de una causa judicial, acabaría siendo resuelto en favor de doña Ernestina unos años después, no sin haberla hecho pasar el gobierno por un verdadero calvario.

Simultáneamente a la operación contra la directora del diario, el gobierno orquestó un asedio jurídico contra Clarín, bajo la apariencia de una iniciativa legislativa tendiente a impedir la "concentración" de medios (concentración que el gobierno no había objetado nunca, que había incluso fomentado y que había, él también, practicado). La Ley de Servicios de Comunicación Audiovisual, sancionada a fines de 2009, pasó a ser motivo de una pugna titánica con repercusión internacional entre el gobierno y Clarín. Todo en ella estuvo diseñado para obligar a Clarín a desmembrarse: ningún grupo podría poseer más de diez licencias de radio y televisión abierta (Clarín tiene doce) y se prohibiría a un mismo dueño poseer una televisión de señal abierta y una operadora de televisión por cable en una misma localidad (es el caso de Clarín en la provincia de Buenos Aires, donde transmite el Canal 13 y opera Cablevisión). Además, se restringía a 24 localidades el alcance de las operadoras de televisión por cable (la de Clarín abarcaba 158) y se limitaba a una sola el número de señales de generación propia (Clarín tenía seis, incluyendo un canal de noticias permanentes con mucha influencia política).

El enfrentamiento jurídico, en el que Clarín logró durante un tiempo algunas victorias en instancias menores que paralizaron la aplicación de la ley, acabó en la victoria del gobierno cuando a finales de 2013 la Corte Suprema la declaró constitucional. Todo había empezado en represalia por la derrota oficialista en las legislativas de 2009; ahora, todo terminaba inmediatamente después de una nueva derrota electoral, la de las legislativas de 2013, que marcaba el comienzo del fin de la era K.

El colofón de esta historia no puede ser más elocuente sobre la turbia confusión entre intereses privados y públicos que representa el kirchnerismo. Mientras Clarín anunciaba, finalmente, que se adaptaría a la ley, se daba a conocer que un socio mexicano que posee el 40% de Cablevisión había comprado, con aprobación del gobierno, el 22% de Telecom, suficiente para obtener el control de la empresa de telecomunicaciones. No quedaba claro si el comprador se desharía de su porcentaje en Cablevisión vendiéndoselo a alguien cercano al gobierno para darle a Cristina Kirchner una cabeza de playa en el grupo enemigo, si simplemente se desharía de su parte (lo que en cualquier caso dejaría a Clarín fuera del juego de las telecomunicaciones) o, por último, si todo esto escondía un arreglo entre la Casa Rosada y Magnetto para enterrar el hacha y volver al principio. Solo el tiempo lo dirá, pero el hecho de que todas estas conjeturas se desataran al conocerse la noticia en Argentina dice mucho sobre el funcionamiento del sistema K.

Por si esto no fuera bastante, el gobierno también puso en la mirilla en estos años a Papel Prensa, el único fabricante de papel de periódico del país, propiedad de Clarín, La Nación y el Estado. Mediante presiones, acusaciones y hasta una iniciativa legislativa que le valieron a Cristina Kirchner condenas internacionales, el gobierno envió la señal de que quería expropiar la empresa a los accionistas privados, que juntos eran mayoritarios, para asumir el control del principal insumo del que dependen los dos diarios más importantes del país.

La acumulación de atropellos contra los medios de comunicación, como antes los cometidos contra el campo, contribuyó a debilitar al gobierno ante los votantes, hartos del pretexto de la lucha contra los explotadores privados usado por los K para engullir todo lo que pudieran. Empezaba a ser, tal vez, menos cierta la frase de Borges sobre sus compatriotas: "La deshonestidad, según se sabe, goza de veneración general y se llama viveza criolla".

LA FARRA POPULISTA

Los Kirchner, haciendo gala de una mentalidad setentera, como dicen muchos argentinos, se olvidaron de que todos los experimentos populistas habían fracasado. Desde el inicio, sacaron del baúl de las cosas inservibles todo lo que en él había. Su modelo económico era simple: gastar mucho a costa del campo para potenciar a la ciudad, alentar el consumo mediante controles de toda índole, y proteger y subvencionar a la industria para estimular su crecimiento.

Cuando el expresidente peruano Alan García intentó esto a partir de 1985, la bomba populista le estalló en la cara dos años después. Pero a los Kirchner las cosas les duraron mucho más porque se sacaron la lotería por partida triple: la tendencia económica positiva que heredaron, el auge de las materias primas que empezaba cuando ellos llegaron al poder y la revolución tecnológica que se había producido en el campo en la década anterior, que ponía a los agricultores en inmejorable situación para aprovechar ese *boom*.

Cuando llegaron a la Casa Rosada, según datos inequívocos de la CEPAL, la economía se recuperaba: aumentaban las exportaciones y crecía el PIB. Se notaba poco, pero lo importante era la tendencia. Aun si no hubiera sido así, en poco tiempo habría ocurrido un cambio favorable de tendencia por la sencilla razón de que se iniciaba, después del periodo difícil que había atravesado la economía mundial durante cuatro años por las crisis asiática y rusa, un *boom* de materias primas, incluida la soja, que representan la cuarta parte de las exportaciones argentinas. Entre 2002 y 2012, las exportaciones se triplicaron, pasando de 25.500 millones de dólares a 81.200 millones.

Por último, la reconversión del aparato productivo que habían generado las reformas de los años noventa situaba a las empresas en mejores condiciones para aprovechar el nuevo ambiente. Muy distinto habría sido que los Kirchner hubiesen heredado, por ejemplo, el aparato productivo antediluviano de inicios del decenio de 1990. No habrían podido aprovechar las circunstancias tan jugosamente ni financiar el populismo durante tanto tiempo, antes de que se sintieran las consecuencias.

Un dato resume por qué los Kirchner pudieron hacer durar el espejismo populista más tiempo que otros gobernantes: según el economista Carlos Melconian, en buena parte gracias al *boom* externo, llegaron a recaudar en total alrededor de un billón de dólares a lo largo de los años, monto casi equivalente al PIB de México. Este es un aspecto central de la farra populista aunque, como veremos luego, no el único, pues el gobierno se las arregló para que ese dinero no bastara para cubrir todo lo que gastaba. En cualquier caso, según datos del economista Ricardo López Murphy, el gasto público consolidado representaba un 27,5% del PIB en 2003, al inicio de la década K, y hoy supera el 45,8%, sin incluir las obras sociales (hablamos, pues, de niveles parecidos al costo del Estado de Bienestar francés). En moneda corriente, el gasto del gobierno federal se multiplicó por diez (casi lo mismo que la fortuna declarada de los K: una perfecta simetría patriótica).

Este dinero, claro, no se destinaba a fines productivos o para el desarrollo de largo plazo: como porcentaje del gasto, bajaron la salud y la educación, y subieron los subsidios. De igual modo, el peso relativo del sector vinculado a las materias primas aumentó en comparación con el de la industria, a pesar de que Argentina tiene hoy el mayor nivel de protección comercial de América Latina, lo que, en la lógica kirchnerista, debía bastar para disparar la actividad industrial. Mencionamos ambas cosas por la ironía que encierran: casi no hubo discurso de los K en todos estos años en que no se fustigara el descuido del gasto en salud y educación de los gobiernos del pasado, su dependencia con respecto a las materias primas y la ruina industrial producida por el "neoliberalismo" y el "desarme" comercial. Para colmo, la productividad de los trabajadores empleados en la industria redujo su ritmo de crecimiento a la mitad del que había tenido en la década anterior, típico síntoma de un tejido industrial protegido por el Estado.

Los Kirchner también fustigaron, especialmente en la primera etapa, el desempleo provocado por las privatizaciones de los años noventa. Es cierto que la falta de flexibilidad laboral hizo difícil en ese periodo que quienes salieron de las empresas estatales encontraran rápidamente una alternativa en el sector privado, como ocurre en un mercado laboral más libre. Pero, una vez agotado el rebote del que hemos hablado, ¿con qué solucionó ese problema el kirchnerismo? Esencialmente, con empleo público, que a partir de 2008 creció a un ritmo tres veces superior (sí, tres) al del empleo privado. Para uno de cada cinco hogares en la Argentina de hoy, es decir en la Argentina de la inflación y el bajo nivel de inversión, el empleo público es la principal fuente de ingresos, si contamos los tres niveles de gobierno. ¿Puede pedirse una situación laboral más precaria que esa bajo un Estado desfinanciado?

Solo si se toma en cuenta todo esto, se entiende por qué ese billón de dólares fue insuficiente para financiar el populismo y por qué tuvieron que apelar a recursos desesperados para seguir costeando los salarios, subsidios y programas asistencialistas destinados a convertir a millones de argentinos en seres dependientes del Estado y votantes cautivos. En 2007, los K subieron las retenciones (impuestos) al campo, que ya eran considerables, y en 2008 provocaron una revuelta al tratar de fijar retenciones móviles cuyo efecto hubiera sido saquear dos terceras partes de la riqueza agrícola (hoy saquean, si sumamos todo, por lo menos la mitad, pero la resistencia de los agricultores impidió que las cosas fuesen peores). Ese mismo año expropiaron las AFJP, es decir el ahorro de las pensiones de millones de argentinos, que sumaba casi 30.000 millones de dólares, y promulgaron una ley de "blanqueo" de capitales (luego darían otras). Al año siguiente entraron a saco en el Banco Central y se apoderaron de las reservas, lo que llevaría más tarde a un cambio de su ley orgánica para poner punto final a su independencia.

Aun así, el dinero no les alcanzaba. Por eso no dejaron de fabricar moneda artificial para intentar cubrir los gastos desbocados. El resultado fue una inflación anual de entre el 25 y el 30%, hasta que el gobierno tuvo que devaluar la moneda traumáticamente en enero de 2014 y la inflación se disparó por encima del 35%. Según datos del economista Luis Secco, de la Fundación Libertad, el ritmo de aumento de la oferta monetaria (medido según los agregados M1 y M2) ha sido de alrededor del 30% al año. Una verdadera bomba atómica monetaria.

También las nacionalizaciones tienen, en parte, el objetivo de financiar la farra populista. La más estruendosa fue la de YPF, la filial de Repsol, en 2012, maquinada por el entonces segundo de a bordo en el Ministerio de Economía, Alex Kiciloff (luego ascendido a ministro, no faltaba más). A nadie debe extrañar que, después de dos décadas, Argentina haya pasado a ser importador neto de energía a pesar de tener lo que, a partir del descubrimiento del yacimiento de Vaca Muerta, se calcula que puede ser la tercera mayor reserva de gas no convencional del mundo.

En todos esos años, al controlar los precios y alimentar el consumo artificialmente, el gobierno populista logró dos resultados en materia energética: que se consumiera mucho más (el consumo de petróleo aumentó más del 40% desde 2003 y el de gas más del 25%) y que las empresas que tenían que vender el gas en el país vieran sus márgenes de ganancia muy reducidos: debían hacerlo a la mitad del precio que se pagaba en Estados Unidos y a la quinta o sexta parte del precio que imperaba en el resto del mundo. Por tanto, todas las empresas, y no solo YPF, produjeron menos de lo que habrían producido sin estos impedimentos. El resultado fue que el gobierno tuvo que gastar mucho dinero en importaciones, en desmedro de la vapuleada caja fiscal.

Hay que añadir que con el zarpazo a YPF pretendían convertir a Vaca Muerta en otra fuente de financiación del populismo. No se pusieron a pensar en el pequeño detalle de que antes de aprovechar ese recurso había que explotarlo, lo que cuesta dinero y requiere una tecnología que el Estado no tiene, razón por la cual meses después se vio al gobierno argentino rogando a empresas extranjeras que vinieran a invertir en YPF, exactamente lo que hacía Repsol antes de la expropiación. Eso sí que se llama rizar el rizo.

Era inevitable que tarde o temprano este sistema delirante estallara en mil pedazos. La farra duró unos años, durante los cuales hubo tasas de crecimiento del 8% que hicieron creer que esta vez la receta sí había funcionado, pero luego llegó la factura: inflación galopante, atonía empresarial, sequía de inversión extranjera y una fuga de divisas vertiginosa por la terca insistencia del gobierno en tratar de sostener una moneda sobrevaluada. Los perros en Ezeiza ya no apuntaban el olfato contra la cocaína sino contra los dólares y a los fabricantes de autos que necesitan importar piezas se los obligó a exportar vino o arroz para compensar la salida de divisas.

Nada de esto —otra exquisitez de la década K— se ha visto reflejado en el INDEC, el organismo encargado de las estadísticas que en 2013 le valió a Argentina ser objeto de una "moción de censura" por parte del Fondo Monetario Internacional (primer paso de un proceso que puede desembocar en la expulsión).

La comunidad internacional sencillamente no cree en las cifras oficiales.

Todo empezó cuando el gobierno intervino el INDEC en 2007. Desde entonces, la inflación de precios que registra ese organismo es menos de la mitad de la que acontece en la vida real, medida por los argentinos en sus transacciones y por iniciativas privadas como PriceStats (la inflación oficial ha sido del 10% a lo largo de varios años; la real hoy triplica con creces esa cifra). Quizá la medida exacta del problema la dio nada menos que el propio ministro de Economía de entonces, Hernán Lorenzino, en una entrevista con una periodista griega cuando a una pregunta sobre la inflación respondió con un dramático y angustioso "me quiero ir". La grabación, que se volvió viral en Youtube, produce una mezcla de ternura y compasión.

Otra cifra ficticia es el número de pobres. Las mediciones de instituciones privadas, por ejemplo la Universidad Católica de Argentina, arrojan que entre el 26 y el 29% de los argentinos están en esa condición. Para los técnicos del INDEC, a finales de 2012 la pobreza solo abarcaba al 5,4%. El resultado es que las grandes instituciones financieras del mundo tienen dos Argentinas en sus cuadros estadísticos: la virtual y la real. En la real, el crecimiento se ha desplomado, la inflación se ha disparado, las reservas han caído a ritmo de vértigo (cerca del 25% en 2013 y otro 9% solo en enero de 2014) y la situación fiscal da miedo: el peor déficit en 20 años.

Otros frentes externos que tiene abiertos el gobierno son un gran número de controversias comerciales en el Ciadi, el organismo del Banco Mundial, y el reclamo tenaz de un grupo de acreedores. En 2005 y 2010, el gobierno de los Kirchner "reestructuró" la deuda que habían heredado con los acreedores privados, eufemismo que quiere decir que les cercenaron a los bonos las dos terceras partes de su valor. Un muy pequeño porcentaje de los que no aceptaron la rebaja emprendió demandas judiciales en Estados Unidos. En dos instancias los inversores han ganado y todo indica que, si llega el caso hasta la Corte Suprema, ocurrirá lo mismo.

Mientras tanto, los inversores ya han infligido al gobierno varias humillaciones mediante embargos de activos argentinos en el exterior, incluido, en 2012, por varias semanas, el de la fragata Libertad en un puerto de Ghana. Como Argentina tiene cerrado el acceso a los mercados internacionales y la situación apremia en casa, en los meses finales de 2013 la presidenta Kirchner, que llevaba años llamando "buitres" a quienes reclaman el pago adeudado, dio señales de que estaba dispuesta a negociar.

¿Quién dijo "nunca más"?

Si hay dos palabras que no es aconsejable pronunciar en relación con la política argentina, estas son "nunca más" (dicho sea de paso, son también el título del informe de la comisión presidida por Ernesto Sábato sobre la represión de la dictadura militar). Porque la clase dirigente argentina tiene una dificultad enigmática para aprender de su pasado. Quizá la razón esté implícita en una de las iniciativas más cómicas del kirchnerismo: el Instituto Nacional de Revisionismo Histórico, concebido para rehabilitar a toda clase de tiranos. Solo si se tiene una visión deformada de la historia se entiende que uno repita sus errores. En ese sentido, el drama argentino no ha sido, como decía Perón, un "asunto improvisado" sino largamente elaborado.

Se ha dicho mucho, pero no es ocioso recordarlo: Argentina fue uno de los mejores del mundo. Entre 1853, cuando se sanciona la Constitución inspirada en la visión liberal de las *Bases* de Juan Bautista Alberdi, y el golpe de 1930 encabezado por el general Uriburu, lo que sucedió en ese país fue asombroso. La pampa se conectó a la ciudad a través de ferrocarriles y la ciudad se enganchó al mundo a través de sus puertos. Los argentinos se convirtieron en una de las piezas maestras de la globalización de entonces. El valor anual de las exportaciones, según Mauricio Rojas, se multiplicó por 13 hasta el estallido de la Primera Guerra Mundial.

Toda clase de productos, desde la lana hasta la carne, pasando por los cereales, ganaron fama por doquier. Para entonces, la renta por habitante, teniendo en cuenta la paridad del poder de compra, superaba a la de Francia, Alemania y España. A diferencia de los *booms* exportadores de la segunda mitad del siglo XX, aquel auge no se despilfarró. Sirvió como punto de partida para la inversión productiva, la diversificación y la innovación, permitiendo que la industria y la construcción crearan empleos bajo el estímulo incesante del capital extranjero, por entonces mayoritariamente inglés, y de los seis millones de inmigrantes que recibió el país, el grueso provenientes del sur de Europa. La ciudad de Buenos Aires llegó a ser esa capital imponente que todos los años de populismo y autoritarismo no han podido destruir.

Sin embargo, aquella larga etapa de decisiones acertadas no pudo desterrar para siempre la herencia de los primeros cincuenta años de la república, marcados por los caudillos autoritarios, de los que Juan Manuel Rosas y Facundo Quiroga —tan devastadoramente descritos por Domingo Faustino Sarmiento en su libro *Facundo o civilización y barbarie en las pampas argentinas*— son perfectos emblemas. La concentración de la propiedad rural en muy pocas manos a través de vastas estancias repartidas entre la élite había impedido el desarrollo de una amplia clase de propietarios rurales, lo que a su vez acentuó la cultura rentista. También hubo factores que mantuvieron a la industria mucho menos conectada al exterior que la agricultura, lo que no permitió que su desarrollo fuera muy sofisticado y que se independizara de las exportaciones del campo, que eran las que permitían pagar las importaciones necesarias para adquirir bienes de capital. Esto marcó probablemente la fuerte dependencia de la ciudad frente al campo y fue quizá una raíz de la persistente vocación proteccionista que se inició entre 1920 y 1930.

La fecha tradicionalmente señalada como la frontera entre el antes y el después de la decadencia argentina es 1930. La crisis mundial de 1929 y el subdesarrollo político del país —con una Unión Cívica Radical todavía elitista y poco capaz de encauzar las ansias de participación de la clase media y un sector de tendencia fascista cada vez más activo— se conjugaron para crear las condiciones de lo que vino después. Juan Domingo Perón, la figura más descollante de la vida política argentina del siglo XX, concentró muchos de esos males: los heredados del caudillismo del siglo XIX y los incubados a lo largo de las primeras décadas del siglo XX.

La receta de Perón, que los Kirchner han tratado de copiar, arroja en algunos ámbitos cifras bastante parecidas a las de la década K. Por ejemplo, con Perón el gasto público pasó del 25% del PIB a más del 42%. Al igual que sucedería en este siglo, el experimento tuvo una primera etapa artificialmente exitosa, con buenas tasas de crecimiento, durante las cuales el país se farreó lo acumulado durante la guerra, pero luego vino un declive pronunciado entre 1948 y 1952. También entonces el gasto en aumentos de salarios, contratación de mano de obra, subvenciones y demás llevó al desequilibrio fiscal, generó costos prohibitivos para la inversión y, por supuesto, disparó la inflación. Desesperado por lo que sucedía, Perón optó a partir de 1953 por un poco de racionalidad, lo que permitió que en sus últimos dos años las cifras se enderezaran un poco.

CANTO DEL CISNE

Las elecciones legislativas de octubre de 2013 asestaron al kirchnerismo el mazazo definitivo. Lo que resta hasta las elecciones presidenciales de 2015 es una despedida durante la cual las facciones peronistas se irán acomodando según la conveniencia y abandonando a su suerte a la jefa de la tribu, como abandonaron en su día a los otros líderes de su partido. Mientras tanto, la oposición —en realidad, las muy divididas y atomizadas oposiciones— se apercibe para la sucesión.

La magnitud de la derrota no puede disimularse con argumento alguno. La suma de todas las fuerzas opositoras alcanzó el 64% de los votos, contra menos de un tercio por parte del oficialismo. El kirchnerismo perdió casi cinco millones de votos en relación con los sufragios logrados en 2011, con motivo de la reelección de la presidenta. El más humillante revés fue el que sufrió la lista oficialista en la provincia de Buenos Aires, a manos de un disidente del peronismo, Sergio Massa, intendente de la localidad de Tigre. Pero también fue derrotado el gobierno en la capital y en las provincias de Santa Fe, Córdoba y Mendoza, con lo cual puede decirse que fue vencido en los cinco principales distritos electorales del país, que representan el 70% del padrón electoral.

Mientras el gobierno sufría este percance, la presidenta vivía un pequeño drama personal: un traumatismo la había obligado a someterse a una intervención quirúrgica en el cerebro. Como en las tragedias de Sófocles, Cristina parecía haber ido en busca, durante todo el tiempo transcurrido, de un destino catastrófico.

Hasta antes de esa derrota, la presidenta albergaba la esperanza de obtener en las legislativas un triunfo suficiente para sumar dos tercios del Congreso y poder cambiar la Constitución, a fin de presentarse a una nueva reelección. Las urnas le dijeron definitivamente que "Cristina eterna" se había acabado.

Todo indica que, una vez más, los argentinos se preparan para deshacerse del modelo populista autoritario, que a inicios de febrero de 2014 obligó al gobierno a hacer una devaluación traumática y aceptar a regañadientes una pizca de la realidad, relajando tímidamente el control de cambios (pero el nuevo jefe de gabinete seguía acusando de "antipatrióticos" a quienes elevaban sus precios para sobrevivir). Lo que no es seguro es con qué lo reemplazarán. Y tampoco el sucesor podrá ejercer el mando cuando el peronismo, convertido en oposición destructiva, le haga la vida imposible al futuro gobierno. No olvidemos, además, que como suele ocurrir con el populismo, entre los descontentos hay sectores que respaldaron el modelo desde el inicio y que una vez que empezó a hacer aguas reclamaron al gobierno una radicalización estatista y autoritaria aún mayor, mientras que otro sector, más amplio, pide un cambio total en sentido contrario. Esa división —visible en manifestaciones en las que por un lado Hugo Moyano y compañía protestaban por la falta de aumentos salariales y por otro las clases medias exigían un poco de racionalidad—, influye en la manera en que los políticos tratan de conquistar votos.

Las huelgas de servidores públicos, bajo la inspiración del "patotismo" fomentado por el gobierno durante años, no podían faltar en este fin de fiesta. En el populismo, cuando se acaba el dinero y la inflación se come los salarios, los empleados públicos beneficiados durante años por el gasto excesivo ven sus ingresos deshacerse y vuelcan su ira contra el gobierno. Un ejemplo de eso fue la huelga policial en 17 provincias que a fines de 2013 provocó saqueos y dejó un reguero de muertos y heridos.

Las fuerzas opositoras se dividen, a grandes rasgos, en tres grupos que comparten una visión más racional de las instituciones y la economía. Uno, el que encabeza Mauricio Macri, el exitoso jefe del gobierno de la ciudad de Buenos Aires al que acompaña un buen equipo, tiene una base sólida en la capital y alguna presencia en las principales provincias, pero carece todavía de una fuerza a escala nacional. Otro, el de los peronistas disidentes, no es realmente un grupo sino una lista que empieza con Massa y continúa con personajes como José Manuel de la Sota (gobernador de Córdoba) y Francisco de Narváez, el hombre que derrotó a Néstor Kirchner en 2009 en Buenos Aires. Por último, está la alianza entre Elisa Carrió, la Unión Cívica Radical y el socialismo moderado, que tiene en el radical Julio Cobos y el socialista Hermes Binner a dos figuras con arraigo en sus provincias respectivas (Mendoza y Santa Fe). De cómo logren compaginarse estas distintas fuerzas y de si son capaces de no entrematarse, dependerá el que los argentinos tengan en 2015 un gobierno capaz de voltear la página de la década K.

MÉXICO, UN POCO MÁS CERCA DE DIOS

Se atribuye a distintos personajes —desde Porfirio Díaz, que gobernó tres decenios, hasta un importante periodista que vivió mucho después— la frase: "Pobre México, tan lejos de Dios y tan cerca de los Estados Unidos". Lo segundo seguirá siendo cierto hasta que una futura era geológica desordene los continentes, pero lo primero, a pesar de la conflagración de las drogas y los muchos asuntos pendientes de solución en materia social y económica, da la impresión de haber empezado a sufrir una modificación en décadas recientes. Al menos si estar cerca de Dios se toma como una metáfora del progreso y no —cosa en la que los autores de este libro no nos atreveríamos a inmiscuirnos— en sentido literal.

No ha sido nada fácil determinar si México progresaba o no en las últimas décadas porque cada vez que el país norteamericano daba una zancada hacia adelante, algo parecía asestarle un violento empujón hacia atrás. Esta misteriosa ley compensatoria hizo, por ejemplo, que la modernización económica de Carlos Salinas de Gortari quedara asociada a un fraude electoral y a una gigantesca corrupción, o que, años después, cuando la democracia parecía haberse asentado, surgieran las campañas desestabilizadoras de López Obrador, un mal perdedor, que sembraron dudas en mucha gente sobre el Estado de Derecho. Ese mismo destino contradictorio determinó que, cuando el país se abrió en lo político en el año 2000, se estancaran las reformas económicas y que cuando, por fin, se empezaba a discutir en serio la eliminación de la herencia corporativista dejada por el viejo PRI, las energías del país fueran absorbidas por la guerra contra las drogas. En gran parte se debe a estas marchas y contramarchas el que en los dos últimos decenios el PIB por habitante creciera apenas el 1,2% al año o que en ese mismo lapso la productividad acumulada sumara apenas un 2,1%, mientras que en Corea del Sur ascendió al 83%.

Pero, a trancas y barrancas, el país ha ido avanzando: ni el matusalénico PRI pudo evitar la transición democrática, ni el legañoso PRD, compuesto de priístas disidentes nostálgicos del populismo, pudo retroceder las manijas del reloj, ni la incapacidad de los gobiernos legítimos para hacer las transformaciones pendientes fue eterna, como parece indicarlo el ánimo reformista, o al menos semirreformista, del nuevo PRI encarnado por el residente Peña Nieto (cruzamos los dedos).

Dicho esto, también es cierto que, en líneas generales, el país defraudó las expectativas despertadas por la transición democrática del año 2000. La última década y media ha sido decepcionante, si exceptuamos el hecho mismo, extraordinario por supuesto, del cambio de sistema político. Mientras que países como Brasil se ponían de moda y acaparaban la atención del mundo como potencias emergentes, la estrella de

México se iba apagando en el momento en que debió de haber brillado más.

Hoy tenemos un nuevo escenario que podría cambiar ese estado de cosas: un PRI aparentemente renovado ha regresado al poder con ánimo de respetar la democracia y modernizar al país, secundado, no sin controversias, por un PAN de centro-derecha que se ha propuesto no entorpecerle a Peña Nieto su gestión como el PRI se la entorpeció a los dos mandatarios anteriores. Mientras tanto, el PRD pasa por una crisis de identidad, pues una facción presenta un aspecto trasnochado y ojeroso mientras que la otra trata de aceptar la realidad haciendo de tripas corazón. Esta crisis de identidad ya ha engendrado, por lo pronto, una nueva criatura de izquierda, MORENA (Movimiento de Regeneración Nacional), el partido de López Obrador, cuyo único objetivo parece ser que el crepuscular exjefe del gobierno de la capital sea candidato de forma vitalicia.

El tiempo dirá si los años que vienen serán el gran decenio de México como lo fue el anterior para Brasil o si, como ha ocurrido tantas veces, esa misteriosa ley compensatoria hará que el codo borre buena parte de lo escrito con la mano. En cualquier caso, para entender mejor por qué todo parece tan difícil y contradictorio en México es preciso echar un rápido vistazo a la herencia política que pesa sobre los hombros de la actual generación de dirigentes.

DE INCENDIO EN INCENDIO

Hay pocos países de historia republicana tan turbulenta y fascinante —y con códigos tan difíciles de desentrañar— como México. Una buena manera de intentar una aproximación es ampararse en el prestigioso historiador Enrique Krauze. Consultado por los autores de este libro, resumió las cosas de un modo interesante. Según él, la pauta histórica está signada por intentos de reformas más o menos liberales que produjeron, a modo de reacción, revoluciones violentas y por tanto se frustraron. Ese péndulo entre reforma y revolución nace con la Independencia misma, solo que en dicho caso no se trató propiamente de una reacción antiliberal contra una reforma liberal. La Independencia fue en cierto modo la respuesta de los súbditos del Virreinato a los esfuerzos de reforma centralista de finales del siglo XVIII, encaminados a fortalecer el poder de la Corona a expensas de los criollos y los religiosos, mediante el embargo de propiedades y la limitación de sus fueros. Sin menoscabo de los signos ideológicos de la dinámica entre Colonia e Independencia, lo cierto es que desde el inicio de la vida republicana la relación de causa y efecto entre reforma y revolución estuvo presente.

A mediados del siglo XIX, la violenta confrontación entre liberales y conservadores fue producto, en gran parte, de un ensayo de cambio reformista: las Leyes de Reforma de sucesivos gobiernos, pero especialmente el de Benito Juárez, provocaron una guerra civil. La separación del Estado y la Iglesia, la supresión de los fueros militares y eclesiásticos en los negocios civiles y de los tribunales de estas dos corporaciones, la nacionalización de los bienes de la institución católica, el registro civil y otros cambios dieron pie a una reacción que incendió a México y prolongó la tradición autoritaria. En ese ambiente de reaccionarios alzados en armas e intervenciones extranjeras, en cierta forma y por paradójico que suene, el propio liberalismo mexicano se impregnó de autoritarismo.

Quizá una buena prueba de lo anterior sea la dictadura de Porfirio Díaz, que recogió en parte, a finales del siglo XIX, el liberalismo de las generaciones precedentes, en su caso propiciando el crecimiento económico mediante el aliento de la inversión extranjera, pero mantuvo un sistema autoritario y de privilegios. El *porfiriato* provocó la reacción conocida como la Revolución mexicana, que duró toda la década de 1910. Allí estaba la perfecta contradicción del México moderno: liberalismo y autoritarismo, globalización y nacionalismo, reforma y revolución. Todo eso desembocó, luego de cientos de miles de muertos (se suele hablar de un millón, pero esa cifra probablemente incluye a mucha gente muerta por hambre o insalubridad), en el sistema del PRI, que duraría hasta el año 2000.

El régimen del PRI no fue la dictadura latinoamericana típica y no estuvo basado en el poder perpetuo de un solo hombre. Era un extraño sistema con un presidente dotado de facultades de monarca absoluto que, sin embargo, entregaba el poder a los seis años a un sucesor nombrado por él. Su fuerza se basaba en una relación de protección —favores, privilegios, corrupción institucionalizada— entre el "monarca" y las diversas corporaciones de la sociedad, como los sindicatos, los gremios empresariales, las asociaciones campesinas y los grupos intelectuales.

Durante mucho tiempo el sistema pareció haber superado la maldición de las revoluciones recurrentes y haber dado a México estabilidad a costa de la libertad. Era lo bastante flexible, aun en su rigidez, como para absorber las distintas corrientes ideológicas y sociales en su seno, y abrir y cerrar espacios según las conveniencias, a fin de no provocar una reacción traumática que diera al traste con la herencia de la revolución encarnada en el partido hegemónico. Por momentos parecía un régimen de izquierda y por momentos, de derecha. Se adaptaba con facilidad al soplo de los vientos. Así, Lázaro Cárdenas pudo simbolizar la era nacionalista en los años treinta y López Portillo la populista en los años setenta, y más tarde Salinas de Gortari la de la globalización. La propia política exterior era parte de este esquema concebido para durar eternamente, pues se permitía, por ejemplo, concesiones al comunismo internacional a pesar de no ser el del PRI un régimen comunista, para evitar una revolución roja en casa, y al mismo tiempo mantenía relaciones decorosas con el imperialismo, a pesar de una retórica diseñada para aplacar a los antiimperialistas del patio.

Era, como la llamó Mario Vargas Llosa, la dictadura perfecta. O eso parecía... hasta que empezó a ser cada vez menos perfecta y acabó derrumbándose. En ese proceso de erosión lenta del sistema —que, en cierta forma, duró casi dos decenios—, reapareció la vieja dinámica de causa y efecto entre reforma y revolución.

Esta vez, una serie de reformas económicas de tipo liberal iniciadas por Miguel de la Madrid en respuesta a la herencia nefasta del populismo y continuadas por Salinas de Gortari reflejaron las nuevas tendencias ideológicas mundiales (la revolución reaganiana, la fase terminal del comunismo soviético). Se tradujeron en el combate contra la inflación, las privatizaciones, la apertura comercial y el aliento a la inversión privada. Todo eso derivó, a finales de 1993, en la firma del Tratado de Libre Comercio con Estados Unidos, en medio de una batahola de protestas. Era algo así como ponerle el sello definitivo al PRI de la era globalizadora... Sin embargo, a los pocos días, el 1° de enero de 1994, estalló en Chiapas la rebelión del "Subcomandante Marcos", el arlequín con pasamontañas que se puso a la cabeza de una mezcla de movimiento indigenista y rebelión socialista contra el neoliberalismo entreguista, a la que llamaban Ejército Zapatista de Liberación Nacional... Otra vez, la reforma se estrellaba contra la revolución.

Las dos cosas, reforma y revolución, eran síntomas del declive irreversible del viejo sistema priista: la reforma semiliberal, plagada de corrupción y frenada por muchos tabúes que los gobiernos no se atrevieron a desafiar, implicaba automáticamente un debilitamiento de las estructuras corporativistas antes mencionadas y, por extensión, un cuestionamiento del sistema de partido hegemónico; el zapatismo, por su parte, desmentía, por caricaturales que fueran sus dirigentes, la idea de que el sistema había logrado evitarle para siempre a México la violencia revolucionaria (en realidad había habido anteriormente grupos revolucionarios de izquierda pero nunca habían alcanzado la notoriedad cinematográfica del zapatismo).

No es difícil determinar por qué ocurrió esa reforma semi-liberal en el sistema del PRI en los años ochenta y noventa. En general, en América Latina y otras regiones se han llevado a cabo reformas de este signo cuando los intereses que sostenían el *status quo* eran atacados por otros intereses que pretendían sobrevivir a sus expensas, una vez que el gobierno, por problemas fiscales o de legitimidad política, ya no podía garantizarles a todas las partes sus privilegios. En México, como en otros países, el nacionalismo, el estatismo y el populismo de las décadas anteriores —digamos desde la nacionalización del petróleo hasta López Portillo— derivaron en un desorden fiscal, monetario y productivo apenas disimulado por los altos precios que esporádicamente obtenían sus riquezas naturales. La crisis creciente del modelo provocó, como en otras partes, tensiones entre quienes querían radicalizarlo y quienes pretendían modificarlo para evitar, precisamente, una radicalización. Las reformas de los años ochenta y noventa fueron hijas de esta tensión entre estatistas que querían capturar más espacios para el Estado y mercantilistas que querían que el Estado los protegiera pero no que les quitara lo suyo.

La aplicación de esas reformas bajo un sistema que perdía con rapidez la legitimidad política y social —cada vez más gente rechazaba la hegemonía del PRI— no ayudó, precisamente, a granjearles apoyo popular en aquel momento. La naturaleza hegemónica del priismo tampoco propició el contexto de transparencia oportuno para asegurar la limpieza ética de las reformas, la rendición de cuentas de sus responsables y la existencia de un mandato explícito y claro para llevarlas a cabo. El PRD se había convertido en un pugnaz rival político del PRI desde su creación oficial en 1989, un año después de que el priista disidente Cuauhtémoc Cárdenas fuera víctima del fraude electoral que llevó a la presidencia a Carlos Salinas de Gortari. La situación creada por la aplicación de las reformas permitió que el PRD alcanzara una dimensión política mayor de la que normalmente habría tenido.

El hecho de que ese partido representara en los años noventa la denuncia más visible y constante contra el partido dominante (a pesar de que quedó tercero, detrás del PAN, en las presidenciales de 1994 que ganó Ernesto Zedillo) le confirió respetabilidad a su discurso económico, rancio y caduco. Esto dificultó aún más que la apertura comercial, el traspaso de activos del Estado a la empresa privada y la limitación de las subvenciones obtuvieran amplia aceptación popular.

Es interesante anotar, sin embargo, que cuando el PRI, encabezado por el presidente Zedillo, aceptó su derrota en el año 2000 y reconoció al opositor Vicente Fox como nuevo mandatario, algo importante había cambiado en México. En apenas una década, los ciudadanos hastiados del PRI habían trocado su entusiasmo hacia el PRD (que originalmente había sido una facción del PRI llamada "Corriente Democrática") por una adhesión al PAN, cuyo discurso en materia económica no era muy distinto del de los últimos mandatarios priístas. El viejo partido clerical de derecha había adoptado una imagen moderna y había conseguido reunir en su seno tanto a sectores conservadores y tradicionales como a corrientes y movimientos de clase media actualizados y con aspiraciones más bien liberales. Una combinación no muy distinta de la que había ocurrido en otras organizaciones de derecha herederas de viejas formaciones políticas conservadoras, como el Partido Popular español o Renovación Nacional y la UDI en Chile.

Vicente Fox —como más tarde Felipe Calderón— representaba el adiós al viejo sistema del PRI pero también la continuación, se suponía que acelerada y mejorada, de las reformas iniciadas por De la Madrid y prolongadas por sus sucesores priístas. Los votantes parecían decir: queremos ruptura política y continuidad económica. Eso sucedía pese a que las reformas habían atravesado periodos de gran turbulencia, especialmente cuando lo que los círculos financieros dieron en llamar la *tequila crisis* provocó una fuerte devaluación del peso mexicano y la urgente asistencia de Estados Unidos para garantizar el pago de la deuda. El gasto excesivo y la renuencia a subir las tasas de interés habían creado un clima de desconfianza por parte de los inversores, con la consiguiente pérdida de reservas del Banco Central, lo que forzó la devaluación. Zedillo, a quien esta crisis pilló al comienzo de su mandato, logró enderezar luego las cosas y devolver a la población la fe en la orientación económica, lo que probablemente ayudó al PAN, que no proponía una sustitución radical del modelo, a ganar las elecciones.

LIBERALES *MA NON TROPPO*

Lo ocurrido con la economía mexicana desde los inicios de las reformas hasta el final de la década de 2000 (lo que por tanto incluye diez años de gobiernos democráticos) sirvió a nuestro idiota para denostar el modelo "neoliberal". En efecto, como el crecimiento en toda esa etapa fue muy pobre —en términos reales, o sea, tomando en cuenta la inflación, no más de medio punto porcentual per cápita al año—, los populistas concluyeron, alborozados, que la culpa la tenía la apertura económica. Apuntaron, por ejemplo, al hecho de que el aumento del comercio y de la inversión extranjera —que como proporción del PIB alcanzaron niveles parecidos a los de China— no había ayudado a aumentar la torta ni a reducir significativamente la pobreza como porcentaje de la población total. La globalización, pues, no era la panacea que los "neoliberales" creían.

Los años posteriores a la etapa en cuestión, es decir estos últimos tres o cuatro, no han sido tampoco muy alentadores en términos de crecimiento (en 2013, en parte por efecto de la incertidumbre de la campaña electoral del año anterior y en parte por el contexto internacional, el rendimiento de México estuvo entre los peores de América Latina). Otra vez, nuestro idiota —que parece empeñado en que este trío de autores no se jubile nunca— grita: ¡fracaso "neoliberal"!

¿QUÉ PASÓ, REALMENTE?

Una forma de explicarlo es señalar que México se quedó a mitad de camino en el tránsito hacia la modernidad. En la historia del desarrollo figuran muchos casos de éxito más o menos sostenido —a los de Estados Unidos, Europa y Australia se sumaron en la segunda mitad del siglo XX los de algunos países de Asia oriental— y casos de lo que el escritor argentino Mariano Grondona, refiriéndose a su país, llama "des-desarrollo". Podría también incluirse a Uruguay en esta lista: un país que despegó en el siglo XIX y mantuvo una trayectoria excelente hasta bien entrado el siglo XX, pero luego abandonó el esfuerzo y se resignó a una cierta medianía que lo colocó entre los países de nivel medio, a pesar de que había llegado en su momento a estar en el pelotón de avanzada. Por último, hay casos de países que parecían a punto de despegar o alcanzaron a hacerlo brevemente, pero se detuvieron. El México que va de mediados de los años ochenta hasta hoy es un caso emblemático de país que vio su despegue frenarse en la etapa inicial porque sus reformas se quedaron a mitad de camino. El resultado ha sido un rendimiento mediocre en comparación con el que pudo ser.

Como en las llamadas ciencias sociales es imposible probar lo que no se ve o lo que pudo ser y no fue, siempre podrá el inefable idiota achacar a las reformas lo ocurrido y obviar el hecho de que las cosas habrían ido infinitamente peor en México si esos cambios no se hubieran realizado. Por lo pronto, esas reformas no fueron hijas de una epifanía liberal del PRI sino de una necesidad imperiosa surgida a raíz de la situación calamitosa en que quedó sumido el país desde la crisis de 1982. Sin las transformaciones y el contexto de estabilidad macroeconómica que ha permitido a muchos ciudadanos tomar decisiones de ahorro e inversión a mediano plazo no habría habido un aumento sustancial de la clase media como el que se ha producido (cuatro de cada diez personas pertenecen a ella) ni, por cierto, dinero para financiar los programas sociales centrados en la reducción de la pobreza, entre ellos Oportunidades y Apoyo Alimentario, que otros países latinoamericanos han imitado.

Una razón por la cual la democracia mexicana, según las encuestas, goza de baja popularidad como sistema es precisamente el hecho de que la etapa que abarcó a los dos gobiernos del PAN coincidió con un pobre rendimiento. El crecimiento económico bajo esos gobiernos equivalió solo a dos terceras partes del rendimiento promedio de América Latina y a tres quintas partes del de Brasil. En ese lapso, el país norteamericano descendió mucho, por ejemplo, en el índice de competitividad del Foro Económico Mundial de Davos. Como el bajo crecimiento no permitió absorber al millón doscientos mil jóvenes que cada año se sumaban a la fuerza laboral potencial, la emigración aumentó notablemente. Al cabo de esos años, se revirtió la reducción de la pobreza que se había logrado en el mejor periodo, el de 1996-2006, de modo que el porcentaje terminó siendo no muy distinto al de 1992 (hoy se calcula que la mitad de la población es pobre).

En parte por la falta de liderazgo del PAN, en parte porque el PRI hizo una oposición muy desleal y en parte porque el PRD militó apasionadamente día y noche en el error, no fue posible que Vicente Fox y Felipe Calderón llevaran a cabo las reformas pendientes. En el caso del segundo, además, la decisión de volcar la mayor parte de los esfuerzos del gobierno contra las mafias de narcotraficantes agravó la inoperancia política. Jorge Castañeda, el excanciller de Fox, sostiene que Calderón se vio obligado a dar un golpe de efecto declarando la guerra al narcotráfico para recobrar legitimidad tras su cuestionada victoria electoral contra López Obrador. Sea o no esto cierto, es evidente que se perdió una gran ocasión, pues da la casualidad de que Calderón, un hombre muy bien formado, tenía ideas claras sobre lo que requería México para acabar de transitar del esquema corporativista a la economía moderna.

La excusa que dieron muchos mexicanos a lo que estaba pasando en aquellos años se reduce a una sola palabra: China. Como México es un país cuya economía depende bastante menos de los recursos naturales que otros países latinoamericanos, no pudo beneficiarse del *boom* de los productos básicos o *commodities* y se vio perjudicado por la competencia asiática, basada, según quienes ven las cosas así, en el empleo barato y una moneda subvaluada. No tardaron, pues, en surgir voces proteccionistas, que pedían "corregir" la desleal competencia china desandando lo andado desde los años ochenta en términos de apertura económica. El que succionaba la sangre mexicana ya no era el vampiro yanqui sino el amarillo.

Se trataba, desde luego, de una visión enternecedoramente tonta. La pérdida de competitividad ante China no era la causa sino el síntoma del problema. El hecho de que en aquel momento China casi duplicara las exportaciones mexicanas a Estados Unidos a pesar de que México es el país colindante y el otro está allende los mares solo se debía a que la patria de Octavio Paz se había quedado a mitad de camino en su proceso modernizador y de superación del "ogro filantrópico". Una buena demostración de que la competencia china no era la causa del problema mexicano es que, aun cuando México perdió competitividad (hoy está en el puesto en que estaba hace once años, según el índice que publica el Foro Económico Mundial), gracias a la apertura pudo generar una actividad económica relacionada con industrias de cierta importancia, es decir, con mayor nivel de elaboración que las chinas, incluidos los bienes electrodomésticos o las piezas de automóviles.

Es frecuente que los países que pierden el sentido de sus reformas acaben poniendo mucho esfuerzo en cosas equivocadas o confundiendo los paliativos con las soluciones de fondo. Ambas cosas sucedieron en México en estos años. Una obsesión en toda la etapa democrática, por ejemplo, ha sido aumentar la recaudación fiscal subiendo los impuestos a pesar de que la carga tributaria es bastante más alta de lo que indican las cifras que circulan en la prensa internacional. Si se cuentan los ingresos fiscales generados por los hidrocarburos —que no hay razón para no contabilizar—, la recaudación equivale al 19% del PIB y si se computan los ingresos de las empresas públicas, que al fin y al cabo representan recursos distraídos de la economía privada, es del 25%. Varios países con una recaudación semejante o inferior han llegado a la prosperidad (entre ellos, Corea del Sur), mientras que los que recaudan más lo hacen o bien porque construyeron Estados de Bienestar una vez que se hicieron ricos (Europa) o porque no han entendido que el Estado excesivamente grande compromete el desarrollo (Argentina, como se mencionó en un capítulo anterior, es un caso perfecto). Aumentar los impuestos antes de generar prosperidad es como poner la carreta delante de los bueyes.

En aquellos años también se insistió mucho en el asistencialismo. En esto hubo contribuciones interesantes que fueron recogidas por otros países, como la de la ayuda condicionada, que exige que quien reciba el subsidio se cerciore de que los niños vayan a la escuela y que estén vacunados. Los distintos programas de ayuda —inevitables en la etapa de transición al desarrollo, cuando hay focos de gran pobreza como los de América Latina— llegaron a abarcar al 25% de la sociedad. Pero una cosa es complementar las grandes reformas con programas de asistencia social y otra creer que el esfuerzo contra la pobreza reposa preferentemente en ellos. Una buena demostración de que los paliativos no resuelven la pobreza a mediano y largo plazo es que, luego de que México la redujera entre 1996 y 2006, los índices de pauperización volvieron a aumentar en años posteriores. ¿Cuál fue la respuesta? Dotar con más dinero a los programas de ayuda social, por supuesto, en lugar de relanzar las reformas que habían quedado truncadas muchos años antes.

En vez de discutir cómo aumentar las fuentes de financiación del paquidérmico Estado mexicano, en aquellos años debió haberse discutido cómo reformar un aparato estatal que solo en el ámbito federal contaba con 2,6 millones de empleados públicos y con millones más en los otros niveles de la administración, y estaba tan centralizado que nueve de cada diez pesos los recaudaba el gobierno federal. A lo que debieron haberse abocado era a modificar ese legado priista que todavía hoy hace que el Estado suministre energía, agua, gasolina y muchos más bienes y servicios, y que obliga a las empresas pequeñas y medianas, que son las que generan la mitad de los empleos, a gastar un tercio de su dinero en contratar a especialistas para que las ayuden a orientarse en el laberinto regulatorio.

El México democrático se equivocó de prioridades. Debió haber hecho hincapié en hacer más competitivos una serie de mercados altamente protegidos que obligaban a los consumidores a pagar hasta un 40% más de lo que normalmente habrían pagado por bienes y servicios que van de las bebidas de consumo masivo al transporte o las telecomunicaciones. La imaginación debieron haberla centrado en cómo reducir los costos de flete entre México y Estados Unidos, que por culpa del estatismo hacían más caro transportar un contenedor desde ese país latinoamericano hacia su vecino del norte que enviarlo desde Costa Rica. A lo que debieron haberle prestado atención era al hecho de que, debido a los pocos incentivos para la innovación, México solo generaba unas 300 patentes al año mientras que Corea del Sur registraba más de 80.000.

Estos cuellos de botella, y no el neoliberalismo del perínclito idiota, eran la verdadera razón por la cual el capital extranjero que ingresaba cada año a México —y que en términos cumulativos equivale ya a más de 700.000 millones de dólares— y el comercio creciente con el mundo no lograron vigorizar la economía todo lo que se esperaba. Aun cuando en términos absolutos parecían muy altas, en comparación con otros países las cifras de inversión eran bajas. Mientras que en otros países latinoamericanos en los mejores años la tasa de inversión se situaba entre el 25 y el 30% del PIB, en México no superaba el 20%. Una parte importante de la razón detrás de este hecho tiene que ver con la alta tasa de informalidad en la economía, resultado de la ausencia de reformas. Las leyes y los reglamentos controlistas, especialmente los del mercado laboral, encarecían notablemente la contratación de la mano de obra y dificultaban la inversión dentro del marco jurídico vigente. Como explicaron en su momento Roberto Salinas y Carlos Peláez en su divertido texto *Yo, el lápiz... a la mexicana* (inspirado en el célebre artículo de Leonard Reed *I, Pencil*), registrar la propiedad de una simple fábrica de lápices tomaba 74 días y conseguir un permiso de construcción, más de 105 días.

Uno de los ámbitos donde el estatismo hizo más estragos sin que nadie pareciera dispuesto a cambiar ese estado de cosas fue en el sector del petróleo, fuente, en todos esos años, de entre el 35 y el 40% de los ingresos fiscales. Por culpa del monopolio estatal Pemex, entre 2004 y 2013 México pasó a producir casi un millón de barriles diarios menos y el Complejo Cantarell, uno de los yacimientos más importantes del mundo, entró a partir de 2004 en un declive acentuado: su producción se redujo a la cuarta parte. Mientras tanto, Chicontepec, yacimiento del que se decía que en pocos años más generaría cientos de miles de barriles diarios, apenas producía unas pocas decenas de miles. A pesar de tener ventas similares a las de la empresa paraestatal noruega Statoil, Pemex emplea a 150.000 personas, casi siete veces más que la europea.

Todo esto implica que la democracia mexicana modificó el sistema político heredado del viejo PRI pero no el sistema corporativista. Desapareció el presidente con poderes absolutos, el Congreso pasó a ser verdaderamente representativo de la pluralidad política de la sociedad, la Corte Suprema recuperó independencia, el órgano de supervisión de las elecciones alcanzó un bien ganado prestigio y hasta surgió un respetado Instituto Federal de Acceso a la Información. Pero siguieron existiendo las corporaciones públicas y privadas que dependían del Estado y su sistema de clientelismo y prebendas. Incluso puede decirse que, a medida que la democracia debilitó el poder central, esas entidades se fortalecieron.

La guerra imposible

Uno de los factores que más distrajo las energías de México del objetivo del desarrollo fue la guerra contra las drogas declarada por Felipe Calderón el 11 de diciembre de 2006, apenas unos días después de iniciada su gestión, cuando anunció el envío de 5.000 efectivos de la policía y el ejército a su Estado natal, Michoacán, donde aquel año habían muerto más de 500 personas por obra de la delincuencia organizada. Desde entonces, fue en aumento la pugna del Estado con los cárteles de la droga y los grupos paramilitares vinculados a ellos.

Al concluir el mandato de Calderón, habían muerto más de 50.000 personas en relación directa con ese conflicto, el Estado había gastado cerca de 60.000 millones de dólares y, a pesar de los más de 120.000 detenidos y los muchos jefes de bandas de narcotraficantes abatidos o arrestados, el gobierno no había ganado la guerra (el número total de denuncias por homicidio doloso superó los 100.000 pero eso incluye hechos no relacionados con el conflicto de las drogas; más de la mitad tuvieron que ver con la actividad de otras asociaciones de delincuentes). Al extremo que Peña Nieto anunció, al comenzar su gobierno, que modificaría la estrategia para dedicarse a reducir los niveles de violencia en lugar de concentrarse en combatir a los narcotraficantes (hay indicios de que en la práctica la estrategia aún no se ha modificado sustancialmente).

La violencia no se ha concentrado en todo este tiempo en una sola zona del país, sino que se ha extendido por muy diversos lugares hasta abarcar una gran parte de México. Al inicio estuvo muy focalizada en el norte, especialmente en Chihuahua, y los Estados del Pacífico, como Sinaloa, Michoacán y Guerrero. Algunas ciudades se volvieron un símbolo atroz de esta guerra, como Ciudad Juárez, donde en 2010 más de 3.000 personas murieron en el fuego cruzado de la guerra entre los narcos y entre estos y las fuerzas de seguridad (uno de los autores de este libro tuvo oportunidad de comprobar el infierno en que se había convertido dicha ciudad por aquellos días).

Otras ciudades, como Monterrey, conocidas en el extranjero sobre todo por sus industrias y universidades, pasaron a ser noticia de tanto en tanto por los estragos de la guerra entre el cártel del Golfo y su antigua ala militar, los Zetas, que se había rebelado contra sus exjefes. A su vez, Veracruz se incrustó en los informativos del mundo entero por las masacres perpetradas por el cartel de Sinaloa, que a finales del mandato de Calderón era, junto con los Zetas, una de las principales organizaciones del narcotráfico (hoy este grupo en particular está bastante disminuido y otros han cobrado fuerza).

La guerra contra las drogas tuvo el efecto de multiplicar la violencia, no de reducirla. Su consecuencia fue la dislocación, fragmentación o división de las distintas organizaciones, lo que dio pie a una proliferación de unidades pequeñas, y el desplazamiento de los grupos que dominaban ciertas zonas hacia otros lugares, provocando así conflictos entre mafias rivales por el control del territorio.

El problema de la droga no era nuevo, desde luego. Se había producido una modificación importante en décadas recientes. A medida que la presión fue complicando la tarea de los grandes cárteles colombianos que dominaban el negocio en los años ochenta, las mafias mexicanas habían cobrado importancia. A diferencia de la marihuana y la heroína, que se producían en México, la cocaína siguió produciéndose en Suramérica, pero el negocio pasó a manos de los cárteles mexicanos. En la medida en que cada uno controlaba un territorio específico y todos operaban en colusión con algunas autoridades bajo un esquema de corrupción y vista gorda, esta realidad no se tradujo en una violencia caótica. Fue la guerra declarada la que llevó el problema a sus espeluznantes dimensiones recientes.

Como era inevitable, una vez que las fuerzas del orden —la policía federal y los cuerpos de seguridad de los Estados, además de las fuerzas armadas— se vieron involucradas en este conflicto, las violaciones de los derechos humanos proliferaron, golpeando la imagen exterior del país. A lo largo de los seis años del gobierno anterior, fueron muchos los enfrentamientos entre Los Pinos y las organizaciones internacionales que se ocupan de estos asuntos.

Ahora, como producto de la violencia, han surgido las llamadas "organizaciones de autodefensa", grupos de pobladores de al menos trece Estados que han decidido tomar la justicia en sus propias manos. Como ocurrió en Colombia en su día, hay allí una mezcla de agricultores o pequeños industriales del interior desesperados porque el Estado es incapaz de garantizar el orden y mafias que se han infiltrado en estos grupos de la base social tratan de reclutar a algunos de sus miembros. Hay sospechas, incluso, de que algunos cárteles están ya asentados allí. Aunque por ahora las armas que utilizan no son muy sofisticadas —parecen predominar los machetes y rifles—, en ciertos casos la violencia que emplean ha alcanzado niveles horripilantes. Por ahora, la principal zona de operaciones de las autodefensas es Michoacán, donde se enfrentan, no sin cierto éxito, a Los Caballeros Templarios, desprendimiento de La Familia Michoacana a la que aquellos han logrado desplazar. Los Caballeros Templarios y las autodefensas, para más complicación, tienen pretensiones religiosas. Las autodefensas cuentan con mucho respaldo popular, dado el rechazo que suscitan las mafias de narcotraficantes.

Desde Estados Unidos, se siguió con especial intensidad el conflicto, pues muchos de los cárteles tienen vínculos con grupos que operan al otro lado de la frontera y gran parte de las armas clandestinas provienen del vecino del norte. Aunque hubo tensión entre ambos países en todo este tiempo, los gobiernos colaboraron estrechamente en la guerra contra las drogas y Washington fue un factor clave en la decisión de Calderón de dedicar a ella la parte del león de sus esfuerzos, aun cuando amplios sectores del país pedían un cambio de enfoque ante las dimensiones que había cobrado la violencia y las nulas perspectivas de que el Estado ganase la guerra tal y como la había planteado.

Los críticos de la decisión de Calderón apuntan que, cuando él asumió el mando, la violencia estaba disminuyendo en México y que la tasa de homicidios voluntarios era un tercio de la que llegó a ser hacia el final de la gestión del mandatario del PAN. En opinión de Jorge Castañeda, tampoco es cierto que las mafias se hubieran apoderado de los distintos Estados, aun cuando operaban en varios de ellos. Según su razonamiento, para que eso fuera posible tendrían que haber logrado el control de las autoridades —gobernadores y alcaldes—, y el hecho de que hacia el final del gobierno de Calderón no hubiera autoridades de esa importancia arrestadas en lugares significativos indica que el nivel de penetración no era tan elevado.

No es este el lugar para analizar en profundidad el asunto de las drogas ni para discutir las estrategias alternativas, entre otras la despenalización, que empiezan a abrirse camino en muchos lugares y que varios líderes políticos, intelectuales, medios de comunicación y actores cívicos importantes de América Latina plantean como solución. Pero era necesario traer la guerra de las drogas a colación por dos razones. Primero, porque, como queda dicho, fue un factor de distracción con respecto a las prioridades del desarrollo y tuvo efectos contraproducentes para México en una década en la que otros países latinoamericanos aprovecharon mejor las oportunidades mundiales. Segundo, porque existe el riesgo, si Peña Nieto no termina de modificar la estrategia en los hechos, de que este conflicto múltiple siga consumiendo la energía de los mexicanos y desestabilizando el clima institucional de tal forma que limite los efectos de las reformas que el gobierno actual dice querer llevar a cabo hasta las últimas consecuencias.

EL PRI, LA IRONÍA PERFECTA

Las condiciones están dadas para que México pueda dar el gran salto adelante que todos los latinoamericanos necesitamos que dé. Se trata del país más poblado y la mayor economía de Hispanoamérica, y de la segunda de todo el subcontinente. Su apertura comercial, su dinámica clase media emergente, su vecindad con los Estados Unidos, su creciente modernización política y su tejido empresarial cada vez más pujante constituyen un marco ideal para que —si se aplican las reformas pendientes y el ímpetu de la etapa inicial del gobierno de Peña Nieto no resulta flor de un día— este país llegue a ser una potencia.

Ante todo, debe dejar atrás la jeremiada constante de la competencia desleal china. Si algo han demostrado los años recientes es que México, a pesar de todos sus problemas, ya está convirtiéndose en una potencia manufacturera que no solo ensambla mercancías sino que también las fabrica. En toda clase de industrias, desde los automóviles hasta los microprocesadores y la navegación aérea o los electrodomésticos, México desempeña hoy un papel creciente en la llamada cadena de valor global. Es, con mucha diferencia, la mayor plataforma industrial de América Latina, con exportaciones (más de 300.000 millones de dólares) superiores a las de todos los demás países latinoamericanos sumados, lo que incluye, sí, al Brasil. Representa hoy el 14% de las importaciones estadounidenses cuando en 2005 representaba 11%, lo que nos habla de una clara tendencia ascendente. Mientras que la cuota del mercado gringo en manos de las exportaciones chinas se va reduciendo a medida que suben los costos, la de México va en aumento. No por casualidad este país se ha convertido en la plataforma preferida de las multinacionales que pretenden suministrar bienes a Estados Unidos y a otras naciones. Una ironía deliciosa, tratándose de un país que durante la última década no paró de quejarse de la competencia china, es que hoy Chrysler, por ejemplo, usa a México como base para abastecer al mercado chino de autos Fiat 500.

El hecho de que México tenga hoy tratados comerciales con 44 países en total (cuatro veces más que Brasil y dos veces más que China) implica que las empresas basadas allí pueden comprar insumos y piezas virtualmente en cualquier otro país. El comercio mexicano equivale a casi el 60% de su PIB, casi doce puntos porcentuales más que China (y tres veces más que Brasil). Hoy, a diferencia de lo que sucedía hace una década, los salarios chinos están subiendo y los elevados costos del transporte desde

China están obligando a quienes quieren abastecer mercados alejados del Asia a buscar bases alternativas para sus plantas manufactureras. Gracias a lo cual, por ejemplo, México es hoy el mayor fabricante mundial de televisiones de pantalla plana y refrigeradores de dos puertas (en 2009 superó a Corea del Sur y a China en ambos rubros). Hace una década, los salarios mexicanos eran casi un 400% más altos que los chinos, mientras que hoy solo los superan en un 29%. Las ventajas de México, pues, como centro de operaciones empiezan a ser atractivas para quienes antes preferían instalarse en China por los bajísimos costos.

Otra ventaja de México frente a China es su población joven. Más de la mitad de los mexicanos tienen menos de 29 años (la edad promedio de la población económicamente activa es apenas de 25), lo que significa que durante un buen número de años habrá una mano de obra relativamente más barata que en otros países más desarrollados, mientras que la demografía china está, como sabemos, cambiando a paso acelerado. Otro factor interesante es que un número creciente de jóvenes mexicanos se está especializando en disciplinas que son útiles para el sector industrial (se ha duplicado el número de graduados relacionados con las industrias más dinámicas).

Lo que estamos diciendo con todo esto es que México está a las puertas de ser una verdadera potencia y que solo media entre la situación actual y ese destino exitoso un acto de voluntad: acabar de modernizar un sistema todavía lastrado por el nacionalismo, estatismo y corporativismo del viejo PRI, algo de lo que son conscientes vastos sectores de la clase dirigente, de los políticos e intelectuales y de los medios de comunicación.

Por eso es interesante el aparente esfuerzo de Peña Nieto y de quienes, desde la oposición, como el PAN, han emprendido una serie de cambios polémicos que esperamos que no se frustren y guarden la coherencia debida. Ni son todos los que se necesitan ni son perfectos, pero la orientación es sin duda correcta en el caso de varias de las reformas iniciadas. Si hubiera que describir muy someramente el sentido de esas reformas, podría decirse que buscan limitar los poderes de las corporaciones que tradicionalmente han gozado en México de privilegios por su relación estrecha con el poder o su capacidad para torcer las reglas en beneficio propio.

La reforma educativa ha logrado forzar una situación que los maestros, agrupados en el sindicato más poderoso de América Latina, trataban de evitar a toda costa: un sistema de evaluación. Algo tan elemental como eso. ¿Cómo puede México aspirar a mejorar su educación, que es de escasa calidad, si no somete a quienes la imparten a algún tipo de evaluación o criterio que permita juzgar si los formadores de jóvenes están bien encaminados o no?

La reforma de las telecomunicaciones ha abierto el espectro a nuevos participantes, poniendo límites a quienes han tenido, en la práctica, muchos privilegios en televisión, telefonía e Internet, al gozar de barreras de entrada que hacían imposible el surgimiento de competidores.

La reforma energética pretende dejar atrás décadas de mediocridad estatista, es decir el monopolio de Pemex, abriendo el sector de los hidrocarburos a la participación de la empresa privada, nacional y extranjera. El Estado podrá suscribir contratos con empresas privadas para extraer petróleo y gas de esquisto bajo diversas modalidades, desde repartirse las utilidades o ganancias hasta dividirse la producción, y otorgará licencias para prospección y explotación de hidrocarburos. No es el sistema de libre mercado perfecto y los hay bastante mejores en América Latina, pero el nuevo esquema permitirá que empresas privadas con mucha más capacidad tecnológica, experiencia y nervio competitivo exploren y exploten una riqueza que, aun cuando seguirá siendo propiedad del Estado, ya no será monopolizada por él. Adicionalmente, han sido liberalizados los mercados de generación y comercialización de electricidad, algo que México pedía a gritos desde hace mucho tiempo, dado que las tarifas que se pagan allí han sido hasta ahora muy poco competitivas en relación con las de muchos otros países.

Si México hubiera emprendido la reforma energética hace una década, quizá hubiera podido ampliar su producción petrolera, como lo ha hecho Estados Unidos a partir de la revolución del *shale oil* y el *shale gas*. En el caso de Estados Unidos esa expansión ha equivalido al 60% en muy pocos años, al punto que se estima que para 2015 la producción alcanzará más de 9 millones de barriles diarios, comparables al máximo histórico.

Nada impedía a México lograr algo semejante, dadas sus tremendas reservas, excepto su sistema de monopolio estatal. La reforma que pone fin a eso, aun con las limitaciones que ha logrado imponer la gritería melodramática del idiota, abren perspectivas interesantes. La inversión privada no llegará de inmediato (se espera que lo haga a partir de 2015) y está pendiente para este año la ley que reglamentará en detalle la reforma constitucional aprobada por el Congreso. Pero si todo marcha bien, se confirmará que nunca es tarde si la dicha es buena.

Por contraste, la reforma tributaria o fiscal, a la que nos referimos páginas atrás, a diferencia de las otras reformas, ha ido más bien en la línea de los esfuerzos tradicionales por aumentar pronto la recaudación fiscal y redistribuir ingresos. Es una lástima porque puede tener un efecto negativo para la inversión y, en el mejor de los casos, representa una oportunidad perdida de hacer una reforma mucho mejor. Los observadores mexicanos creen que con esto Peña Nieto quiso "compensar" el sentido liberal de las otras reformas y aplacar a la izquierda, especialmente al PRD, que era parte del "Pacto por México" firmado por las tres grandes fuerzas a inicios de su mandato en el Castillo de Chapultepec.

Las objeciones a esta reforma apuntan a lo obvio: ¿quién garantiza que la redistribución llegue a las pobres y que no disuada a los ricos de invertir más? Si desde 1983 la economía ha crecido poco y la burocracia mucho, ¿no hay un gran riesgo de que la reforma acabe alimentando más al aparato burocrático? ¿Qué sentido tiene subir impuestos allí donde sería mucho más inteligente que el capital se sintiera motivado a realizar inversiones masivas?

En cualquier caso, hechas las sumas y restas, el conjunto de reformas apunta por ahora hacia un escenario más competitivo y menos corporativista que antes. Esto sobreviene en el contexto de una economía globalizada, en la que México parece haber encontrado su lugar y que, por tanto, ofrece posibilidades para el buen aprovechamiento de las oportunidades.

Un factor decisivo en países donde las cosas han marchado más o menos bien ha sido el consenso amplio entre las fuerzas políticas y sociales, y los formadores de opinión pública. Esto parece estar surgiendo en México. Salvo la reforma energética, de la que se autoexcluyó el PRD, los cambios han contado con el apoyo de las principales fuerzas y de numerosos medios de comunicación. A lo que hay que añadir que todos se han puesto de acuerdo para una reforma política que en principio permitirá un mayor control ciudadano.

De este consenso no participa, por supuesto, López Obrador, hoy líder de MORENA. Lo cual abre una cuña entre esta agrupación maximalista y la otra izquierda, la del PRD, a la que podríamos llamar posibilista. MORENA se opuso con furibunda agresividad a la reforma energética y a la educativa. Llegó a cuestionar la legitimidad de los representantes que discutieron y aprobaron esos cambios. AMLO (que en realidad es MALO porque no se llama Andrés Manuel sino Manuel Andrés) se reclama heredero de la revolución y acusa al PRI de haberse desviado de ella. Ve a México como prisionero de una oligarquía corrupta y a la democracia como una formalidad que disimula esa sujeción. Pretende reimponer el estatismo y el nacionalismo que han sido responsables, precisamente, de que México no obtuviera el éxito que lograron otros países latinoamericanos en años recientes.

Lo que MORENA y AMLO pretenden, por supuesto, no es un conjunto de reformas, sino una revolución. Una revolución que llevaría a su país por el sendero que han transitado las repúblicas populistas autoritarias. ¿Logrará su propósito? Aunque es cierto que el respaldo a la democracia como forma de gobierno ha caído (según Latinobarómetro no supera el 37%) y que en el Distrito Federal uno tiene a veces la impresión de que la izquierda callejera goza de una capacidad multitudinaria para paralizarlo todo, lo cierto es que el consenso en torno a la orientación actual de México es relativamente amplio. Muy significativo es el papel que ha desempeñado y puede desempeñar en el futuro el ala moderada del PRD, que, si bien está constantemente bajo presión de AMLO, ha tomado responsable distancia de la vía revolucionaria y de los peores excesos estatistas de la herencia priista. Si en los años que vienen ese partido logra poner un muro de contención a MORENA y no se aparta demasiado del consenso en su afán por mantener a su electorado de izquierda, el clima de estabilidad política al que nos referimos podría fortalecer mucho las buenas causas y ayudar a que México salga adelante.

También es notable, hay que reconocerlo, la lealtad del PAN, que fue víctima durante los gobiernos de Fox y Calderón de un PRI tenazmente demagógico que imposibilitó muchas de las reformas que hoy lidera. Si ese diálogo permanente entre gobierno y oposición se mantiene durante los seis años del gobierno de Peña Nieto, será mucho menor la capacidad de AMLO y MORENA de poner palos en la rueda del desarrollo.

La reacción internacional, medida de distintas formas, ha sido hasta ahora razonablemente auspiciosa para las reformas. Las instituciones financieras, por lo pronto, han elevado las apuestas en relación con un aumento del crecimiento y han pronosticado que las agencias de calificación crediticia van a mejorar la nota de la deuda mexicana (actualmente es BBB para S&P), disparando así un mensaje de confianza que se traducirá en el aumento de la inversión extranjera. El cálculo de JP Morgan, por ejemplo, es que gracias a la reforma energética México verá un incremento adicional de casi un punto porcentual en su crecimiento económico y recibirá hasta 20.000 millones de dólares más al año en inversión extranjera.

Con estas perspectivas, no es de extrañar que las voces más sensatas del mismísimo Brasil ya estén pidiendo, como lo ha hecho el candidato presidencial Aécio Neves del Partido de la Social Democracia Brasileña, que su país sea parte de la Alianza del Pacífico, de la que forman parte México, Chile, Perú y Colombia. Así de altas son las expectativas. Esperemos que México no nos defraude y se acerque a Dios de una vez por todas.

LAS DOS CARAS DE COLOMBIA

Colombia es vista en el exterior como uno de los países de América Latina con los más alentadores índices de desarrollo. Esta imagen contrasta con la que proyecta su principal vecino, la infortunada Venezuela chavista. El secreto es que en vez de ceder a las tentaciones de nuestro perfecto idiota, que hoy en el continente revolotea en torno a un desastroso Socialismo del Siglo XXI, los gobiernos colombianos más recientes se han mantenido fieles a un modelo de economía liberal. Lo demuestran sus indicadores económicos.

El año 2013 cerró con un crecimiento sostenido del PIB que organismos internacionales como la CEPAL y Fondo Monetario proyectan hoy entre un 4,2 y 4,5% y que podría llegar, según el gobierno colombiano, al 5% en el 2014. La inflación, de un solo dígito, es una de las más bajas de América Latina: llegó en 2013 a solo el 1,94%. Al mismo tiempo, el año terminó con el nivel de inversión más alto de su historia y con una notable baja en el desempleo, que solo pisa los umbrales de un 8,5%, con dos millones y medio de puestos de trabajo creados en los últimos tres años. El país ha sido pionero de la ambiciosa Alianza del Pacífico, al lado de Chile, Perú y México. Todo eso, como bien señalamos en el capítulo *América Latina, a vuelo de cóndor*, pese al candente conflicto interno que afronta Colombia desde hace cincuenta años, al descrédito de su clase política y a una inquietante corrupción que la invade.

En el capítulo sobre Venezuela explicamos que nada parecido ocurre allí. Su realidad económica, como bien sabemos, es catastrófica. La inflación que registra, la más alta del continente, alcanzó a finales de 2013 un espeluznante 56,2%. El bolívar padece una devaluación del 46% y la deuda pública supera el 50% del PIB. La industria petrolera, que llegó a ser bajo el régimen de Chávez una providencial fuente de ingresos, alcanza hoy un déficit de 16.000 millones de dólares. El 70% de los artículos de consumo general son importados y se padece una alarmante escasez de productos básicos como la carne, la leche, el azúcar, los huevos, el trigo, el jabón y hasta el papel higiénico.

Recogiendo un razonamiento marxista rudimentario propio de otras épocas, el chavismo, ahora liderado por Nicolás Maduro, identifica a los Estados Unidos con el imperialismo —es decir, con el mal—, impugna la globalización vista como un instrumento de colonización cultural y económica, expropia empresas, considera a los inversores como aves de rapiña y en nombre del Socialismo del Siglo XXI, condena al modelo liberal, llamándolo "capitalismo salvaje".

Naturalmente, Colombia ha sido ajena a tales desvaríos. Mientras Maduro desconoce la independencia de los tres poderes públicos y se arropa con una toda poderosa Ley Habilitante, asumiendo como propia de su modelo socialista la reelección indefinida que puso en marcha Chávez, Colombia mantiene un régimen democrático en todo el sentido de la palabra. Se respeta la libertad de prensa, la división de poderes y el país mantiene con los Estados Unidos una relación cercana y amistosa, que le ha permitido, entre otras cosas, contar con su apoyo en la lucha contra el narcotráfico y el terrorismo.

¿Qué factores han coadyuvado a que el país supere la incertidumbre y las preocupaciones que ensombrecieron a comienzos de 2013 el panorama económico internacional? Ante todo, el flujo de inversión extranjera directa (IED) que a finales de 2013 ascendió a 15.171 millones de dólares. De esta cifra, poco más de 12.000 millones fueron al sector de la minería y el petróleo. La llegada de empresas extranjeras, y muy en especial de técnicos venezolanos a su servicio, que se vieron obligados a expatriarse por el chavismo, permitieron un incremento notable de la prospección en varias regiones del país.

Por primera vez la producción de petróleo en Colombia superó el millón de barriles diarios. En cuanto al gas, la producción promedio alcanzó en diciembre de 2013 1.132.000 pies cúbicos por día. De su lado, otros minerales como el oro, el níquel, el cobre y el carbón han registrado un sorprendente auge en su explotación y salida a los mercados internacionales. Para abrir ventajosamente mercados a estas nuevas líneas de exportación, Colombia ha suscrito tratados de libre comercio con nueve países, entre ellos Estados Unidos, Canadá, México, Costa Rica, Chile, Corea e Israel. Por otra parte, siguen creciendo sus relaciones comerciales con China, que se mantienen desde hace algo más de veinte años. El mercado de Colombia está inundado de productos chinos y, por su parte, China es el segundo receptor en el mundo de bienes y servicios colombianos.

LA SOMBRA DEL IDIOTA

Ahora bien, estos indicadores que explican la buena salud de la economía colombiana no impiden que el país afronte riesgos inquietantes. En todos ellos se advierte el rastro de una izquierda carnívora, con sus inevitables idiotas al volante, que sueñan con extender a Colombia el Socialismo del Siglo XXI imperante en el vecindario continental. Esos riesgos, por cierto, son más visibles dentro que fuera del país. El primero de ellos está representado por los brazos políticos de la guerrilla, especialmente de las Farc, con el sustento millonario del narcotráfico. Considerada en el exterior una organización de carácter terrorista y duramente golpeada en el plano militar, las Farc han logrado moverse en otros ámbitos gracias a su mal conocida estrategia de "combinación de formas de lucha". Es un hecho que sus brazos políticos han logrado el control de vastas regiones rurales, así como una peligrosa infiltración en las diferentes ramas del poder público, especialmente en la justicia. También han conseguido penetrar en el mundo sindical y universitario.

El proceso de paz abierto con ellas por el presidente Santos se inscribe muy bien dentro de su nueva estrategia de visos políticos. No es, como ingenuamente se ha entendido en círculos oficiales de Colombia y desde luego en el exterior, señal de debilidad o resultado de golpes sufridos por ellas. Las Farc participan en la negociación considerándose de igual a igual con el Estado. Negocian como una de las dos partes del conflicto.

Juega en su favor la debilidad del Estado por culpa de una clase política corroída por el clientelismo y la corrupción, que espera del gobierno, a cambio de su apoyo, cuotas burocráticas y contratos. A esto cabe añadir que no existe una cohesión real en las fuerzas democráticas, debido a la aguda polarización que prevalece entre los partidarios del expresidente Uribe y los del presidente Santos. A tales fenómenos debemos sumar la manera como la propia guerrilla logra aprovechar el descontento y las movilizaciones de los campesinos.

Veamos de cerca este último fenómeno.

Nadie, en el área urbana donde se mueven los voceros de la opinión pública, se lo esperaba: el 19 de agosto del 2013 se inició un paro agrario de dimensiones nunca vistas que paralizó al país. Miles de campesinos bloquearon las carreteras y el acceso a las principales ciudades. A los hasta entonces pacíficos cultivadores de papa que iniciaron la protesta se sumaron luego los caficultores, los cultivadores de arroz, cebolla, trigo, panela, cebada y los productores de leche y derivados lácteos. Lo que menos se esperaba es que a su lado aparecieron encapuchados dispuestos a enfrentarse a la policía y a impedir el despeje de las vías, sirviéndose de explosivos artesanales. Las razones que daban los voceros de esta protesta tenían al parecer un sólido fundamento hasta entonces no bien conocido por la opinión pública.

Debido al alto costo de los insumos, de la gasolina, del transporte hasta los centros de compra y sobre todo a la aparición en el mercado nacional de productos importados a precio muy competitivo como el propio café, el trigo, el arroz y la leche, el pago que los mayoristas y el Estado mismo ofrecían a los agricultores por sus productos resultaba inferior al costo de producción de los mismos. De este modo, un enorme número de familias campesinas, que hasta entonces y desde tiempo remotos habían vivido en Colombia de sus cosechas, pisaban por primera vez el umbral de la miseria.

Esta situación, que permitió a la guerrilla capturar a su favor la protesta social enviando a las carreteras milicias armadas, fue de inmediato aprovechada por el perfecto idiota colombiano para atacar sin piedad a los tratados de libre comercio suscritos por Colombia, así como a la apertura económica y a la globalización. Todo ello, desde luego, cubierto por el maligno rótulo de su predilección: "capitalismo salvaje".

En realidad, como lo han advertido calificados analistas, el problema del agro se debe en Colombia a graves rezagos de los gobiernos, pues a diferencia de lo ocurrido en países como el Perú y Costa Rica no se pusieron en marcha de manera efectiva nuevos productos agrícolas de exportación con opciones de mercado, sino que se mantuvieron inamovibles los tradicionales. Fue el caso del café, cuya ubicación en el mercado internacional no es la misma del pasado siglo, pues países como China y Vietnam, al tiempo que impulsaban su cultivo, lograron mejorar su calidad y ofrecerlo a precios más bajos.

A estos nuevos problemas se suma uno muy antiguo en Colombia: la conflictiva propiedad de la tierra. Pese a las reformas agrarias que realizaron en el siglo pasado algunos presidentes de tinte progresista, la aparición de la guerrilla en la década de los sesenta, su estrecha vinculación con el tráfico de drogas y el voraz impulso que dio a los cultivos de hoja de coca cambiaron el panorama. Si a lo anterior se agrega la violenta apropiación de tierras por parte de las Farc, el ELN y de los llamados "paramilitares", la siembra de minas importadas de Vietnam por la guerrilla para impedir el paso de fuerzas militares y el reclutamiento forzado de menores para vincularlos a la lucha armada, se comprende por qué se produjo entonces un desplazamiento masivo de campesinos hacia las ciudades. La política de los dos últimos gobiernos de restituir las tierras a sus dueños desplazados no ha sido de fácil ejecución. Los acuerdos con la guerrilla en La Habana permiten sospechar que las Farc solo facilitarán su puesta en práctica en los sectores campesinos que hoy están bajo su control.

LA NUEVA ESTRATEGIA DE LAS FARC

Aquí entramos en un terreno que permite vislumbrar los peligros que afronta hoy Colombia. Con la llegada del nuevo siglo se hizo visible, al menos para quienes siguen de cerca sus pasos, un sustancial cambio en la estrategia de las Farc, que supone la renuncia a llegar al poder por la vía armada. Tres factores lo propiciaron. El primero, es la aparición en el continente de regímenes afines a su ideología. Chávez, en particular, demostró con su propia experiencia, seguida luego por Ecuador, Bolivia y Nicaragua, que podía llegarse al poder por la vía electoral para, una vez logrado este objetivo, poner en marcha una revolución socialista. Fue un cambio de la vieja cartilla castrista según la cual solo las armas eran el único medio para lograr esa meta.

El segundo factor que motivó a las Farc a poner en marcha nuevas modalidades de lucha fueron los duros golpes que recibió bajo los gobiernos de Álvaro Uribe y de Santos, gracias a sofisticados métodos de inteligencia técnica y humana aportados por el gobierno de los Estados Unidos. Dicha colaboración permitió detectar con precisión varios campamentos de la guerrilla, que fueron atacados de manera sorpresiva por la Fuerza Aérea, lo que permitió eliminar a importantes comandantes de las Farc.

Finalmente, contribuyeron también al cambio de estrategia de esta guerrilla los millonarios recursos obtenidos por cuenta del narcotráfico y puestos en manos de sus organizaciones políticas para consolidar su control en vastas regiones campesinas.

Quien diseñó y puso en marcha esta nueva estrategia fue Guillermo León Sáenz Vargas, alias "Alfonso Cano". Su famoso plan Renacer y más tarde, como derivación del mismo, el llamado documento de la "Segunda Independencia", constan de catorce puntos, entre los cuales aparece la creación de nuevos partidos políticos bajo su directo control, la participación en elecciones locales, regionales y nacionales, la formación de dirigentes por medio de centros de pensamiento e investigación, la participación en los llamados por Cano "procesos democráticos de América Latina", un acercamiento a ONG europeas o latinoamericanas de su mismo perfil ideológico y una infiltración en organismos internacionales de carácter jurídico.

En desarrollo de este ambicioso plan, los instrumentos políticos creados por Cano fueron dos: el PC3 (Partido Comunista Clandestino Colombiano) y las Milicias Bolivarianas. Por cierto, muchos de nuestros idiotas han formado parte de los mismos. El PC3, integrado por cuadros de cierta preparación —muchos de ellos reclutados en las universidades—, contienen células clandestinas de solo cinco o seis integrantes, cuya misión esencial es la de infiltrarse en organismos del Estado, muy especialmente en el poder judicial, así como también en medios de comunicación, sindicatos, universidades, organizaciones no gubernamentales de derechos humanos y comunidades de indígenas y de afrodescendientes. El *mot d'ordre* o consigna dado por Cano a los miembros iniciales de su partido clandestino fue no revelar su ideología para cumplir su misión con mayor eficacia.

Por su parte, las llamadas Milicias Bolivarianas han realizado una labor no menos importante. Sustituyeron en muchos municipios a los núcleos guerrilleros para ejercer un control soterrado y más eficaz sobre alcaldías y juntas de acción comunal. Dos factores han permitido su progresivo avance. El primero, sin duda muy importante, es el dinero. No olvidemos que disponen de los millonarios recursos que las Farc obtienen del tráfico de drogas. Con ellos pueden, por un parte, fijar ingresos muy atractivos a los miembros de las llamadas en Colombia Juntas de Acción Comunal y por otra, pagar a los campesinos encargados de la siembra de coca sumas nunca vistas por ellos.

Por cierto, los milicianos bolivarianos actúan abiertamente tras la fachada de una agrupación política legal de modo que las unidades militares no están autorizadas para combatirlos o desalojarlos. El segundo factor que permite a esta encubierta militancia política de las Farc dominar vastas regiones del país, además de la compra de tierras para el cultivo de la coca y la dependencia económica del campesinado, es la ausencia de partidos políticos legales con real sustento popular en aquellas zonas. El clientelismo que reina en la clase política tradicional colombiana solo opera en vísperas electorales y muchas veces termina siendo instrumento de las propias milicias.

¿Significará esto que las Farc han abandonado la acción armada? De ninguna manera, aunque el número de guerrilleros ha disminuido, hasta el punto de que si hace algunos años sumaban cerca de 20.000 efectivos hoy no alcanzan a ser más de 7.000, realidad que corresponde a un cambio de táctica. Las Farc, por decisión de Cano en su momento, han regresado a la guerra de guerrillas. Es decir, en vez de la guerra de posiciones, que les permitió en ocasiones apoderarse de bases militares y de poblaciones enteras, incluso capitales de departamento, hoy los combates de otro tiempo han sido sustituidos por acciones terroristas cometidas por pequeños grupos, muchos de ellos camuflados entre la población. Atentados a cuarteles de policía con carros bomba, voladura de puentes, ataques a la infraestructura eléctrica y asesinatos selectivos buscan mantener su vigencia como organización armada pero, ante todo, crear el pánico en la propia población. ¿Qué pretenden con ello? Enviar un mensaje claro y directo no solo a las regiones donde cometen tales atropellos sino al país entero, de que no hay más alternativa que la firma de un acuerdo de paz.

LA PAZ, ¿A QUÉ PRECIO?

Los diálogos de la Habana, que tuvieron como preámbulo un año de conversaciones secretas entre delegados del gobierno y la guerrilla, se abordaron con un singular equívoco. El gobierno del presidente Santos llegó a ellos con la convicción de que adelantaría negociaciones con una fuerza derrotada. Se trataba entonces de facilitarle su paso de la lucha armada a la arena política, mediante la aplicación de una justicia transicional que le ahorrara severas penas por delitos cometidos a lo largo de cincuenta años y el desmantelamiento de su estructura militar.

La visión de las Farc sobre su propia situación es opuesta. Conocen muy bien lo que tienen: un control encubierto pero real de buena parte de la zona del Pacífico, de los departamentos del sur del país y de algunos al oriente, en la frontera con Venezuela. Por otra parte, han logrado que sus brazos políticos hayan penetrado profundamente el ámbito judicial. A esto han contribuido dos alarmantes fenómenos. El primero, es que la gran mayoría de jueces, fiscales y aun miembros de las altas cortes no provienen de costosas universidades privadas como Los Andes, la Javeriana o el Rosario, sino de universidades públicas o privadas con un evidente perfil de izquierda. Basta ingresar a la más importante del país, la Universidad Nacional de Bogotá, para encontrarse con que su plaza principal está consagrada con un enorme mural al Che Guevara. Sus profesores merodean por los parajes ideológicos del marxismo, de modo que los egresados de la facultad de Derecho, que suelen iniciar su carrera en la rama judicial, tienden a ver a los empresarios nacionales y extranjeros como miembros de una oligarquía, a los miembros de la Fuerza Pública como instrumentos represivos y a la guerrilla no como una organización terrorista sino como un movimiento insurgente provocado por las desigualdades sociales.

Esta distorsionada visión, sumada a un tráfico de falsos testigos y a la acción de hábiles colectivos de abogados cercanos al Partido Comunista, ha permitido el enjuiciamiento y en algunos casos, sentencias condenatorias de las figuras más sobresalientes de las fuerzas armadas en la lucha contra la subversión. De este modo, los golpes sufridos por la guerrilla en el campo militar han sido compensados con éxito por una guerra jurídica que adelantan sus secretos aliados.

Las dispendiosas negociaciones iniciadas de manera formal en octubre de 2012, primero en Oslo y luego en La Habana, rompieron el aislamiento de las Farc, eclipsando su imagen de organización terrorista para presentarla en el ámbito internacional como una de las dos partes de un viejo conflicto armado cuyo fin solo puede conseguirse mediante un acuerdo. Muy probablemente el que firmen en 2014 con el presidente Santos puede concluir en leves y casi imperceptibles sanciones penales, y no en la entrega de sus armas sino en una supuesta "dejación" de las mismas (tal es el término citado por las Farc en La Habana). Es muy probable, además, que el gobierno acepte las llamadas Zonas de Reserva Campesina, que en realidad han sido creación de la guerrilla, dándoles representación en las asambleas departamentales y hasta en el propio Congreso de la República. Además, vale la pena tenerlo en cuenta, partidos y movimientos políticos afines a las Farc, como la Marcha Patriótica y la Unión Patriótica, cuentan con reconocimiento legal.

La paradoja que vive el país es que, después de cincuenta años de un conflicto atroz, más del 80% de la opinión pública es partidaria de un acuerdo de paz. Sin embargo, el mismo porcentaje de la opinión considera que no puede haber impunidad por los crímenes de lesa humanidad cometidos por las Farc, que debe haber entrega de armas y no dejación, y que no debe dárseles garantía alguna para disponer de espacios propios en el Congreso. No es probable que estas exigencias sean tomadas en cuenta a la hora de firmar un acuerdo.

Lo que ensombrece el panorama político de Colombia es la aguda división que existe entre los partidarios del presidente Santos y los del expresidente Uribe. Es una peligrosa polarización que ha impedido el consenso de las fuerzas democráticas en torno al llamado proceso de paz. Mientras Uribe estima que se le han hecho concesiones inaceptables a la guerrilla, como la de permitir que continúen sus acciones terroristas en medio del diálogo abierto con ella y que se pasen por alto sus crímenes de lesa humanidad, el presidente Santos tiene atado el tema de la paz a su posible y muy probable reelección en mayo de 2014. ¿Es, como se ha dicho insidiosamente, una pugna entre amigos de la paz y amigos de la guerra? ¿Se trata de una división ideológica entre izquierda y derecha? No hay que dejarse confundir. Son afirmaciones y rótulos muy propios de nuestro idiota.

Por una parte, no se puede desconocer que los éxitos logrados por Colombia en el plano económico e incluso en el militar se deben a los dos últimos gobiernos. En su esencia, no se advierten desacuerdos de fondo. Lo que sí resulta evidente son las profundas diferencias que existen entre Uribe y Santos por cuenta de su carácter, de su manejo político y sobre todo de su manera de ver y afrontar el conflicto armado. Mientras que el primero sigue considerando a las Farc una organización terrorista con la cual no se debe negociar sino cuando haya sido totalmente derrotada, el segundo tiene un enfoque más pragmático: el de poner fin al conflicto, aun si fuera necesario pagar un alto precio por lograrlo. Esta hasta ayer inesperada realidad merece ser explorada en sus orígenes.

EL PODER Y SUS VANIDADES

Digan lo que digan sus opositores, Colombia tuvo cambios de gran trascendencia con el gobierno de Álvaro Uribe Vélez. El país que encontró en el 2002, cuando accedió al poder, mostraba un panorama desastroso. En primer término, en el campo de la seguridad. Corrían grandes riesgos los colombianos en las carreteras. Retenes de la guerrilla los sometían a rápidas extorsiones a cambio de su libertad. Eran las llamadas "pescas milagrosas". De los 1.123 municipios del país, 300 habían sido abandonados por sus alcaldes ante el riesgo inminente de secuestro o asesinato. La guerrilla había logrado ubicarse en lugares estratégicos, algunos de ellos no muy distantes de la capital. Sintiéndose indefensos ante el peligro de un ataque masivo, muchos contingentes de policía habían abandonado un gran número de municipios. Ante los mismos riesgos, la inversión extranjera había disminuido notablemente. Los campesinos desplazados colmaban los cinturones de miseria de las principales ciudades.

Dueño de una férrea voluntad para hacer frente a estos males, Uribe asumió el poder el 7 de agosto de 2002 en medio de un atentado que realizó la guerrilla disparando cohetes contra el palacio presidencial. Seguridad democrática, promoción a la inversión y política social fueron los tres propósitos que puso en marcha de inmediato. O los tres huevitos, como solía llamarlos con su lenguaje de campesino raizal. Lo sorprendente es que logró sacarlos adelante. Movilizando tropas en todos los rincones del país, bajo su directo control, desplazó a la guerrilla a confines selváticos, al tiempo que con sólida protección policial consiguió el retorno de los alcaldes que habían huido de sus municipios.

Valiéndose de la llamada Ley de Justicia y Paz, obtuvo la desmo-
vilización y entrega de las llamadas Autodefensas Campesinas
o grupos paramilitares. Cuando descubrió que muchos de sus
comandantes, pese a estar recluidos en centros penitenciarios
especiales, continuaban manejando el tráfico de drogas, no
vaciló en extraditarlos a los Estados Unidos.

En el campo económico puso en marcha un programa de
tinte abiertamente liberal para dar hospitalidad y toda suerte
de garantías a la inversión extranjera, así como la creación y el
desarrollo de nuevas empresas industriales, comerciales y agro-
pecuarias. Para lograr el real cumplimiento de sus propósitos,
Uribe, según sus propias palabras, combinó exitosamente la
macrovisión de los problemas del país con una microgestión; es
decir, con un seguimiento incansable de todos los proyectos en
marcha. Todos los fines de semana, sin descanso, el mandatario
se desplazaba a las más distantes y variadas regiones del país
para verificar que carreteras, puentes, acueductos, escuelas u
hospitales planeados u ofrecidos por su gobierno, se estaban
cumpliendo.

Finalmente, fiel a un credo socialdemócrata que lo marcó
desde sus años universitarios, adelantó ambiciosos proyectos sociales dirigidos a los sectores menos favorecidos de la población,
como el llamado Familias en Acción, programa que se encargó
de suministrar recursos a las familias con hijos menores de 18
años, a fin de que estos no fueran explotados laboralmente y
tuvieran un mejor acceso a la salud y la educación. Igual propósito buscaba cumplir el programa Familias Guardabosques,
encaminado a sustituir los cultivos de coca por el de productos
agrícolas lícitos.

¿Fallas? Las tuvo, y fueron hábilmente explotadas por el
perfecto idiota colombiano. La primera tuvo que ver con la

supresión del fuero militar en virtud de un acuerdo entre el Ministerio de Defensa y la Fiscalía General de la Nación. A partir de aquel momento, la justicia ordinaria se encargó de investigar y sancionar, si era el caso, a los miembros de las fuerzas armadas. Al parecer, esta medida obedeció a un diplomático colombiano que al regreso de una misión en Washington consideró que la aprobación de un tratado de libre comercio con los Estados Unidos requería tal medida. Algunas ONG, como Amnistía Internacional, basándose en experiencias como las ocurridas en Chile, Argentina y Uruguay bajo dictaduras militares, sostenían que era más fiable la justicia civil que la castrense. Lo que el presidente Uribe no tuvo entonces en cuenta fue la peligrosa penetración que habían logrado en el poder judicial las Farc y sus brazos políticos. Para júbilo del idiota, figuras del ejército, hasta entonces vistas como emblemáticas en la lucha contra la subversión, quedaron envueltas en toda suerte de sindicaciones y condenas. A su lado, 15.000 militares de toda graduación han sido separados de sus cargos mientras se adelantan procesos de investigación en su contra.

Otro fallo aprovechado por los adversarios de Uribe fue su intento de hacer una reforma constitucional encaminada a facilitar su segunda reelección. Si bien, en su caso no obedecía a una cruda ambición de poder sino al deseo de llevar a feliz término su política de seguridad democrática, es evidente que revivió en su favor los clásicos vicios del mundo político tradicional. Varios lugartenientes suyos llegaron a ofrecer toda suerte de prebendas a congresistas para que votaran la reforma propuesta. Fue una fortuna que esta segunda reelección no se cumpliera. Habría tenido mala imagen cuando en el continente se había convertido en signo distintivo de los regímenes populistas cercanos a Castro.

Con unos índices de aceptación muy altos, que aún hoy se mantienen, Uribe, ya sin posibilidad de reelección, creyó llegado el momento de poner su popularidad al servicio de un sucesor capaz de continuar sus programas.

Con ese anhelo, designó como candidato de su movimiento a quien había sido su ministro de Defensa, Juan Manuel Santos. No era ciertamente un hombre con carisma. Aunque tenía un bien merecido prestigio como funcionario y buen conocedor de los problemas públicos, jamás había participado como candidato en elección alguna. De ahí que la altísima cifra de algo más de nueve millones de votos recibidos por él en mayo 30 de 2010 se la debiera en muy buena parte al presidente Uribe. Lo que este y sus fervorosos partidarios no esperaban fue el viraje que dio Santos inmediatamente después de asumir la presidencia. En efecto, nombró en su gabinete a dos reconocidos adversarios de Uribe. Y algo más inesperado: su cordial acercamiento al presidente venezolano Hugo Chávez, a quien no vaciló en llamar "mi nuevo mejor amigo". Buscó también un acercamiento con el Partido Liberal que había sido un empecinado opositor del gobierno anterior. De hecho, se reveló como un hábil manipulador de cartas políticas. Parecía haber llevado a este campo su reconocida destreza en el juego del póquer.

Detrás de tales conductas opuestas, lo que los colombianos han advertido son rasgos de carácter muy disímiles. Uribe tiene el clásico perfil de un líder voluntarioso. Santos tiene, efectivamente, la astucia y la habilidad de un jugador. ¿Algo propio de su respectiva región de origen? Así lo afirmó un malévolo humorista: "Uribe, como buen antioqueño, lo que piensa lo dice y lo que dice lo hace. Santos, en cambio, como buen 'cachaco' (bogotano de rancia estirpe), lo que piensa no lo dice y lo que dice no necesariamente lo hace".

Lo cierto es que la feroz polarización surgida entonces entre los partidarios de Santos y los de Uribe ha impedido en Colombia un balance objetivo de los méritos y las faltas de su gobierno. Todo se mueve entre entusiastas apologías y feroces condenas. Es innegable que su gestión ha sido exitosa en el campo de las relaciones internacionales, el control de la inflación, el crecimiento económico, la baja del desempleo, el auge de la inversión extranjera, el notable aumento en la producción petrolera y su destacado papel al lado de Chile, México y Perú para dar vida a la llamada Alianza del Pacífico. Es algo bien percibido en el exterior.

Sus opositores encuentran que programas sociales como un plan para construir 100.000 viviendas y distribuirlas gratuitamente en los sectores más pobres de la población, responden a intereses electorales y tienen ciertos visos propios del populismo, como el de no haber calculado el peso de su costo. Este anuncio fue visto como una manera de contrarrestar la baja de sus opciones reeleccionistas en las encuestas por cuenta de la protesta social. Y ni hablar de la controversia suscitada por el proceso de paz con las Farc.

Las deficiencias de Santos, que suelen ser vistas como realidad por la gran mayoría de los colombianos, tienen que ver con un rasgo muy suyo: el de no hacer seguimiento de los planes o programas ofrecidos por él. Es decir, el de no conciliar su macrovisión con una microgestión como la adelantada por su antecesor Uribe en todos los campos.

El despliegue publicitario dado con estrépito a cada programa suele ser mal recibido por el ciudadano común. El periodista colombiano Saúl Hernández Bolívar lo comenta en estos términos: "En efecto, Colombia atraviesa por una serie de problemáticas que nos tienen hoy más que nunca frente al riesgo de caer en manos del populismo, ese mal del que otras naciones de la región están siendo presas sin que se vislumbre aún una salida. Y es que los males abundan ante el descontento de todos, con lo que se pierde la perspectiva de lograr soluciones estructuradas y se prefieren las fórmulas mágicas". En otras palabras, las viejas fórmulas del idiota.

Los problemas no resueltos hoy en Colombia tienen relación ante todo con la inseguridad que ha vuelto a reinar en las ciudades y los campos, con la salud, el alto costo de los medicamentos, la deficiente atención médica con sus agotadoras y largas filas de pacientes, el bajo nivel de la educación pública que ubica al país entre los peor calificados en las pruebas Pisa y desde luego, la administración de justicia, donde reina también la corrupción rampante y los fallos insólitos. Los partidos que forman la Mesa de Unidad Nacional y apoyan al gobierno de Santos muestran los mismos vicios que en muchos países del continente produjeron el divorcio de la clase política con la sociedad civil y abrieron la puerta al populismo.

LA APUESTA DEL IDIOTA

Ante una situación tan contradictoria y confusa, ¿qué le espera a Colombia en el futuro inmediato? Por lo pronto se le abren las expectativas relacionadas con la firma de un acuerdo de paz entre el gobierno y las Farc, las elecciones parlamentarias y las elecciones presidenciales. Todo parece indicar que Juan Manuel Santos puede conseguir la reelección. Tres factores lo favorecen. El primero, reside en las ventajas que otorga el poder y la manera como con sus prebendas y cuotas puede capturar el apoyo de los principales partidos. El segundo es, desde luego, la ilusión que suscita, en una población golpeada por cincuenta años de violencia, un posible acuerdo de paz. Y finalmente, el tercer factor es el de la ausencia de un contendiente fuerte, capaz de derrotar a Santos. Ninguna encuesta lo revela. Aunque Uribe mantiene una popularidad alta, el candidato de su movimiento Centro Democrático, Oscar Iván Zuluaga, pese a mostrar evidentes calidades de estadista, es todavía desconocido por la mayoría de la población.

Ante una polarización política como la que hemos descrito, surge en el panorama una peligrosa opción. La misma que permitió la llegada de Chávez al poder en Venezuela, de Evo Morales en Bolivia, de Correa en el Ecuador o la de Daniel Ortega en Nicaragua. Es decir, el *outsider*, personaje opuesto a los tradicionales actores políticos. El elector que muestra desdén por los partidos y que hoy constituye una mayoría inédita lo ha venido buscando en Colombia de tiempo atrás. En los sectores populares, puede ser atraído por el populismo. El ejemplo más claro de esta peligrosa búsqueda se ha dado en las tres últimas elecciones de alcalde para Bogotá que han concluido siempre en un desastre. El tercero de ellos, elegido en octubre de 2011, Gustavo Petro, en nombre de una coalición de varios partidos de izquierda con los cuales suele identificarse nuestro perfecto idiota, sumergió a la ciudad en una de las mayores crisis que haya conocido en su historia. Amigo de Chávez y promotor en Colombia de su Socialismo del Siglo XXI, mantuvo una permanente confrontación de clases en el manejo administrativo de la capital colombiana. Típicas medidas populistas fueron tomadas por él en los servicios públicos. Cuando el aseo era eficientemente atendido por empresas privadas, decidió ponerlo en manos de una entidad oficial que no tenía experiencia alguna en su manejo, creando con ello una pavorosa catástrofe. Toneladas de basura se acumularon en las calles de la ciudad durante varios días. Para ganarse el apoyo de los sectores más pobres, arbitrariamente estableció en sus zonas tarifas por debajo del costo real en el transporte, el agua y la electricidad. Todo culminó con su destitución por fallo del Procurador General de la República, lo cual dio lugar a masivas protestas y marchas.

Este fenómeno reprodujo en Colombia lo que suele acontecer en países como Venezuela, Bolivia y Ecuador. Pese a que en los estratos medios y altos hay los ingredientes culturales capaces de ver con toda lucidez las calamidades que produce el populismo, los sectores marginales de la sociedad, que en América Latina son mayoritarios, permanecen —gracias a las continuas prebendas que reciben— fieles a quienes dicen que ejercen el poder en su nombre y en contra de los privilegiados.

Ahora bien, la izquierda vegetariana no ha logrado en Colombia el peso que tiene en países como Brasil, Uruguay o Chile. En cambio, la otra izquierda, la radical o carnívora como la hemos llamado, fiel a sus genes marxistas y con la proyección que en ella tienen los brazos políticos de las Farc, pueden constituirse en una peligrosa tercería capaz de disputar el poder a las corrientes tradicionales del país, si no en el inmediato futuro con alguna probabilidad más tarde. Es lo que esperan las Farc como culminación de la estrategia política que los ha llevado a La Habana.

Es también la apuesta del idiota en Colombia.

EL CASO PERUANO

El Perú es uno de los países más sorprendentes de América Latina. Tiene la extraña costumbre de hacer lo que nadie espera, saliéndose de la norma abruptamente o produciendo fenómenos exagerados que de vez en cuando lo llevan a situaciones límite. El mito de que su carácter, por la impronta andina, es resignado y parsimonioso, melancólico y por tanto ajeno a grandes idealismos, ha sido desmentido a lo largo del tiempo por la severidad de sus problemas y la desproporcionada magnitud de las soluciones escogidas, por las profundidades abisales en las que ha caído y las cimas elevadísimas a las que ha ascendido, según el caso, por obra de sus dirigentes y su pueblo.

Fue el centro de un imperio que abarcó a buena parte de Suramérica, tanto durante la etapa precolombina como durante la Colonia, pero se encogió de forma dramática, en todos los sentidos, durante la República, que pronto cumplirá dos siglos. Inventó el militarismo de izquierda (solo comparable en América Latina al torrijismo panameño, aunque hubo bastantes diferencias) cuando medio subcontinente vivía o se aprestaba a vivir la experiencia militarista de derecha. No se contentó con engendrar una agrupación revolucionaria comunista: tenía que ser una organización polpotiana cuyo maoísmo ortodoxo hizo de esos jemeres rojos andinos uno de los fenómenos de terrorismo más sanguinarios y destructivos de la historia latinoamericana.

No se resignó a ser un país subdesarrollado más: exploró en diversos momentos las distintas modalidades en que se puede destruir la riqueza —la alcanzada y la potencial—, asegurándose de que el viejo centro incaico y virreinal se volviera uno de los lugares más empobrecidos. Creó la nueva dictadura o la variante más reciente de la dictadura latinoamericana —aquella en la que por la vía legítima se accede al poder y desde allí se desmonta la democracia—, pero en lugar de que esa aventura populista tuviera, como las que vinieron después en la región, un sello de izquierda, lo tuvo de derecha. Todo eso, después de que los votantes rechazaran en las urnas un plan de *shock* antiinflacionario, disciplina fiscal y monetaria, liberalización comercial y privatización de empresas estatales que el triunfador acabó aplicando en versión deformada y bajo un esquema de corrupción... con el aplauso popular.

Luego, la democracia produjo cosas no menos extrañas, como el regreso al poder del hombre que había arruinado al país década y media antes, para que encabezara un gobierno de signo ideológico contrario. O como el surgimiento de un militar nacionalista, admirador de Hugo Chávez, que puso los pelos de punta a medio país y cuyo programa antediluviano le costó una elección, antes de que se convirtiese, cinco años más tarde, en la salvación de la democracia peruana a los ojos de millones de personas que querían impedir el regreso al poder de los herederos del populismo autoritario de derecha.

Más estrambótico que todo lo anterior es quizá el *volte face* o giro copernicano que ha dado de un tiempo a esta parte la fortuna socioeconómica del país y, por tanto, su imagen externa. El Perú pasó de ser el patito feo de América Latina —un caso de estudio en las universidades por su fracaso aleccionador y una referencia maldita de los organismos internacionales, ejemplo minucioso de lo que no hay que hacer—, a convertirse en el "milagro" peruano, el modelo de la región, el *non plus ultra* de los latinoamericanos emergentes (para usar la metáfora acuática que alguien infligió a los países en desarrollo y ahora todos empleamos).

Con estos antecedentes, que parecen hacerse eco del título de la novela de Bryce Echenique, *La vida exagerada de Martín Romaña*, uno se pregunta qué sucesos extremos vendrán mañana o pasado mañana, especialmente a la luz de lo que ocurre ahora. La desaceleración económica que se nota desde hace un par de años, la crispación política que parece ir en aumento, la división cada vez más áspera en torno a asuntos que parecían resueltos, ¿qué auguran? ¿Son un mero alto en el camino para tomar aire y seguir a pie firme por el rumbo trazado desde hace un buen número de años o la antesala de un nuevo vuelco espectacular y traumático en la trayectoria del país hacia cosas excesivas y sorpresas que quitan el aliento? Esperemos que lo primero. Si es así, estaremos ante un hecho de alta significación histórica por lo poco común que resultaría tamaña consistencia. Continuidad, progreso, previsibilidad y consenso no son —no han sido hasta ahora— rasgos sobresalientes de la vida peruana. Como dijo Nicolás de Piérola, uno de sus estadistas más célebres y turbulentos: "La imprevisión es el rasgo distintivo de nuestra manera de ser pública y privada".

El Perú tiene una historia muy rica, contradictoria y compleja que sería demasiado largo detallar en este capítulo. Para entender someramente los antecedentes, basta recordar que se trata, en parte por haber constituido el eje de un imperio precolombino y luego colonial, de una de las repúblicas que heredó un Estado de más gravitación, una sociedad con más contrastes y menos integración, y una disparidad socioeconómica más lacerante, a pesar de tener abundantes riquezas naturales. En el siglo XIX, este legado dio lugar a una fractura política y social aún mayor que la de otras repúblicas de la región, con las naturales consecuencias: la falta de participación de millones desamparados en la vida política y económica, y una ausencia de consensos básicos que condujo a la inestabilidad, el golpismo, el autoritarismo y la economía rentista.

Cuando en el siglo XX se trató de corregir la situación, en algunos sentidos esta empeoró porque los movimientos de masas urbanos que surgieron en los decenios de 1920 y 1930 tuvieron una inspiración nacionalista o socialista antes que liberal y porque los militares, en lugar de aceptar que fueran los civiles quienes determinaran el curso de los acontecimientos, se las arreglaron para ocupar un espacio que no les correspondía, a veces por la vía directa y a veces, indirecta. Como suele ocurrir en repúblicas dotadas de riquezas naturales que se explotan bajo sistemas rentistas, los momentos de auge debidos a la subida de los precios externos aliviaron la suerte de algunos y dejaron a muchos otros viendo la fiesta desde el otro lado de la ventana, mientras que en las épocas de declive se agudizaba la disputa por el botín.

En el siglo XX, hubo, es cierto, bolsones de dinamismo capitalista gracias a la inversión nacional y extranjera, que permitió un desarrollo importante de la agricultura y más tarde de la pesca. Pero el conjunto del sistema estaba deslegitimado a los ojos de un número suficiente de personas como para que tarde o temprano el revanchismo y la envidia cobraran la forma de movimientos y caudillos populistas o socialistas a la vieja usanza, de megaterios políticos dispuestos a retrotraer el país a finales del pleistoceno en lugar de apuntar hacia los modelos exitosos que la modernidad ofrecía en otras partes.

TRAS CUERNOS, PALOS

En los años setenta, cuando parte de América Latina vivía bajo dictaduras militares de derecha, el Perú experimentó una paradójica dictadura de signo contrario: la del general Juan Velasco Alvarado, un militar socialista que depuso al presidente legítimo, Fernando Belaúnde. Este general inauguró así un gobierno que con el tiempo sería conocido como la "primera fase", porque fue sucedido, tras un nuevo golpe de Estado, por otro uniformado, Francisco Morales Bermúdez, que aunque no compartía las ideas socialistas de su antecesor preservó gran parte de su legado hasta el regreso de la democracia en 1980.

El velasquismo, excepto para algunos nostálgicos y jóvenes que ignoran la historia peruana de la segunda mitad del siglo XX, concentró más idiotez por metro cuadrado de la razonable. No haremos aquí el recuento completo ni mucho menos, pero es un antecedente que es preciso tener en cuenta, porque fue el origen de gran parte de la estructura económica y al menos una parte de la institucional que heredó la democracia en el docenio de 1980 y que luego fue agravada por el primer gobierno de Alan García. Una herencia que hizo perder al Perú treinta años: solo en 2005 el país recuperaría el ingreso per cápita de inicios de los años 1970.

En cuanto al aspecto político, Velasco hizo lo que hacen los dictadores militares: acabar con la democracia de partidos y la libertad de expresión, y perseguir a sus adversarios. No tuvo las características sanguinarias de otros regímenes militares, probablemente porque no hubo necesidad de ello —no se enfrentó a una resistencia organizada que representara una amenaza— y porque, al tratarse de una dictadura "progresista", ocupó el espacio ideológico del que hubiera podido surgir una reacción armada como la que en otros lugares dio pie a una represión genocida. La segunda fase de ese decenio, encabezada por Morales Bermúdez, tampoco fue sanguinaria, aunque queda por aclarar la versión, que circula en algunos países latinoamericanos, de que colaboró esporádicamente con la Operación Cóndor, la coordinación entre los regímenes militares del Cono Sur durante la década de 1970, sin formar parte integral de aquella red. Morales, en cámara muy lenta, devolvió finalmente el poder a los civiles en 1980.

El gobierno *de facto* de Velasco tuvo un componente que le dio en el aspecto económico una dimensión nítidamente diferenciada de otros gobiernos militares. Fue una revolución socialista y populista que expropió empresas, colocó bajo la férula del Estado a las principales industrias y cercó a los negocios privados que subsistieron bajo distintas modalidades con la justificación de hacer "participar" de la riqueza a los trabajadores explotados (se llamó a esa barbaridad "Comunidad Industrial"). Bajo un esquema proteccionista y controlista de estirpe "nacionalista", pretendió asimismo independizar a la economía del imperialismo rapaz.

El gobierno pasó a dominar todas las llamadas "áreas estratégicas", que iban de las finanzas a la minería, de los hidrocarburos a las telecomunicaciones y las industrias vinculadas a la construcción. También monopolizó la comercialización de las riquezas naturales y las industrias basadas más directamente en ellas. A los industriales a los que se dejó seguir operando los doblegó políticamente a cambio de protección contra la competencia, crédito subvencionado y libre importación de algunos bienes de capital que no se fabricaban en el país, a una tasa de cambio diseñada para ayudar a los importadores seleccionados.

El resultado fue la destrucción de algunas actividades económicas decisivas en esa época, como la agricultura y la pesca de la anchoveta. Especialmente notable fue la ruina de la tierra, tanto la agroindustria exitosa de las haciendas de la costa como la más modesta actividad agrícola de la sierra. Al grito de "campesino, el patrón ya no comerá más de tu pobreza", el sistema consistió en expropiar las haciendas y darles un destino dirigista; a diferencia de lo sucedido en la sierra, donde el gobierno las puso en manos de comunidades que estaban fuertemente intervenidas por el régimen, en la costa las convirtió en cooperativas (también sujetas a mucha influencia política).

Las consecuencias devastadoras que estas medidas causaron en la agricultura todavía se dejan sentir. Muchas de las cooperativas fueron privatizadas de manera informal y clandestina por los propios "beneficiarios" y el minifundio pasó a ser un protagonista del campo peruano, mientras otros países se modernizaban con economías de escala y un elevado desarrollo agroindustrial. El Perú acabó importando prácticamente todos sus alimentos fundamentales, incluida la papa, tubérculo oriundo del país.

No fue una revolución comunista propiamente hablando. Velasco desplazó a los comunistas de los ámbitos donde los veía como rivales (por ejemplo, mediante la creación del Sistema de Apoyo a la Movilización Social). Pero su prédica y su orientación contribuyeron mucho a legitimar al marxismo como visión ideológica y al comunismo como movimiento político organizado. El Perú llegó a tener muy pocos años después la fuerza marxista más poderosa de América Latina bajo un sistema democrático (Izquierda Unida alcanzó un tercio de la votación). Las versiones más extremas del marxismo, como Sendero Luminoso, en parte fueron hijas de la radicalización a la que dio pie el velasquismo, tanto por atracción como por rechazo competitivo, en la izquierda más ideológica. La pauperización del campo tras la reforma agraria también acabó siendo un caldo de cultivo para el *senderismo*.

La herencia económica del velasquismo, que ni la segunda fase militar ni la democracia modificaron en lo sustancial aunque sí revirtieron en ciertos aspectos puntuales, fue reforzada por el primer gobierno de Alan García. Renegando de las enseñanzas de Haya de la Torre, el fundador del Apra, que se había moderado mucho en las últimas décadas de su vida, García, un mozo de 35 años con verbo fácil y sed de gloria, hizo suyo desde el inicio parte del programa de la izquierda marxista. Su primera medida —un aviso para navegantes— fue la expropiación de los certificados de depósitos en dólares para obligar a la gente a cobrarlos en moneda peruana devaluada. Luego expropió una empresa petrolera, la Belco, haciéndole un tonto favor, pues, dado que perdía dinero, esa empresa probablemente se hubiera retirado por su propia cuenta y, en cambio, gracias al zarpazo del gobierno aprista, acabó cobrando cientos de millones de dólares del seguro. Por supuesto, Alan García empleó muchas otras formas combatir al enemigo exterior, decretando unilateralmente la reducción del servicio de la deuda hasta un monto equivalente al 10% de las exportaciones. Cosas del antiimperialismo.

Aquel gobierno protegió industrias mediante barreras comerciales, controló los precios, alimentó el consumo exponencialmente con el uso de mecanismos artificiales a la típica usanza keynesiana, dio rienda suelta a la creación de moneda a través de un Banco Central bajo dominio político y aterrorizó a la clase media con un lenguaje belicoso contra la empresa privada y "los ricos" muy parecido al que años después emplearía Hugo Chávez.

Bajo la influencia de un asesor argentino, García practicó lo que dio en llamarse "heterodoxia" aunque en realidad se tratara de la más pura ortodoxia del fracaso. Subvencionar el consumo y las importaciones en desmedro de la producción y las exportaciones era algo que ya se había hecho muchas veces en América Latina.

Como suele suceder, en un primer momento esta política tuvo un efecto de "espejismo", haciendo creer al país que estaba en marcha una gran recuperación económica. El crecimiento de los primeros dos años fue muy elevado. Pero luego vino el deterioro y, en 1987, Alan García decidió huir hacia adelante, decretando la estatización de la banca y las compañías de seguros, en contra de una promesa explícita que había formulado durante su campaña electoral. La movilización contra aquella medida, bajo el liderazgo de Mario Vargas Llosa, logró impedirla después de una verdadera batalla campal que partió al país en dos. Pero las consecuencias económicas de la desconfianza suscitada por la iniciativa confiscatoria resultaron devastadoras.

La estampida de los capitales privados, la emigración de innumerables profesionales y la dolarización de la economía fueron algunos de los síntomas del pánico que se apoderó de buena parte del país, para no hablar del ambiente especulativo y la escasez que todos los controles provocaron. Las cifras económicas pronto reflejaron todo esto: la tasa de crecimiento se volvió negativa, fruto del colapso del aparato productivo. El déficit fiscal y la inflación se dispararon y se volatilizaron las reservas del Banco Central. Se calcula que la inflación total del quinquenio de García ascendió, en términos acumulativos, a dos millones por ciento. El nivel de vida de la mayoría de peruanos se redujo en un 40% y el PBI se encogió en un 9,2%.

Esta hecatombe aconteció en medio de una milyunanochesca corrupción, como es habitual en el intervencionismo, que tendría durante un tiempo a los jerarcas del gobierno bajo investigación. El sistema mismo era una fábrica permanente de beneficiarios asistidos por la política económica y monetaria. Una de las fuentes de mayor corrupción y privilegio fueron los diecinueve tipos de cambio diferenciales que llegó a haber.

Felizmente Alan García aprendió la lección económica de su primer gobierno y realizó una gestión de signo muy distinto dos décadas después (aunque en ese periodo también surgirían graves cuestionamientos éticos contra él y sus colaboradores).

EL MODELO PERUANO

La crisis del decenio de 1980 desembocó en una transformación del modelo peruano que con los años pasaría a ser motivo de merecido prestigio, aun cuando todavía faltan muchas reformas para alcanzar el desarrollo. Como todo en el sorprendente Perú, el modelo fue gestándose de forma contradictoria, con marchas y contramarchas, con luces y muchas sombras, pero de un modo lo suficientemente inequívoco como para haber gozado hasta hoy de un consenso básico. La mejor prueba es que Ollanta Humala, a regañadientes y con algunos sustos en el camino, ha respetado su esencia. Lo que no quiere decir que en algunos sectores no hayan surgido cuestionamientos inquietantes contra el corazón del modelo peruano. Estos cuestionamientos podrían crecer mucho.

¿Cómo, cuándo y dónde nació el modelo peruano? Probablemente lo más justo sea decir que nació el 21 de agosto de 1987, en la plaza San Martín de Lima. Aquella noche, Mario Vargas Llosa encabezó una gran concentración contra el intento del entonces presidente, Alan García, de estatizar todo el sistema financiero. Su protesta y la de un grupo de amigos habían cobrado dimensiones inesperadas; calzando con el sentimiento de los empleados de las instituciones afectadas, primero, y de una parte considerable de la empobrecida clase media después, habían provocado un ramalazo en la conciencia de muchos peruanos. La Izquierda Unida y el Apra tenían el control político de los sectores populares y de la mayor parte de la población, y todo tendía hacia una profundización del modelo estatista en el país. La movilización liberal, que empezó en Lima y luego saltó al interior, rompió esa hegemonía ideológica y fue el inicio de una prédica de tres años, en calles y plazas, en foros y medios de comunicación, que cristalizó, en 1990, en la candidatura presidencial del propio Mario Vargas Llosa. El escritor se presentó a la cabeza de una alianza, el Frente Democrático, de la que formaba parte su agrupación, el Movimiento Libertad.

A la distancia, parece un sueño que semejante cosa fuese posible. En un país tan empobrecido y hechizado por la vulgata populista, bajo un Estado movilizado como un *juggernaut* contra la alternativa liberal, habría cabido esperar cualquier cosa menos que las ideas de la libre empresa, la iniciativa individual y los derechos de propiedad pudieran rivalizar con el marxismo y el estatismo. Mucho más inverosímil aún es que eso resultara posible en el contexto de la ofensiva demencial de Sendero Luminoso, que en dos décadas provocó la muerte de 25.000

peruanos y daños materiales por 20.000 millones de dólares (otros grupos, como el Movimiento Revolucionario Túpac Amaru, pusieron su cuota de sangre y fuego). A finales de la década de 1980, Sendero estaba en su apogeo y había logrado cercar parcialmente a la propia capital, interrumpiendo a menudo el abastecimiento de alimentos y el suministro de energía eléctrica.

Como suele ocurrir, la oportunidad para el cambio de modelo económico sobrevino gracias a la crisis poco menos que terminal en que el populismo había sumido al país y al hecho de que la gente estuviera dispuesta a aceptar casi cualquier opción de cambio. El otro elemento decisivo fue el bagaje de ideas y propuestas, que estaban en el aire como única alternativa a esa situación cuando Alberto Fujimori, con un discurso populista y antiliberal, ganó las elecciones en 1990. Pese al revés electoral de la opción liberal, las condiciones estaban dadas para que cualquiera que asumiera el mando diera un viraje al modelo económico, tal había sido el éxito paradójico del ideario que había perdido las elecciones pero conquistado el terreno ideológico.

Se sabe lo que vino después: una serie de medidas de estabilización fiscal y monetaria, liberalización comercial y privatización de empresas públicas, bajo un esquema de autoritarismo y manipulación de las instituciones que a la larga partió en dos a la sociedad peruana. Muchas de las reformas son cuestionables desde algunos puntos de vista (por ejemplo, las privatizaciones en calidad de monopolio), pero la orientación general era la que muchos sectores galvanizados por el Movimiento Libertad habían hecho suyas a finales del decenio de 1980 y durante el año 1990, al mismo tiempo que en Europa central y oriental, y en la propia Rusia, se desmoronaba la mole comunista. También la movilización de las rondas campesinas contra Sendero fue una idea original del Movimiento Libertad, aunque este aspecto de la lucha antisubversiva se vio opacado en la década de 1990 por la creación de un grupo dedicado al terrorismo de Estado.

Naturalmente, la apertura y la desestatización muy pronto acarrearon efectos beneficiosos, empezando por el control de la inflación y la estabilidad. Hasta 1997, la víspera de la crisis mundial, el PIB per cápita creció en total un 26%, gracias al aumento de la inversión privada (la extranjera se sextuplicó en ese lapso). Las exportaciones se duplicaron y las reservas del Banco Central pasaron de poco más de 1.000 millones de dólares a algo más de 10.000 millones.

Se trataba en realidad de un comienzo de corrección de los problemas, razón por la cual en ese periodo la pobreza no disminuyó de modo muy significativo; en cambio, gracias a los programas asistenciales y al cariz populista de la dictadura, sí se redujo la extrema pobreza en unos diez puntos porcentuales.

A partir de 1998, las cosas se complicaron mucho porque la crisis internacional afectó al Perú y porque el gobierno paralizó las reformas con miras a facilitar lo que a partir de entonces fue la obsesión del gobernante: la tercera elección consecutiva, prohibida por la Constitución. La reacción que esto provocó dio a los sectores democráticos un impulso formidable: lo que hasta entonces había sido una resistencia heroica pero muy minoritaria y aislada cobró la densidad de un gran movimiento de masas bajo el liderazgo de Alejandro Toledo. Gracias a ella y a la revelación del imperio de corrupción que pasaba por la oficina del monje negro del régimen, Vladimiro Montesinos, el fujimorismo se desmoronó (Fujimori escapó a Japón y años después acabaría preso en el Perú, preservando, a pesar de ello, un núcleo nada desdeñable de seguidores).

En aquel momento hubiera podido ocurrir una tragedia adicional a la que ya suponía todo esto: la reversión del naciente modelo económico. El duro periodo de 1998-2000, marcado por la crisis mundial, había apagado los cilindros que en los años anteriores habían impulsado a la economía peruana y por tanto el ambiente de descontento social —aunado a la deslegitimación política del gobierno que había aplicado las reformas— era un ambiente propicio para que un caudillo populista retrocediera las manecillas del reloj.

Sin embargo —factor tan inesperado y contradictorio como el que Fujimori hubiera aplicado medidas de choque y luego abriera la economía—, los líderes democráticos que tomaron las riendas a finales de 2000 preservaron el modelo y ayudaron a darle la legitimidad que no tenía ante ciertos sectores del país. Lograron esto de dos formas. Primero, por el hecho de que los sucesores, empezando por Valentín Paniagua (asumió el mando de forma interina tras la caída de Fujimori con el propósito de llevar las riendas hasta las elecciones) y siguiendo con Alejandro Toledo, ayudaron a hacerlo respetable a los ojos de muchos demócratas antifujimoristas. Segundo, porque, gracias a que el contexto internacional cambió para bien y a que el clima político y social se estabilizó dentro del Perú, fue posible retomar una senda de crecimiento económico a partir de 2003, fecha de inicio del gran auge de precios de las materias primas que duraría casi una década.

LA DEMOCRACIA COMPLACIENTE

El periodo de cinco años que va de 1998 a 2003 fue clave porque ese bajón pudo haberle costado al Perú su modelo económico, especialmente teniendo en cuenta el traumático proceso político que llevó al regreso de la democracia. En dicho periodo el crecimiento anual promedio fue de apenas el 2,5%, lo que, teniendo en cuenta el aumento de población, significaba casi nada. Una vez superado ese tramo, el crecimiento recobró impulso. Estimulado por un nuevo contexto sumamente favorable, el retorno de la democracia y un país que estaba en buenas condiciones para aprovechar las oportunidades del mercado mundial, el Perú empezó a despuntar como uno de los líderes de América Latina. No fue Toledo sino su sucesor, un Alan García escarmentado en lo que respecta a la visión económica, quien más se benefició de esa dinámica: durante su segundo gobierno la tasa de crecimiento experimentó algunos años notables (al llegar al poder en 2006 García se "encontró" con un PIB que crecía a más del 7%; en los años siguientes el ritmo se situó entre el 8 y el 9%, según el caso, salvo en 2009, cuando la crisis mundial tumbó el crecimiento a menos del 1%).

El salto que dio el país con el nuevo modelo se resume en un dato elocuente: en términos de paridad de compra, el país triplicó su PIB por habitante en dos décadas y, durante la etapa democrática, redujo la pobreza del 51 al 28%. Particularmente notable en ese contexto es el hecho de que incluso sectores muy marginados y con difícil conexión a la economía mundial como los del mundo rural experimentaron un notorio aumento del nivel de vida: como ha puesto de relieve un estudio del economista Richard Webb, el ingreso de las familias rurales ha estado creciendo a un promedio anual del 5% y, desde el 2004, la franja más pobre lo ha hecho a una tasa del 6%.

Conceptos que pocos años antes eran esotéricos, como ahorrar dinero, se volvieron el pan de cada día: entre 2006 y 2012 la tasa de ahorro aumentó a un ritmo anual del 18% (y al 15% en 2013). Buena parte del ahorro se concentró en las AFP o fondos privados de pensiones, que administran ahora más de 35.000 millones de dólares y cuya liquidez equivale a un tercio de todo el sistema financiero. Otro concepto extranjero —el acceso al trabajo adecuado— pasó a ser corriente para mucha gente: entre 2005 y 2012, el empleo decente se duplicó en la población urbana. La tasa de inversión privada, que décadas antes equivalía apenas al 14% del tamaño de la economía, ahora superaba fácilmente el 20%. Combinada con la pública, alcanzaba en los mejores años entre el 26 y el 28%, algo inusitado en el Perú.

Algunos sectores experimentaron una verdadera revolución, como el agroindustrial, especialmente en la costa sur, gracias en parte a que muchos productos se vieron liberados del impuesto general a las ventas y un buen número de productores fueron exonerados, tanto de ese tributo como del impuesto a la renta (este trato especial permitió entre otras cosas la incorporación de muchos participantes a la economía formal: precisamente el argumento utilizado para justificar el privilegio). En general, productos como la alcachofa, la páprika, el mango, el banano y el café orgánicos, entre otros, pasaron a protagonizar una historia de éxito que contrasta con la descapitalización de la tierra provocada por la reforma agraria de Velasco.

Aunque los bolsones de demagogia que subsisten en la clase política, entre los intelectuales y en ciertos movimientos sociales acusan al modelo peruano de haber destruido el Estado, lo cierto es que los ingresos del gobierno central no han parado de crecer en toda esta época. En 1989, bajo el populismo, representaban el 8% del PBI, mientras que en 2012 la proporción ya era el doble (si se agregan los de los gobiernos regionales y locales, los primeros producto de una reforma descentralizadora muy mal llevada a cabo, la cifra se eleva al 21%). La verdadera dimensión fiscal del Estado, si se le añaden los ingresos netos de las empresas públicas, los pagos de Essalud, el seguro social peruano, las tasas y las regalías, equivale a un tercio del tamaño total de la economía. Gracias al incremento de la prosperidad fue posible aumentar los recursos del fisco y por tanto dotar de considerables sumas de dinero a un amplio abanico de programas sociales. La redistribución y el asistencialismo que pedían los adversarios del modelo, vaya ironía, solo fue posible gracias al propio modelo. Esos programas también han incidido en la reducción de la pobreza extrema al 6% (como toda reducción que en parte se debe a la asistencia social, se trata de un efecto cuyo carácter definitivo todavía no está corroborado).

De modo que el Estado peruano creció bajo el nuevo modelo, en lugar de encogerse, como cree nuestro tierno idiota. En ciertos ámbitos en particular el intervencionismo ha sido abundante durante los últimos años, por ejemplo, en materia de política monetaria: el circulante aumentó a un ritmo anual del 19%, fomentando una expansión vertiginosa del crédito de los bancos, cuya liquidez en soles creció a una tasa anual del 23%, bastante mayor de la que naturalmente se habría dado. Entre 2002 y 2012, el crédito bancario al sector privado aumentó a una tasa anual del 21%, muy por encima del ritmo de crecimiento de la economía (el Banco Central, asustado de su propia política, redujo recientemente un poco el ritmo de incremento del circulante). En cierta forma, puede decirse que, en la medida en que ha fomentado el crédito, el intervencionismo monetario ha sido un factor adicional en la expansión de la clase media. El tiempo dirá si ese crédito fue excesivo y si, como en Brasil, la clase media acabará demasiado endeudada.

HUMALA Y LO QUE VENDRÁ

En 2011, el Perú vivió una de esas crisis en que parece que todo va a quedar patas arriba: la arremetida electoral de Ollanta Humala, el teniente coronel que había desempeñado un tormentoso papel en la política peruana desde que, en 2000, se había levantado contra Fujimori en las postrimerías de su régimen. Era hijo de ayacuchanos; su padre, fundador del llamado "etnocacerismo", mezcla de nacionalismo y socialismo con énfasis en la "raza" andina, los había criado, a él y sus hermanos, en la certeza de que algún día serían presidentes. Ollanta había sido militar y participado en la lucha antisubversiva, algo que luego le valdría acusaciones por parte de sus adversarios de haber estado involucrado en violaciones de los derechos humanos, aunque la justicia no corroboraría esas versiones.

Durante la transición, Ollanta logró una amnistía del Congreso por su levantamiento en Locumba, Tacna. Luego, para quitárselo de encima, el gobierno democrático lo envió de agregado militar al extranjero. Durante el mandato de Alejandro Toledo y estando Ollanta de agregado en Seúl, su hermano Antauro, que había promovido junto a él un movimiento político con ayuda de reservistas del ejército, protagonizó una sublevación cruenta en Andahuaylas. El hecho no contó con el apoyo directo de Ollanta pero la íntima asociación política entre ambos hermanos arrojó un manto de sospecha sobre el futuro presidente (Antauro acabó en prisión).

A la cabeza de su movimiento, fuertemente inspirado en el militarismo nacionalista de Velasco y con muchos puntos de coincidencia con el chavismo venezolano, Ollanta Humala logró un impresionante primer lugar en la primera vuelta electoral de 2006. El mensaje era potente: un tercio de la nación se sentía ajena al modelo exitoso. Sin embargo, Alan García lo derrotó en la segunda vuelta, gracias a que la clase media, aterrada por el militar, decidió hacer de tripas corazón y darle una segunda oportunidad al líder aprista, que prometía un gobierno muy distinto. La intervención de Hugo Chávez, que respaldó abiertamente a Humala en plena campaña electoral, quizá fue decisiva para el triunfo de García.

Durante los cinco años siguientes, Ollanta moderó en parte su discurso y su bancada parlamentaria actuó dentro de las reglas de la legalidad, aunque él personalmente agitó a los pueblos del interior haciendo una oposición implacable, tanto contra García como contra el modelo de desarrollo. Su estrella pareció irse apagando con los días, de modo que cinco años después nadie lo creía capaz de repetir la hazaña de colarse en la segunda vuelta. Pero lo hizo —otra vez con más del 30% del voto—, en parte porque como militar ofrecía confianza a un sector popular alarmado por la zozobra diaria de la inseguridad y la violencia delictiva, y en parte porque sus votantes pertenecían a ese tercio del país que veía el modelo como ancho y ajeno, para parafrasear el título de la novela de Ciro Alegría. Su programa, "La gran transformación", elaborado por intelectuales de izquierda ojerosos, provocó terror en la clase media emergente, hija precisamente del éxito del modelo peruano, cuando se enteró de que Ollanta Humala había pasado a la segunda vuelta junto con Keiko Fujimori.

Aunque en lo personal la candidatura fujimorista había hecho muchos esfuerzos para alejarse de la herencia del decenio de 1990, seguía umbilicalmente ligada a su padre, que desde la cárcel manejaba muchos de los hilos de la trama, y a personajes emblemáticos de aquella década autoritaria. Esto puso en el disparadero a un sector de la población que había criticado a Humala y combatido al régimen de los años 1990. Muchos peruanos (entre ellos uno de los autores de este libro) decidieron darle a Humala un voto de confianza, con la promesa de ejercer una estricta vigilancia en caso de que llegara al poder. El argumento era triple: Humala se había moderado y estaba dispuesto a dejar atrás los aspectos contrarios a la democracia y el modelo económico que figuraban en su programa original; su llegada al gobierno podía incluso ayudar a dar legitimidad al sistema económico entre ese tercio de la población que se sentía excluido; y, finalmente, el mal mayor sería el regreso al poder de un grupo de personas que habían destruido las instituciones republicanas usando como escudo a Keiko Fujimori, que probablemente estaba en política por culpa del drama familiar de tener al padre preso.

Humala y su mujer, la joven Nadine Heredia, una persona inteligente y carismática a la que la impaciencia y la vocación política han llevado a opacar al marido y entorpecer el funcionamiento del gobierno disminuyendo el peso del gabinete ministerial, han respetado hasta ahora la "hoja de ruta" que prometieron cumplir en la segunda vuelta. En distintos momentos intentaron apartarse de ella y pusieron a prueba la tolerancia del país, tomando iniciativas o lanzando globos de ensayo que hicieron temer lo peor. Esto ha terminado por volver a crispar el ambiente político, ha contribuido a desacelerar la economía en un contexto internacional de por sí menos saludable para las exportaciones de materias primas y ha resucitado las sospechas de que la pareja podría buscar un resquicio para quedarse en el poder o al menos usarlo para evitar el triunfo de sus adversarios en 2016. Pero atrás quedó, felizmente, el riesgo de "chavización" del Perú.

Desde la ambigüedad mantenida durante los primeros dos años con respecto a la eventual candidatura de la primera dama (que la ley prohíbe) hasta el amago de colocar el mercado de combustibles bajo la férula del Estado peruano y, a comienzos de 2014, la amenaza directa al grupo de medios de comunicación El Comercio, son diversos los aspectos que han hecho perder la confianza a un sector que, habiendo apostado contra Ollanta en la campaña electoral, le dio su caución una vez que ganó. Este sector mantuvo el respaldo al presidente nacionalista durante al menos año y medio (uno de los datos más sorprendentes en dicho lapso fue el índice de apoyo al actual mandatario, a veces hasta del 70 o 75%, en el llamado segmento "A"). Pero, a partir del segundo año, se instaló de nuevo el gusanillo de la desconfianza.

Varios factores se conjugaron para tumbar la popularidad del presidente a niveles que están entre los más bajos del subcontinente: la desaceleración de la economía, que Ollanta recibió con un ritmo de crecimiento de algo más del 7% y en 2013 no superó el 5%; el aumento indetenible de la delincuencia común y la inseguridad; la reticencia de la clase media, que no acaba de creer en la lealtad democrática del gobernante, y la confusión creada por las funciones que desempeña la primera dama. Da una idea de la pérdida de confianza entre los empresarios el hecho de que la inversión privada, que venía subiendo a un ritmo anual del 22% (2008, 2009), lo hiciera a la mitad de esa velocidad en 2011 y 2012, y a la cuarta parte en 2013 (el último trimestre de ese año la cifra anualizada fue de apenas el 2%).

Probablemente el enfriamiento sería mayor, si no fuera porque el gobierno ha aumentado el gasto estatal para compensar en parte la caída de la inversión privada. Como ya sabemos, esa medida no puede durar y comporta costos significativos. El gasto público tiende a subir algo más del 10% al año y la inversión pública en el último año aumentó el 15%. Además, el estímulo excesivo de la política monetaria, como ya señalamos, ha fomentado el crédito a un ritmo superior al de la economía y ha incidido en el consumo de tal forma que ha amortiguado el golpe del último año, durante el cual el mercado interno perdió algo de vitalidad.

No puede reprochársele a Humala, que fue el candidato de la "inclusión social" y prometió en su campaña aumentar la dotación de los programas sociales y crear otros nuevos, que haya cumplido ese ofrecimiento. Hay un espectro de programas que van de los que ya existían hasta recientes creaciones; la lista incluye a Cuna Más, Beca 18, Pensión 65 y otros, así como la ampliación del Seguro Integral de Salud para cubrir a los niños de la escuela pública y los emprendedores que se formalicen. Tampoco puede reprochársele que haya reorientado una parte del gasto público para aumentar el presupuesto de estos programas (por ejemplo, en 2013 el gasto social subió el 11%) porque su electorado, al que le ha infligido la renuncia al programa de gobierno extremista de la primera vuelta, no se lo perdonaría. Pero estos paliativos sociales no llevarán al Perú al desarrollo ni bastarán, en estos tiempos de enfriamiento del auge de las materias primas, para recuperar el galope que llevaba el país hasta hace un par de años. Para no hablar del grave problema de que, debido a las filtraciones, un alto porcentaje de la ayuda no llega al destino previsto.

Solo la multiplicación de la inversión privada a todo nivel conseguirá este objetivo. El Perú tiene ya una buena "marca", razón por la cual hay una inversión extranjera acumulada a lo largo de los años que totaliza poco menos de 70.000 millones de dólares. También cuenta con un factor difícil de lograr: una amplia base de confianza en que el modelo funciona. La relativa desdolarización así lo indica: el 70% de la economía estaba dolarizada y hoy solo lo está el 40%. Gracias, por último, al dinamismo comercial, ha sido posible acumular en el Banco Central reservas que hoy duplican al monto de la deuda pública y privada. El país, pues, está mejor defendido que otros para el cambio de contexto internacional.

Sin embargo, hay una sensación generalizada de que, por culpa de diversos agentes políticos y sociales, el modelo peruano empieza a sufrir los embates de grupos intervencionistas que aprovechan la ausencia de liderazgo y de reformas para ponerlo en tela de juicio. Muchas iniciativas, tanto del gobierno como de sectores cercanos al poder, han ido apuntando en dirección a un fortalecimiento del intervencionismo del Estado, ya sea en la educación o en ciertas industrias, como la pesca o los hidrocarburos. Los encontronazos entre Humala y el tejido empresarial formal son cada vez más frecuentes y han contribuido a lo que el pintor Fernando de Szyszlo, un referente intelectual en el país, ha llamado "el regreso del pesimismo".

Las autoridades confían en que la puesta en marcha de algunos proyectos mineros este año y el próximo (Toromocho, Las Bambas, Tía María, Toquepala, la ampliación de Cerro Verde, Constancia, etc.) permitirá superar el contexto negativo que el mundo presenta ahora a los países exportadores de materias primas. El Perú genera el 4% de la producción minera mundial y esa ha sido una de sus principales fuentes de vitalidad económica en todos estos años. Pero la minería afronta hoy una coyuntura muy distinta y es difícil pronosticar que los precios y la demanda seguirán siendo elevados. China, el principal destinatario de las exportaciones mineras, representa para el Perú un desafío, no porque se haya desacelerado un poco sino porque está modificando su modelo hacia una apuesta por el mercado interno; en cualquier caso, afronta ella misma una menor demanda de productos manufacturados por parte de Estados Unidos y Europa, que todavía no se recuperan, lo que tiende a disminuir la necesidad de materias primas importadas. También la venta de harina de pescado, exportación primaria emblemática del Perú, depende mucho del mercado asiático.

Las otras exportaciones peruanas, como la agroindustrial, tienen como destino los alicaídos mercados de Europa y Estados Unidos. En el caso de los textiles, el destino principal es la pauperizada Venezuela.

Por todo esto, es prematuro pensar que el comercio exterior podrá por sí solo revertir la tendencia declinante que se ha manifestado recientemente. Si esta reversión no ocurre, el mercado interno peruano, que está en parte encadenado al sector externo, necesitará otros motores. Cuando en Estados Unidos las tasas de interés suban por efecto del inevitable cambio de la política monetaria expansiva, todos los sectores mencionados se verán afectados: dependen de una inversión que se ha visto atraída en años recientes en parte por comparación con las bajas rentabilidades de los países desarrollados. Además, el crédito se encarecerá para la economía peruana en general.

Lo que queremos decir con todo esto es que el Perú necesita completar sus reformas y sacudirse la complacencia que le ha proporcionado el éxito fulgurante de su modelo. El país está solo a mitad del camino del desarrollo y desde hace años no realiza grandes esfuerzos para reemprender la senda reformista. Un reformismo que no solo atañe a lo interno, sino que debe manifestarse incluso en política exterior, a fin de superar la etapa en la que las fronteras mentales han complicado en distintos momentos la relación con vecinos como Chile (un ejemplo de eso fue la gestión del canciller García Belaúnde, hombre gruñón dado a la política menuda, en el segundo gobierno de Alan García).

El Estado peruano es, como lo comprueban los ciudadanos todos los días, un desastre. Sus casi 30.000 leyes son una jungla que ha ayudado a mantener fuera de la economía formal a casi siete de cada diez trabajadores, los costos de hacer empresa son exorbitantes (cada empleado cuesta, por culpa del Estado, el equivalente al 64% del salario que se le paga) y las 1 36 empresas públicas que quedan (si contamos las municipales) ofrecen servicios de pésima calidad, especialmente la que monopoliza el agua en la capital. Para colmo, el Estado, que dedica más del 60% de su presupuesto al gasto corriente, no es capaz de ejecutar sus planes: se ha vuelto habitual que el gobierno central y los gobiernos regionales incumplan sus metas anuales.

Para que el Perú duplique o triplique su PIB actual, que ya ronda los 200.000 millones de dólares, urge una reforma del Estado audaz e imaginativa, que todavía no asoma con claridad entre los aspirantes al poder (aunque se habla de ella en todas partes y, en el caso del gobierno de Humala, hay algunos intentos en sectores como la sanidad pública para colocar la administración, aunque no la parte clínica, en manos privadas y aumentar las opciones de los usuarios).

En el siglo XIX, los liberales peruanos lucharon por sustituir la fuerza por la ley, acotar el poder presidencial, subordinar lo militar a lo civil, separar al Estado de la Iglesia, incorporar al indígena y descentralizar el país. En el siglo XX, la lucha contra el poder autoritario y concentrado del Estado se dividió en dos ramas: una condujo al Apra y al socialismo; la otra quedó confinada en un liberalismo minoritario que se perdió en la lucha entre el aprismo y el militarismo, aunque hubo chispazos, como el Partido Liberal de Augusto Durand, la figura de Pedro Beltrán y el diario *La Prensa* y, más tarde, el Movimiento Libertad. A fines del siglo XX, el fujimorismo dividió a los liberales: un sector optó por el autoritarismo político y otro, por la resistencia civil contra él. Esa división no contribuyó, precisamente, a restituir la fuerza que el liberalismo había tenido en el siglo XIX. Sin embargo, el liberalismo, políticamente disminuido, resultó el gran triunfador intelectual porque contaminó con muchas de sus ideas a gran parte de la clase dirigente y los partidos políticos. Gracias a esto, el modelo peruano pudo ser lo que hoy es: una combinación de democracia, Estado de Derecho y economía de mercado, con un alto grado de imperfección en los tres casos pero lo bastante real como para haber mejorado sustancialmente a un país que parecía desahuciado.

¿Qué pasará en el siglo XXI? La historia no está escrita pero ojalá que los peruanos completen la tarea pendiente, es decir, un conjunto de reformas audaces que acaben de liberar el potencial de sus 30 millones de hombres y mujeres. Y también de integrarlos: la fractura social sigue siendo, a pesar del éxito del modelo económico, un problema no resuelto. "Somos hijos del cóndor y nietos del león de Castilla", escribió el poeta José Santos Chocano. Esa reconciliación sigue pendiente en ciertos sectores de la sociedad. Solo se consumará cuando cunda la percepción de que las oportunidades están extendidas por todos los rincones del país. De lo contrario, en cada elección el Perú irá de sobresalto en sobresalto, como ha hecho hasta ahora, con improvisados y *outsiders* que amenazan con ponerlo todo de cabeza.

DESVARÍOS DE LA MADRE PATRIA

Desde luego, el personaje que pintamos en nuestro *Manual del perfecto idiota latinoamericano* existe también en España. Comparte sus creencias en la medida que estas tienen su más remoto origen en la vieja cartilla marxista. De ella conserva, como bien lo anota Enrique Krauze, sus viejos prejuicios mesiánicos. Siente una íntima nostalgia por aquel nada democrático socialismo que se derrumbó en Europa junto con el Muro de Berlín y que ahora intenta resucitar en el nuevo continente con el rótulo de Socialismo del Siglo XXI.

De ese mundo el perfecto idiota español nunca tuvo en cuenta nada que lo ensombreciera: ni el Goulag, ni los crímenes atroces de Stalin, de Mao y de Pol Pot. Jamás fue solidario con los disidentes de un régimen comunista. Estaba seguro de que el socialismo sería dueño del futuro y que el capitalismo y la democracia burguesa estaban condenados a desaparecer.

Nunca imaginó tampoco que ocurriría lo contrario, es decir, que tras la caída del Muro de Berlín y la desaparición de los regímenes comunistas en Europa, la democracia liberal se extendería en el planeta y, con la globalización, el único modelo viable sería el sustentado en la libertad política y económica. De modo que el socialismo, como bien lo ha escrito Guy Sorman, se convirtió para los perfectos idiotas de extrema izquierda en un paraíso perdido sin opción alguna de porvenir.

¿Qué hacer entonces? Sin otra alternativa real que ofrecer, nuestro personaje se ubicó en España con el rótulo de *progresista* en una izquierda radical —o carnívora, como lo llamamos en el *Manual del perfecto idiota*—, empeñada en satanizar la exitosa política liberal seguida por José María Aznar, al tiempo que presentaba la globalización como un instrumento del imperialismo norteamericano. Esta visión suya, totalmente polarizada, lo acercó siempre a Rodríguez Zapatero y a su modelo llamado Estado de Bienestar. En ámbitos académicos, universitarios y en las páginas de opinión de diarios como *El País*, repetía incansablemente sus diatribas contra el llamado por él neoliberalismo contrario a su cartilla ideológica.

INTEMPERANCIA Y APACIGUAMIENTO

El primer rasgo inquietante que caracterizó a la política de Zapatero, una vez llegado al poder, fue romper lo que tanto había costado construir gracias a Adolfo Suárez, a Felipe González y a José María Aznar: la reconciliación de los españoles, tras las profundas fracturas que había dejado en ellos primero la guerra civil y luego la dictadura franquista. Por primera vez, gracias a esta cuidadosa transición hacia la democracia, el opositor no era visto como un enemigo a demoler sino como parte sustancial de un nuevo sistema político imperante en el resto de Europa. Para lograr tal resultado, la izquierda democrática —o vegetariana como la llamamos en el *Manual*—, representada por Felipe González, así como la corriente liberal presidida por Aznar, coincidieron en poner de lado los rencores históricos. Ahora bien, la izquierda carnívora que acompañó a Zapatero no tardó en abrir viejas heridas, reviviendo los dolorosos episodios de la guerra y dándoles un tempestuoso relieve a las divergencias ideológicas del pasado.

Esta misma intemperancia no se hizo sentir frente a ETA. Al contrario, la lucha frontal contra el terrorismo etarra asumida por el gobierno de Aznar fue sustituida por una política de apaciguamiento, que se hizo extensiva al fundamentalismo islámico y a la guerrilla colombiana.

A propósito de ETA, no solo idiotas de izquierda sino también nacionalistas de derecha suelen ver a los etarras como partícipes valerosos de una lucha que busca la independencia del País Vasco. Son partidarios de un diálogo con ellos. Apoyaron siempre la política conciliatoria puesta en marcha por Rodríguez Zapatero, calificada como *buenismo*. Su punto de sustento fundamental fue precisamente el de reemplazar la confrontación por una forma equívoca de conciliación con el terrorismo. De esta manera, como bien señala el analista británico Digby Anderson, la política se deforma hasta el punto de dar más importancia a lo que suena como bueno y parece bueno, en lugar de enfrentarse a la realidad.

Esa postura se hizo extensiva, en primer término, a quienes se consideraban como los brazos políticos de ETA. A diferencia de Aznar, que vio a Batasuna como el aliado de los etarras y se apresuró a impugnar su vigencia legal, Zapatero aceptó que candidatos afines a otras dos organizaciones pudieran presentarse a las elecciones utilizando como caballo de Troya a la coalición política Amaiur Gaztelu Baltza, que actúa en el País Vasco y Navarra. Por otra parte, Bildu, coalición integrada por los partidos Eusko Alkartasuna y Alternatiba, y las agrupaciones Araba Bai y Herritarron Garaia, consiguió iguales prerrogativas. De modo que tras las elecciones de 2011, hoy el gobierno de San Sebastián está en manos de independentistas que consideran como enemigo al Estado español. Este es el resultado del *buenismo* y el apaciguamiento.

Pero el espíritu conciliador con el terrorismo no se detuvo ahí, sino que se hizo extensivo a todo movimiento que valiéndose de los mismos métodos se manifiesta antiimperialista, nacionalista y contrario a los principios democráticos de Occidente. Y respecto a ETA, no hay otra alternativa para los idiotas de izquierda o nacionalistas de derecha que la conciliación y el diálogo, así los etarras no estén dispuestos a admitir culpa alguna por las innumerables víctimas que ha dejado, ni arrepentimiento por sus sangrientas acciones, ni entrega de armas, ni renuncia a su supremo objetivo que es la independencia del País Vasco y a su visión de España como Estado opresor.

¿ALIANZA DE CIVILIZACIONES?

En el plano internacional, los enemigos del idiota español son los mismos de siempre: Estados Unidos —visto como potencia imperialista—, la globalización y el modelo liberal que busca el desarrollo y la lucha contra la pobreza a través de la libertad política y económica. Al tiempo que lanza sus dardos contra estos adversarios del marxismo, multiplica gestos de aproximación hacia los más enconados enemigos de Occidente.

En el ámbito ideológico dentro del cual se mueve nuestro personaje, pero también en sectores de la extrema derecha, Israel suele ser visto como un Estado opresor y Hamas y sus acciones terroristas, como una legítima defensa del pueblo palestino. Esa posición se hizo extensiva al fundamentalismo islámico. Bajo el gobierno de Rodríguez Zapatero llegó a pedirse, con el rótulo de "Alianza de Civilizaciones", una aproximación entre Occidente y el Islam, sin tener en cuenta que Al Qaeda busca, mediante el terrorismo y el fanatismo religioso, un nuevo orden autoritario y excluyente, contrario a los principios de la cultura occidental.

La mejor prueba de la amenaza que Al Qaeda supone para Occidente fueron los salvajes atentados sufridos por Nueva York el 11 de septiembre de 2001 y por Madrid el fatídico 11 de marzo de 2004. Recordemos lo sucedido aquel día. Diez explosiones simultáneas en cuatro trenes de cercanías de Madrid causaron 191 muertos y 1.841 heridos. Era de esperar que a partir de aquel momento hubiese una actitud solidaria de todas las fuerzas democráticas del país frente a un fundamentalismo islámico capaz de semejante atrocidad. Pero no fue así. El PSOE se apresuró a presentar el atentado de Al Qaeda como un castigo infligido al Partido Popular y a Aznar por su apoyo a la guerra de Irak. De esta manera, el miedo que había quedado entre los españoles de que otra similar acción pudiera repetirse fue explotado electoralmente el 14 de marzo —tres días después del atentado— a favor del partido socialista.

Dentro de esta tentativa de aproximación a las corrientes islamistas más implacables y ortodoxas, los llamados progresistas no han vacilado en defender el velo impuesto a las mujeres musulmanas. De modo que lo que consideramos un símbolo de intolerable atropello a la condición femenina es visto por ellos como una reivindicación cultural frente al colonialismo de Occidente. Así que prohibido prohibirlo. ¿Pensamiento de avanzada o actitud propia de una caverna ideológica vestida de progresismo?

UN MITO RECUPERADO

También la imagen de América Latina ha sido deformada por los sectores de izquierda que todavía esperan una resurrección del socialismo marxista. Lo ocurrido en Venezuela en los últimos 14 años, con el apoyo de la Cuba castrista, revivió los sueños y anhelos que nuestro perfecto idiota creía haber perdido. Ciertamente, su visión del continente latinoamericano parecía anclada en el pasado. Lo consideraba un reducto de oligarquías privilegiadas donde los ricos eran cada vez más ricos y los pobres, más pobres. Para ellos la excepción a esta realidad era Cuba, donde veían a Fidel Castro como el último bastión de aquel sueño socialista perdido en Europa con la caída del Muro de Berlín.

En foros, encuentros y ensayos académicos, nuestro personaje jamás dejó de exaltar las llamadas por él conquistas de la revolución. Y la jubilosa gran sorpresa que le ha deparado este nuevo siglo fue la de descubrir que fieles discípulos de Fidel consiguieron llegar al poder en varios países de América Latina para implantar una versión tropical del socialismo, por cierto muy próxima al modelo cubano.

Antes de que apareciera como autor de tal milagro, Hugo Chávez fue vestido entonces con los mejores epítetos no solo por los reales idiotas de España y de América Latina sino por muchos incautos que, ajenos a cualquier prejuicio ideológico, llegaron a ver al caudillo venezolano como un redentor de los pobres. Muchos órganos españoles de prensa salpicaron sus páginas con titulares, informes y comentarios entusiastas. Fue algo muy similar a lo que ocurrió cuando Castro llegó al poder. La realidad no tardó en demoler esos sueños. Los evidentes desastres que le han caído a Venezuela con la tentativa de implantar allí el llamado Socialismo del Siglo XXI no dejan duda alguna sobre el fracaso de la empresa.

En España, solo nuestro personaje sigue creyendo que es muy promisorio el camino recorrido por Chávez y continuado, después de su muerte, por Nicolás Maduro. Como explicamos en otro capítulo de este libro, la terrible inseguridad, la inflación que no da tregua, el desabastecimiento, la ruina de la empresa privada, una moneda por los suelos y los flagrantes atentados a la libertad de expresión, sumados a una Ley Habilitante que le ha dado poderes absolutos al nuevo gobernante, hacen temer lo peor para Venezuela.

Como si fuera poco, a nuestro personaje español le ha entrado un sentimiento de culpa ligado al descubrimiento y a la colonización de América Latina por la Madre Patria, hasta el punto de ver al incorregible Evo Morales como un tardío redentor de los indígenas. Por supuesto, tampoco ve los desastres que le está infligiendo a Bolivia. La reelección indefinida, que le permite a él, a Maduro, a Rafael Correa y a Daniel Ortega atornillarse en el poder, no merece reparo alguno pues están siguiendo el mismo alentador camino de Fidel Castro.

Por otra parte, gracias a una visión distorsionada de la realidad colombiana, muy común en columnistas de la prensa de izquierda y en varios centros académicos de España, a las Farc y al ELN no se les considera organizaciones de carácter terrorista. No solo en España, sino en los medios de la izquierda europea ha subsistido la idea romántica y trasnochada de que la guerrilla es una respuesta contundente a la pobreza, la desigualdad social y el monopolio del poder por parte de oligarquías políticas y económicas. Recordemos que la leyenda que se creó en torno al Che Guevara y su lucha, representada en un famoso cartel convertido por más de dos generaciones de jóvenes europeos en un fervoroso ícono del heroísmo revolucionario, sigue jugando a favor de quienes creen que en las montañas colombianas hay luchadores empeñados en seguir su ejemplo.

Por supuesto, se trata de una estupidez, pero no será la primera ni la última que han producido en nuestro mundo intelectual las enajenaciones ideológicas. Basta recordar cuántos intelectuales, cuántos periodistas y universitarios de izquierda, devotos de formulaciones teóricas ligadas a la utopía de la sociedad sin clases, tardaron años en ver la verdadera cara del socialismo real.

NUEVAS FORMAS DE IDIOTEZ

Deformar la historia ha sido en España muy propio de cierta izquierda pero también de cierta derecha con visos extremistas. No nos referimos solo a la manera en que unos y otros reviven a veces los viejos y profundos rencores guardados en los desvanes de la memoria tras la guerra civil. Hoy vemos una deformación más grave que a ambos les sirve como sustento de un nacionalismo cerril. Quien mejor ha descrito esta nueva modalidad de idiotez es el escritor español Antonio Muñoz Molina, en su obra *Todo lo que era sólido*.

Según Muñoz, en España las comunidades autónomas han desencadenado una desaforada carrera en búsqueda de las diferencias e identidades de cada una de ellas. Hay algunas donde se alimenta "el mito de un paraíso original y de una comunidad primitiva que ha sabido mantenerse idéntica al cabo de los siglos... Pueblos felices habitaban cada uno su rincón privilegiado de la tierra hasta que llegaron los brutales españoles". En efecto, los gobiernos regionales que existen hoy en España, cualquiera que sea su tendencia, se han dotado de estatutos que suelen rememorar fueros ancestrales, mitos legendarios y perfiles autóctonos con cierta desmesura destinada a marcar diferencias con la España tradicional.

Por su parte, el idiota nacionalista, ya sea de izquierda o de derecha, tiende a pintar a España con las más negras tintas, recordando los atropellos que se cometieron en la época del descubrimiento y la conquista de América, el exterminio de los indios, el tráfico de esclavos y al mismo tiempo, dentro de la península, la quema de herejes, la Santa Inquisición y la ocupación de regiones, desconociendo sus raíces culturales.

En su mencionado libro *Todo lo que era sólido*, Muñoz Molina se permite registrar los excesos que contienen los estatutos de Andalucía, Extremadura, Aragón, Cataluña, Asturias, Galicia y el País Vasco. De estas referencias casi mitológicas suele valerse el idiota nacionalista para crear un contexto favorable a la independencia de su respectiva región de origen y quebrar la unidad de España. Quien se oponga a tales pretensiones es considerado como traidor, si su lugar de origen es el mismo suyo, o como opresor en caso de ser visto como partidario de una sola España.

"En un país tan invadido de nacionalismos —escribe Muñoz Molina—, no cuesta casi nada que a uno lo llamen traidor; y aunque en él las iglesias estén cada vez más desiertas casi cualquier disidencia provoca el escándalo de la apostasía. El primer requisito público es una declaración de ortodoxia, sea en el interior de la causa que sea; el castigo del desvío es el sambenito y el anatema".

Esta flagrante distorsión de la historia se ha llevado a los ámbitos escolares en Cataluña, el País Vasco y otras comunidades autónomas. La educación ha servido de licuadora de cerebros en el sector más vulnerable y dócil de la población, que son los niños. A esto se suma el hábil manejo, en el mismo sentido, de las televisiones locales. Una falsa tradición milenaria invocada por estos medios permite no solo crear la imagen de una identidad propia, sino servir de sustento a un anhelo independentista.

En el caso de Cataluña, la aventura secesionista ha dado recientemente un paso atrevido con la propuesta de Artur Mas, presidente de la Generalitat de Cataluña, de realizar el 9 de noviembre de 2014 un referéndum con base en las siguientes preguntas:

1) ¿Quiere que Cataluña sea un Estado?

2) En caso afirmativo, ¿quiere que sea un Estado independiente?

La respuesta del presidente del gobierno español, Mariano Rajoy, fue contundente: "Garantizo que ese referéndum no se va a celebrar. Es inconstitucional". A esta declaración se sumó la de Hermann van Rompuy, presidente del Consejo Europeo, en la que afirmó que "[s]i una parte de un Estado de la Unión Europea se separa, desde el día de su independencia ese territorio dejaría de ser parte de la Unión".

Pese a ello, Mas y los grupos políticos que lo apoyan insisten en su propósito, lo que sin duda podría llevar a una peligrosa confrontación de consecuencias inimaginables.

No hay, en efecto, nada más delirante que el extremista catalán. O el idiota catalán, para decirlo con el piadoso rótulo que hemos asignado a quienes imponen sus dogmas sobre la realidad. Este personaje ha logrado prohibir las corridas de toros e imponer la obligatoriedad del idioma catalán hasta en los anuncios de todos los establecimientos comerciales. De este modo, un pobre inmigrante ecuatoriano que tiene una pequeña tienda de frutas y víveres se ve de pronto castigado por ofrecer tomates en vez de *tumacas*.

Los discursos y periódicos de Cataluña están salpicados de invocaciones igualmente radicales:

"Estoy muy de acuerdo con que multen a los establecimientos que no rotulen en catalán", escribe un comentarista.

"Todos los inmigrantes que han venido a Cataluña tienen que hablar el catalán, y punto" declara Ángel Colom, secretario de inmigración de la CDC, partido integrante de la coalición Convergència i Unió.

"Cataluña es la teta que alimenta a España", según Manuel Milián Mestre, periodista y exdiputado autonómico del Partido Popular de Cataluña.

"Ser catalán es mejor que no serlo", afirma en entrevista para La Vanguardia el propio Artur Mas.

"En el caso de Cataluña y España, solo una de las partes es demócrata, la catalana. La otra es totalitaria, arrogante y despótica", afirma Víctor Alexandre, articulista y autor de libros como *Yo no soy español*.

"En mi casa vivimos en catalán y comemos en catalán", expresa Justo Molinero, extaxista y fundador del grupo Teletaxi.

"Si finalmente se ponen muy pesados, llamaremos a Europa y bombardearán Madrid", es la amenaza de Josep Barba, promotor del partido Solidaritat Catalana per la Independència.

Los independentistas vascos, por su parte, se mueven en el mismo sentido. Son desde luego solidarios con ETA. Su aversión a España se expresa en todo. Afirman además su propio perfil de la manera más agresiva: en el idioma, las fabulaciones históricas y hasta en tintes racistas. Son, por ejemplo, los primeros en recordar que el RH negativo y los cráneos braquicéfalos son exclusivos del auténtico vasco. Rechazan lo que tenga un perfil español. Así, por ejemplo, su líder Javier Arzalluz no vaciló alguna vez en declarar: "prefiero un negro que hable euskera a un blanco que no lo hable". De su lado, grupos de jóvenes militantes o simpatizantes del entorno de la izquierda abertzale y de la banda terrorista ETA rompen vitrinas y queman autobuses como muestra de apoyo a la independencia del País Vasco. Es lo que se llama *kale borroka*, término utilizado comúnmente para referirse a los actos de violencia callejera que se producen en el País Vasco y Navarra.

EL IDIOTA ESPAÑOL Y LA CRISIS

¿Cómo se llegó a ella, una crisis que ha dejado a seis millones doscientos mil parados? ¿Cómo se llegó a esta situación cuando España venía registrando bajo los gobiernos de Felipe González y José María Aznar un sostenido crecimiento con altos índices de inversión y sólidas fuentes de ingreso? Nuestro idiota tiene a quien asignarle la culpa. Son los mismos de siempre. Para él los responsables de la crisis son los Estados Unidos, la globalización, el capitalismo salvaje y los especuladores.

Pero la realidad es otra. La hemos señalado ya. Quien examine objetivamente lo sucedido en España puede comprender que le cabe alta responsabilidad al gobierno de Rodríguez Zapatero del brusco descenso de los índices económicos y de una tasa de paro o desempleo, que figura entre las más altas de Europa. Entre los factores que contribuyeron a precipitar y hacer más aguda la crisis podríamos citar una política encaminada a incrementar los antagonismos de clase y producir una fractura social, el aumento del gasto propio del Estado de Bienestar, la obesidad burocrática, la acelerada descentralización y la corrupción en el manejo de los fondos públicos como la que ha quedado hoy al descubierto en los ERE (Expedientes de Regulación de Empleo) e incluso en la Unión General de Trabajadores (UGT) y en Comisiones

Obreras. Pero tal vez lo más grave fue, por parte del gobierno socialista, la negación de la crisis cuando todos los síntomas la estaban anunciando.

En cuanto al *buenismo*, su mayor daño lo produjo en la educación. Se sustituyó un exigente sistema capaz de exaltar a los mejores según un criterio de excelencia, para dar paso a uno en el que prima un rasero de mediocridad por cuenta de una pedagogía que busca el igualitarismo frente a la meritocracia, anulando al alumno valioso. Bien lo dice el escritor y periodista Valentín Puig: "Si el Estado del Bienestar redistribuye la pobreza y reduce los ingresos, el buenismo educativo redistribuye la ignorancia y reduce el conocimiento".

Por otra parte, la negación de la crisis fue flagrante. En vez de detectar las proyecciones que en España podían tener los desajustes de la economía mundial, Rodríguez Zapatero se apresuró siempre a negar sus efectos y más bien se propuso dar anuncios optimistas que la realidad terminó por pulverizar. Vale la pena recoger algunos de ellos:

"Hoy estamos mejor que hace un año y dentro de un año estaremos mejor que hoy".

"La crisis de las hipotecas *subprime* no afectará a España, eso es cosa de Estados Unidos".

"Somos la octava potencia mundial, la envidia de Europa y pronto superaremos a Francia como ya hemos hechos con Italia".

"La cuestión no es qué pueda hacer Obama por nosotros, sino qué podemos hacer nosotros por Obama".

"La próxima legislatura lograremos el pleno empleo en España. No lo quiero con carácter coyuntural, lo quiero definitivo".

"Tenemos la tasa de paro más baja de la historia. El modelo económico español es un modelo internacional de solvencia y eficiencia".

"No hay atisbo de recesión económica. La economía española tiene muy buenos atisbos".

"España está en condiciones de llegar al pleno empleo".

"La crisis es una falacia, puro catastrofismo".

Por su parte, los ministros y otros funcionarios de Zapatero dieron engañosas pautas del mismo género. La ministra de Cultura, Carmen Calvo, se atrevió a lanzar el 29 de mayo de 2004 esta curiosa afirmación: "Estamos manejando dinero público, y el dinero público no es de nadie". A su vez, María Antonia Trujillo, ministra de Vivienda de Zapatero, calificó de irresponsables a "aquellos que piensan que en España existe una burbuja inmobiliaria augurando un brusco descenso del precio de la vivienda". De su lado, Pedro Solbes, ministro de Economía, no vaciló en anunciar en agosto de 2008 que la economía española crecería en los dos años siguientes "a una velocidad de crucero". Sin embargo, cuando meses después vio algunos síntomas financieros inquietantes, se apresuró a reconocer: "Estamos ante una gradual desaceleración. Se trata de una evolución natural y un fenómeno saludable".

¿Qué tan saludable fue? Ningún español puede hoy asegurarlo.

LA AUTÉNTICA CAVERNA

La izquierda vegetariana, que pese a todo subsiste al margen de la otra, sabe que siempre es mejor afrontar una realidad, en vez de negarla con palabras y anuncios optimistas. Pero la misma que estuvo al frente del gobierno de Zapatero, liderada hoy por Alfredo Pérez Rubalcaba como fuerza de oposición, no vacila en atacar la necesaria política de austeridad del presidente del gobierno español, Mariano Rajoy. También moviliza a los amigos de nuestro idiota en mítines y plazas para protestar contra la nueva ley de educación, sin reparar en los males que esta pretende remediar.

En efecto, pese a que España gasta en cada alumno un 15% más que la media europea, la realidad dejada por el *buenismo* es desastrosa. Hay un 25% de fracaso escolar temprano, un índice de repetidores del 33% y una tasa de desempleo juvenil del 57%, una de las más altas de la OCDE. La reforma busca hacerle frente a la baja calidad de la enseñanza, la dispersión territorial y la ausencia de alternativas de formación para los alumnos que se muestran incapaces de terminar el ciclo educativo obligatorio.

Pero los desvaríos propios de un signo ideológico anclado en el pasado no terminan. Elena Valenciano, segunda de Rubalcaba, pide ahora romper las relaciones con el Vaticano. Una de sus razones es la de rechazar un concordato, nunca antes impugnado por el PSOE, en virtud del cual se imparte la asignatura de religión en las escuelas. Estas posiciones pertenecen a una vieja izquierda que no guarda similitud alguna con la izquierda moderna o vegetariana hoy imperante en países como Brasil o Uruguay.

En España, por fortuna, se propaga un pensamiento liberal que empieza a ejercer un liderazgo en foros, centros académicos, órganos de prensa y desde luego en el Partido Popular, para constituirse en una real vanguardia.

Una de las figuras que mejor ha sabido hoy en España denunciar los desvaríos del idiota tanto de izquierda como de una derecha ultra nacionalista es la periodista y catedrática de Ciencia Política Edurne Uriarte en su libro *Desmontando el progresismo*. Introduciéndose en las cavernas de la izquierda, Edurne muestra con implacable lucidez como esta disculpa a ETA, apoya a Hamás, ha intentado una imposible Alianza de Civilizaciones, trata de comprender y justificar a las Farc de Colombia, se interna en un socialismo nacionalista a ultranza y se presenta con intelectuales para quienes tales ideas son vistas como sinónimo de corrección política en la universidad, el periodismo, la literatura y el cine. En esta caverna se ubica el idiota español con la pretensión de representar una corriente de avanzada, pero la realidad se abre paso en las nuevas generaciones para confirmar que el camino hacia el desarrollo y la lucha contra la pobreza no es ese, sino el que se construye mediante la aplicación de un modelo liberal.

EL NEOPOPULISMO

Vamos llegando al final, queridos lectores. Quizá no sea inútil, a modo de conclusión y después de haber pasado revista a lo que va mejor en América Latina en los últimos capítulos, retomar la idea inicial. A pesar de los logros de algunos de nuestros países y de la recuperación que poco a poco empieza a notarse en España gracias a algunas reformas impopulares, el ámbito de nuestra lengua sigue enfrentando un grave desafío político: acabar de una vez por todas con el populismo. O, para ser más actuales, el neopopulismo.

Alimentado por todos los dogmas del neoidiota, el populismo en su versión "posmoderna" ha cobrado una inesperada virulencia en América Latina con apoyo de algunos políticos, intelectuales y medios de comunicación de países europeos y de Estados Unidos. Antes de explicar cuál es su perfil, cómo y por qué surgió, debemos recordar que en este nuevo siglo ha logrado alcanzar el poder en Venezuela, Bolivia, Ecuador y Nicaragua con el rótulo de Socialismo del Siglo XXI, modalidad hasta ahora inédita de neocomunismo que cuenta con todo el apoyo de la Cuba castrista. Su influencia se ha hecho sentir en la Argentina gobernada por Cristina Fernández y en otros países del continente, donde a favor de movimientos políticos de la misma inspiración empieza a advertirse una peligrosa fractura social, que tiende a presentar a los sectores medios y altos como una minoría privilegiada y corrupta enfrentada al pueblo.

De tiempo atrás, el populismo es objeto de las más variadas definiciones. En realidad, economistas, criminólogos e historiadores lo definen de distintas maneras. Tal vez quien mejor describe este fenómeno es Kurt Weyland, profesor de la Universidad de Stanford, cuando afirma que se trata de una "estrategia política mediante la cual un líder personalista busca o ejerce el poder gubernamental a partir del apoyo directo, inmediato y no institucionalizado de un gran número de seguidores no organizados". Tiene razón también el experto holandés Cas Mudde cuando nos recuerda que el populista se sirve de un estilo de comunicación excesivamente emotivo y simplista, que busca complacer al llamado "hombre común" usando su lenguaje.

Para Enrique Krauze el vocablo "pueblo" usado por el populista no se refiere a todas las clases sociales sino a una amalgama de población en la que predominan los marginados. Por esta vía las clases medias y altas acaban figurando entre los privilegiados y opresores. Ahora bien, el neopopulismo está ligado a un caudillo o personaje providencial que en nombre del pueblo acaba por afirmar su poder por encima, como bien señala Krauze, de las instituciones, las leyes y las libertades. Sus mensajes redentores tienen un cariz religioso. Para aumentar su credibilidad es preciso referirlos a un enemigo exterior, que suele ser sin remedio el imperialismo estadounidense.

Lo más grave de esta distorsión ideológica es el manejo de la economía propio del populismo. El reparto desenfrenado de dinero y prebendas lo conduce a nacionalizar recursos sin medir costos y a edificar un Estado empresario que atenta contra la libertad económica, al imponer controles de precios, aplicar cuotas de producción y consumo, y expropiar tierras e industrias. En esta cosmovisión, el mercado aparece como un pulpo y la globalización como un instrumento del gran capital internacional.

Sin duda, no es un fenómeno enteramente nuevo. Rasgos populistas tuvieron en el pasado muchos caudillos latinoamericanos e incluso movimientos tan enérgicos y con tanta proyección actual como el peronismo en Argentina. Su característica esencial consistió siempre en atraer a las clases populares con ofertas e ilusiones que prometían rescatarlas de la pobreza. "Basta de realidades, queremos promesas" fue un letrero insólito y digno de risa que alguna vez apareció en los muros de Lima. Por cierto, las ideas desdeñadas por el populismo corrían por cuenta de quienes hemos considerado que el progreso y, por consiguiente, la lucha eficaz contra la pobreza dependen ante todo de la alianza entre dos libertades, la política y la económica. O sea, entre la democracia y el mercado.

Si todo esto es tan evidente, ¿cómo se explica el resurgimiento del populismo en América Latina y la llegada al poder de personajes como Hugo Chávez en Venezuela? ¿Cómo y por qué ha brotado y se ha extendido en países como Ecuador, Bolivia, Nicaragua e incluso en Argentina el Socialismo del Siglo XXI?

Para explicar este fenómeno es preciso llamar la atención sobre una realidad común a muchos países del continente y que empieza a proyectarse en la propia España: el desgaste de la clase política y el rechazo creciente que genera en la llamada sociedad civil o, para decirlo de manera más simple, en el ciudadano común y corriente. Partidos que antaño tuvieron mucha fuerza, como Acción Democrática y Copei en Venezuela, el Liberal y el Conservador en Colombia, el Apra en el Perú y otros cuantos, han sufrido un profundo deterioro. Las prebendas y la corrupción los erosionaron. Apartándose de los principios que daban relieve a sus agrupaciones, los políticos tradicionales se procuraron a través del clientelismo los beneficios personales del poder, desde cuotas burocráticas hasta contratos multimillonarios para empresarios afines. De hecho, el término "político" se convirtió en una mala palabra en Lima, Quito, Bogotá, Caracas o México. Los electores terminaron por buscar a figuras totalmente ajenas a ese mundo, es decir, *outsiders* más o menos desconocidos, como lo fue Hugo Chávez.

Por cierto, Chávez fue el inspirador de la nueva fórmula que trató de dar al socialismo marxista, tras su desplome en Europa con la caída del Muro de Berlín, una versión de cariz populista en América Latina. Su experiencia personal le permitió modificar la cartilla revolucionaria de Castro. En vez de promover una revolución por las armas, fórmula que hace 50 años dio origen en Colombia a las guerrillas de las Farc y el ELN, se consagró a la opción de llegar al gobierno por la vía electoral para desde el poder hacer la revolución. El argentino Norberto Ceresole, asesor de los famosos "carapintadas", logró demostrarle que el ejército podría ser un instrumento de la revolución, ya fuera mediante el adoctrinamiento de los oficiales o la concesión de ventajas y prebendas.

Tras la muerte de Chávez, su sucesor, Nicolás Maduro, ha persistido en el empeño de crear su propio núcleo empresarial, al tiempo que sigue ordenando confiscaciones y expropiaciones en todos los ámbitos de la producción. Siguiendo un modelo que recuerda al de Mussolini, ha obtenido mediante referendos, asambleas constituyentes y leyes habilitantes el control absoluto de los poderes legislativo, ejecutivo y judicial, la reelección continua y la implantación de un populismo asistencial que trata de asegurar con dinero, regalos y toda suerte de prebendas el respaldo de los grupos de población más pobres y marginados.

De este modo, se ha proyectado en el continente un inquietante y novedoso fenómeno: una fractura social más honda que las divisiones políticas tradicionales. Está quedando atrás el carácter policlasista de los partidos, como era el caso del Apra peruano, Acción Democrática de Venezuela, el Partido Liberal de Colombia y otros ubicados en la izquierda, cuyos partidarios procedían tanto de la clase alta y media como de las capas populares. El Socialismo del Siglo XXI ha deshecho ese esquema. Rompió con la clase alta, se distanció de la clase media e incluso de la clase obrera sindicalizada, pero ha logrado con su oferta asistencial seducir a los sectores marginales de la población.

Todo esto, desde luego, comporta un alto precio, más notorio en Bolivia, Venezuela y Argentina que en Ecuador: un aparato productivo muy menoscabado; empresas estatales que arrojan pérdidas millonarias; destrucción de fuentes de trabajo y empobrecimiento progresivo; una altísima inflación; una deuda pública hipertrofiada; una infraestructura en ruinas; un sector energético en crisis; y el deterioro creciente de las prestaciones sanitarias, educativas y otros servicios del Estado. Y, por si fuera poco, una alarmante inseguridad, nunca antes vista, y una innegable corrupción e incompetencia en el manejo de los asuntos públicos. La pobreza, aunque enmascarada con dádivas, sigue reinando en suburbios, cerros y zonas rurales. Este es el balance que arroja hoy el neopopulismo en el continente.

Quienes tenemos presente de qué manera, cincuenta años atrás, países tan desiguales y pobres como los nuestros alcanzaron altos niveles de desarrollo, proponemos otra política. Esa opción consiste en captar capitales en vez de espantarlos; privatizar en vez de nacionalizar; ver la globalización como una oportunidad y no una amenaza; crear productos industriales de valor añadido en lugar de basarlo todo en la renta petrolera, minera o agrícola, sin que eso implique desconocer el enorme aporte que representan las materias primas cuando son bien aprovechadas; bajar las tasas impositivas; atraer a los inversionistas sin inclinar la balanza a favor de unos y en contra de otros; disminuir los dispendiosos trámites y enredos burocráticos y asegurar la flexibilidad laboral, única forma de multiplicar el empleo. Palabras más o palabras menos, este es el único modelo, basado en la libertad de mercado, que conduce al desarrollo.

No queremos despedirnos con un mensaje pesimista sino todo lo contrario. Hoy abundan los ejemplos que confirman que es posible salir del atraso en un tiempo relativamente corto si se apuesta por la libertad en todos los ámbitos. Basta mirar lo que ha pasado en los países latinoamericanos que mejor van o el crecimiento de las clases medias en países asiáticos que hace pocas décadas andaban por detrás de Venezuela o Argentina para entender que el éxito está al alcance de la mano. Si el conjunto de América Latina adopta de una vez por todas la democracia, el Estado de Derecho y la economía basada en la propiedad privada y los intercambios libres bajo el principio de la igualdad ante la ley, saldremos muy pronto del subdesarrollo. Si España lleva a cabo nuevas reformas y no cede otra vez a la tentación del despilfarro que provocó en buena parte su crisis de los últimos años, podrá recuperar el lugar de privilegio que tuvo en Europa hasta hace relativamente poco tiempo y que desde la otra orilla se veía con admiración.

Para que todo eso sea posible, hay una condición previa: derrotar al neopopulismo, que por lo visto es una especie muy resistente. En ese esfuerzo estamos empeñados los autores de este libro.

Planeta

España
Av. Diagonal, 662-664
08034 Barcelona (España)
Tel. (34) 93 492 80 00
Fax (34) 93 492 85 65
Mail: info@planetaint.com
www.planeta.es

Paseo Recoletos, 4, 3.ª planta
28001 Madrid (España)
Tel. (34) 91 423 03 00
Fax (34) 91 423 03 25
Mail: info@planetaint.com
www.planeta.es

Argentina
Av. Independencia, 1668
C1100 Buenos Aires
(Argentina)
Tel. (5411) 4124 91 00
Fax (5411) 4124 91 90
Mail: info@eplaneta.com.ar
www.editorialplaneta.com.ar

Brasil
Av. Francisco Matarazzo,
1500, 3.º andar, Conj. 32
Edificio New York
05001-100 São Paulo (Brasil)
Tel. (5511) 3087 88 88
Fax (5511) 3087 88 90
Mail: ventas@editoraplaneta.com.br
www.editoriaplaneta.com.br

Chile
Av. 11 de Septiembre, 2353, piso 16
Torre San Ramón, Providencia
Santiago (Chile)
Tel. Gerencia (562) 652 29 43
Fax (562) 652 29 12
www.planeta.cl

Colombia
Calle 73, 7-60, pisos 7 al 11
Bogotá, D.C. (Colombia)
Tel. (571) 607 99 97
Fax (571) 607 99 76
Mail: info@planeta.com.co
www.editorialplaneta.com.co

Ecuador
Whymper, N27-166,
y Francisco de Orellana
Quito (Ecuador)
Tel. (5932) 290 89 99
Fax (5932) 250 72 34
Mail: planeta@access.net.ec

México
Masaryk 111, piso 2.º
Colonia Chapultepec Morales
Delegación Miguel Hidalgo 11560
México, D.F. (México)
Tel. (52) 55 3000 62 00
Fax (52) 55 5002 91 54
Mail: info@planeta.com.mx
www.editorialplaneta.com.mx
www.planeta.com.mx

Perú
Av. Santa Cruz, 244
San Isidro, Lima (Perú)
Tel. (511) 440 98 98
Fax (511) 422 46 50
Mail: rrosales@eplaneta.com.pe

Portugal
Planeta Manuscrito
Rua do Loreto, 16-1.º Frte.
1200-242 Lisboa (Portugal)
Tel. (351) 21 370 43061
Fax (351) 21 370 43061

Uruguay
Cuareim, 1647
11100 Montevideo (Uruguay)
Tel. (5982) 901 40 26
Fax (5982) 902 25 50
Mail: info@planeta.com.uy
www.editorialplaneta.com.uy

Venezuela
Final Av. Libertador con calle Alameda,
Edificio Exa, piso 3.º, of. 301
El Rosal Chacao, Caracas (Venezuela)
Tel. (58212) 952 35 33
Fax (58212) 953 05 29
Mail: info@planeta.com.ve
www.editorialplaneta.com.ve

Grupo Planeta   Planeta es un sello editorial del Grupo Planeta   www.planeta.es